禪, 초기불교와 포스트모더니즘 너머

지은이

송준영(宋俊永, Song, Jun-Young) 시인. 경북 영주 출생. 법명 醉玄, 당호 越祖. 18세 때 선문에 든 후, 동암성수・탄허택성・고송종협・퇴옹성철・서옹상순・설악무산 등 제조사를 참문하다. 서옹 선사에게 7년간 일곱 차례 西來密旨를 묻고 受法建幢하다(임신년 8월). 설악 선사(임진년 2월)에게 전법게를 받다. 시집으로 『눈 속에 핀 하늘 보았니』, 『습득』, 『조실』과 선서 저술로는 『禪의 시각으로 읽는 반야심경』, 선문염송 강의록인 『현대언어로 읽는 선시의 세계』, 선사열전인 『황금털 사자의 미미소』와 선시론 『禪, 언어로 읽다』, 『현대시의 실기와 이론』이 있고 편저로는 『이승훈의 문학탐색』과 『'빈 거울'을 절간과 세상 사이에 놓기』 외 다수가 있으며 제6회 박인환문학상과 제17회 현대불교문학상을 수상했다.

禪, 초기불교와 포스트모더니즘 너머

초판인쇄 2016년 2월 20일 **초판발행** 2016년 2월 29일
지은이 송준영 **펴낸이** 박성모 **펴낸곳** 소명출판
출판등록 제13-522호 **주소** 서울시 서초구 서초중앙로6길 15, 1층
전화 02-585-7840 **팩스** 02-585-7848 **전자우편** somyungbooks@daum.net **홈페이지** www.somyong.co.kr

값 28,000원
ISBN 979-11-5905-047-3 93220

禪, 초기불교와 포스트모더니즘 너머

지은이

송준영(宋俊永, Song, Jun-Young) 시인. 경북 영주 출생. 법명 醉玄, 당호 越祖. 18세 때 선문에 든 후, 동암성수・탄허택성・고송종협・퇴옹성철・서옹상순・설악무산 등 제조사를 참문하다. 서옹 선사에게 7년간 일곱 차례 西來密旨를 묻고 受法建幢하다(임신년 8월). 설악 선사(임진년 2월)에게 전법게를 받다. 시집으로 『눈 속에 핀 하늘 보았니』, 『습득』, 『조실』과 선서 저술로는 『禪의 시각으로 읽는 반야심경』, 선문염송 강의록인 『현대언어로 읽는 선시의 세계』, 선사열전인 『황금털 사자의 미미소』와 선시론 『禪, 언어로 읽다』, 『현대시의 실기와 이론』이 있고 편저로는 『이승훈의 문학탐색』과 『'빈 거울'을 절간과 세상 사이에 놓기』 외 다수가 있으며 제6회 박인환문학상과 제17회 현대불교문학상을 수상했다.

禪, 초기불교와 포스트모더니즘 너머

초판인쇄 2016년 2월 20일 **초판발행** 2016년 2월 29일
지은이 송준영 **펴낸이** 박성모 **펴낸곳** 소명출판
출판등록 제13-522호 **주소** 서울시 서초구 서초중앙로6길 15, 1층
전화 02-585-7840 **팩스** 02-585-7848 **전자우편** somyungbooks@daum.net **홈페이지** www.somyong.co.kr

값 28,000원
ISBN 979-11-5905-047-3 93220

禪, 초기불교와 포스트모더니즘 너머

송준영 지음

SEON, BEYOND EARLY BUDDHISM AND POSTMODERNISM

소명출판

자서

이 글은 18세에 부석사 취현암에서 삼경의 촛불이 나에게 몸과 마음을 드러낸 후, 일흔을 바라보는 이 나이에 비로소 몸과 마음을 태워 자기를 내어주던 촛불에 대한 나의 대답이고 흠집투성이인 결과물이다.

너무나 많은 말을 하니 곧 입에 형자荊刺로 가득하고 마음조차 일렁인다. 이것이 반야인가 도산지옥刀山地獄으로 갈 티켓인가? 그렇다. 난 벌써 발가숭이가 되어 확탕지옥鑊湯地獄으로 당당하게 앞으로 하나 둘 셋, 돌아

돌아 하나 둘 셋, 이렇게 초라한 나, 아니 발가숭이 나를, 내게 보인다. '여기', 무슨 별난 짓거리라고 억지로 종용하여 그대로 말끔한 '그'를 헝클게 한 내 죄가 수미산과 같다.

천방지축인 나를 어여쁘게 보시고 늘 안쓰러워하시던 서옹 선법사님과 설악 스승님께 한골寒骨 한 조각을 바친다. 말도 안 되는 글을 교정 보아준 이덕주 김철홍 김상백 시인들에게 이 쓴 것을 단 것이라 넌지시 눈짓했음을 백배 절한다.

병신년 초봄 종로 낙원재에서

월조 취현 송준영 근지

차례

제2부 선과 포스트모더니즘의 회통

제3부 도적아 도적아

제2부 선과 포스트모더니즘의 회통

제3부 도적아 도적아

제1부

왜, 禪詩이고 禪인가?

제1장_선시의 개념정의와 선시의 발전

제2장_선의 연원과 역사적 발전

'현대선시포럼' 회원들이 주축이 되어 『현대선시』가 2014년 2월 1일 창간되었다. 시 문학사에 궤적軌跡을 남기는 첫걸음으로 3년에 걸쳐 매월 『시와세계』 낙원재樂園齋에서 갖던 회합의 결실이다. 『현대선시』 창간이 시 문학사에서 어떤 의의를 지니는지 '현대선시포럼'에서 진행된 질의와 내용을 적는다. 선시의 미학과 특징, 수사법을 고찰하고 또 역사상 이어지는 선사상의 특질과 논쟁을 밝히고 선시와 서구의 아방가르드 시의 변별점辨別點과 사상적인 측면을 살피며, 오늘날 현대 선시가 갖는 문학사적 역할과 나아갈 방향을 조명한다. 여태까지의 많은 질의와 대답, 토론을 추리고 문헌을 통한 고증과 증명을 통하여 다음의 글이 첨가되었음을 밝힌다.

제1장

선시의 개념정의와 선시의 발전

질문 1. 선시의 정의 분류

『현대선시』를 창간하셨는데 현대선시에 대한 이해는 선시에 대한 개념 정의에서 출발할 것입니다. 선시란 무엇입니까? 선시의 연원과 흐름은? 선시의 종류와 특징은 무엇입니까? 현대선시라 함은 고전선시를 전제로 하는데 현대선시의 차이점은 무엇입니까? 선시를 분류할 때 어떻게 나누어져야 된다고 생각하십니까?

1) 선시란 무엇인가?

지금은 선시라 일반적으로 통칭하 지만, 원래 어원은 산스크리트어 gata입니다. 이 말이 가타伽陀 혹은 게타偈陀로 음역되었고 게偈와 송頌이 합쳐져 게송偈頌이라 의역된 것입니다. 게송은 불전 가운데 운문으로 된 시입니다. 물론 불경의 전래로 중국에 유입되었지요. 게송이라 의역하게 된 근거는 『시경』의 「시경 육의」 가운데 가장 흡사한 송에다 산스크리트어 게偈가 합쳐진 단어입니다. 이것이 오늘날 선시로 굳어진 것이라 할 수 있습니다. 아직 선문에서는 게송이라 부르고 있습니다.

선시를 말하기 전에 선을 얘기 안 할 수가 없겠지요. 아시다시피 선은 한 마디로 규정되어지지 않았지요. 억지로 굳이 말하자면, 선은 역사상 일컫는 불교 이전부터 있었습니다. 아니 인류가 생기기 이전부터 있었다 말할 수 있겠지요. 바로 이 선을 인류의 정신 테두리로 틈입시켜 그의 후예들에 의해 정립시킨 원조, 석가조차도 『화엄경』에서 "신기하고 신기하다. 모든 생물 무생물이 불성을 가지고 있구나" 하였는데, 여기의 불성은 만물이 가지고 있는 스스로의 성품을 말합니다. 선은 바로 고요에 들어 자기의 본래 성품인 자성自性을 보는 것입니다. 이 자성을 보았을 때, 견성見性이라 하며 깨달았다는 각자覺者가 되는 것입니다. 이 각자가 Buddha, 부처입니다.

2) 선시의 연원과 흐름

선은 불교의 계戒・정定・혜慧 세 가지 배움 곧 삼학三學 가운데, 정에 해당합니다. 정은 산스크리트어로 Dhyāna로 선나禪那라 음역되어 약칭 선이라 불리게 됩니다. 곧 정려靜慮 사유수思惟修 정定이라 의역되어졌습니다. 이 의역에서 보다시피 '생각을 고요에 들게 한다', '생각을 닦는다'라고 말할 수 있지요. 이 '고요에 들게 하여 생각을 닦는 것'에 시詩라는 단어가 합쳐져 선시가 된 것입니다. 고요에 든, 생각을 닦는 혹은 닦은 이런 노래가 게송, 선시입니다.

오늘날 선시는 아니, 선종의 뿌리는 인도의 불교에 잉태되어졌다고 하지만, 인도에는 오늘날과 같은 선은 없다고 학자들은 말합니다. 물론 내용상 말입니다. 오늘날 선은 깨달음을 닦는 데 적극 동참하여 견성을 목적으로 하고 있는 수레이며 뗏목입니다. 수레나 뗏목은 그 필요가 다했을 때는 제자리를 지킬 뿐이지요. 선종은 불교가 중국에 뿌린 종자가 발아하여 중국, 우리나라, 일본을 포함한 동북아 땅, 동북아 사람의 손에 의하여 정리 발전된 인간을 본래자리로 되돌아가게 하는 스스로가 처 놓은 기관이며 시설입니다. 몰론 종자가 없을 때는 아무것도 없는 것이지만, 이런 의미에서 보면 지구상에 가장 오래되었지만, 오늘날 새로운 사상으로 정신세계를 강타하고 있는 선은, 선종은, 선불교는 6조 혜능을 중시조로 하는 사상 집단임이 분명합니다. 이 혜능선 곧 조계선의 시원이라 할 수 있는 자성게自性偈의 포인트인 본래무일물本來無一物[1]을 시원이라 해도 과언이 아닐 것입니다.

3) 선시의 종류와 특징

선시란 말이 언제부터 쓰여졌는지는 확실하지 않습니다. 앞에서도 말씀드린 것같이 게는 gata는 게타偈陀나 가타伽陀로 음사되었고, 이것을 게偈라고 하게 되었습니다. 게와 송이 합쳐져서 오늘날 게송이라 불리어 진 것입니다. 게는 시경육의詩經六義 가운데 게나 운문인 송에 해당하기 때문입니다. 그러나 게송은 형식상으로는 한시가 엄격한 율격을 나타내나, 내용면으로는 한시의 송과는 현격한 차이를 보이고 있습니다. gata는 언어를 빌려 언어 밖의 현묘한 이취理趣를 읊고 있기 때문입니다. 이 이치는 바로 제일 명제인 화두를 꿰뚫려는 선객들을 북돋아 주는 한 방법입니다. 오늘날 선시는 게송이라는 언어와 혼용해 쓰

---

1 선시의 기원을 이야기할 때 모두를 장식하는 게송이다. 그리고 초기 선종의 기원에 속하는 북종선과 남종선을 가름하는 노래다.
"몸은 보리수身是菩提樹 / 마음은 명경대心如明鏡臺 / 때때로 부지런히 털고 닦아時時勤拂拭 / 티끌 끼지 않도록 하라莫遣有塵埃" ─ 대통 신수
"깨달음에 본래 나무 없고菩提本無樹 / 거울 역시 대가 아니니明鏡亦非臺 / 본래 한 물건도 없는데本來無一物 / 어디에 먼지 일어나리오何處惹塵埃" ─ 육조 혜능
신수神秀, 605~706의 시는 만법이 실재하고 일체 상이 비어 있지 않기에 우리의 몸은 성불할 수 있다. 또 마음은 거울같이 맑고 고요하지만 온갖 상념에 사로잡혀 오염되었으므로 닦고 털고 티끌이 끼지 않도록 하면 근원이 드러난다고 노래했다. 그러므로 '늘 부지런히 수도하여 마음에 때가 끼지 않도록 하라'는 내용이다. 그러나 혜능慧能, 638~713의 자성게는 일체 만상은 모두 비어 있음을 갈파한다. 불법의 본체는 본래 보리가 아니며 청정과 오염이라는 양변의 견해는 깨달음이 아니다. 따라서 모든 것이 허상이며 가유假有인 까닭에 "깨달음에 본래 나무가 없고 거울 역시 대가 아니다." 이러한 절대현재 참사람에 이르면 수행도 없다. 수행이 없으니 따로 먼지와 때를 닦을 필요가 당연 없지 않은가. 그런 까닭에 "본래 한 물건도 없는데 어디에 먼지 일어나리오"라고 노래한다.
혜능의 단상의 말씀을 『육조단경六祖壇經』이라 할 만큼 그가 선종사에 미친 영향은 절대적이다. 6조의 남종 돈오선은 중국 불교를 넘어 정치, 문화, 예술 전 분야를 뒤덮고 우리나라, 일본, 서구에 미쳐 세계화되고 있다. 찬란한 당대의 5종(임제종, 운문종, 위앙종, 조동종, 법안종)과 송대에 이르러 다시 임 제종이 양기, 황룡 2파로 나뉘어져 드디어 '중국 불교는 선에 있다'는 말이 생기게 된다(『경덕전등록』 권3; 『조당집』 권2; 『법보단경』 「오법전의」 제1 참조).

고 있으나, 사실 선시라는 단어는 국어사전에는 있지 않습니다.

선은 언어를 부정하는 불립문자不立文字로부터 시작합니다. 그와 반면에 선은 오직 자기 자신 속에서 우러나는 직관적인 깨달음을 최선과 최후임을 강조하고 있습니다. 따라서 문자를 떠나지 않는다는 말을 모호하게 들이댑니다. 선사들이 상당하여 쓰는 적기법문賊機法門[2]은 언어나 행위를 통하여 법문을 듣는 이의 관습적인 알음알이를 빼앗기 위해 각가지 방편을 쓰게 됩니다. 예를 들면 임제의 할喝이라든가 방棒으로 상대를 적기하기도 하고 손뼉을 친다든가, 주먹을 불쑥 내민다든가, 눈썹을 찡그리거나, 눈을 껌벅이는 각종 방편을 동원합니다. 이것들은 언어 이외에 우리들을 깨닫게 하기 위한 그들의 자비심의 발로라고 합니다. 선은 무엇을 알려 주고 이해시키려고 하지 않습니다. 천변만화하는 상황 속에 시공時空이 딱 맞아 떨어지는 것은 불가능합니다. 그때에 맞추어질 수 없다는 판단 아래, 그것을 온전히 판단할 수 있는 지혜를 증장시키고자 하는 것이고 무분별無分別의 지혜는 본질을 보고 본질에 합쳐졌을 때만 가능하기 때문입니다.

선시의 종류는 선시가 1,500년에 가까운 역사를 가지는 만큼 많은 선시가 남게 되고 종류도 다양합니다. 석지현[3]은 선시에 따라 성격별 집단별 내용별로 무려 29가지로 분류하고 있으나, 크게 보면 선리시禪理詩와 선취시禪趣詩로 나눌 수 있습니다. 선리시는 선의 이치인 오도송悟道頌 임종게臨終偈 시법시示法詩 선기시禪機詩 송고시頌古詩들이고 선

---

2 적기賊機란 한 순간에 깨달음의 세계로 돈입시키기 위해 선가에서 쓰는 최상승 방편법문이다. 이것을 어법으로 보았을 때는 적기어법이라 하였고 어록이나 선시에서 나타나는 수사법을 적기수사법이라 명명하였다(송준영, 『禪, 언어로 읽다』, 소명출판, 2010, 27~58쪽 참조).

3 석지현, 『선시감상사전』, 민족사, 1997, 100~104쪽.

취시는 선미禪味가 깊은 문사들의 시나 산거시山居詩로 나누어 보면 무난할 것 같습니다.

4) 교시와 선시의 차이점

우선 선시를 불교시 범주에 두고 볼 때, 교시敎詩와 선시禪詩로 크게 나눌 수 있습니다. 교시는 불교의 현상적 교리를 노래하고 교리를 전도하기 위해 지어진 시라고 말할 수 있겠지요. 그러나 이 교시는 다른 종교의 종교시와 마찬가지로 그다지 현금 시단에 논의 대상이 미미한 것은 다 잘 알고 있는 사실입니다. 이것은 선시가 생명 그 자체를 움직이는 그대로 포착하려고 하는데 비해, 교시는 움직임의 흔적을 지적으로 추상화하여 일반화하려고 하기 때문이라 생각이 듭니다. 곧 선시는 생명의 최고를 구체적인 것 실제적인 것 가운데 구현하려고 하고, 교시는 그 움직임으로부터 벗어나 상대적으로 대상화하여 눈앞에 세계를 고착화하고자 애쓰기 때문일 것입니다. 이것은 일반적인 집단화된 종교의 정신세계와 선사상과의 차이에도 해당하는 내용입니다.

선시를 불교적 범주에 두고 논의하느냐 불교 밖에서 논의하느냐에 따라 주제의 흐름이 달라지기 마련입니다. 일체의 삼매가 선적이다 하는 경우, 세상에 존재하는 일체 두두물물頭頭物物이 모두 성불하고 있다는 화엄법계관華嚴法界觀을 벗어날 때, 그 진리의 세계에서 숨죽인 채로 면목을 드러내는, 선을 우리들이 논의할 대상이 될 수 있는 것입니다. 역사상 불교에서 파생시킨 선종과 그의 제자들이 1,500여 년 동안 탐구 발전시키고 계승한 선사들의 기행. 기상천외의 상상력을 동원하여도 파악하기 어려운 선화, 죽음의 언저리를 몇 번이고 돌고 돌아 나오는 묵조선默照禪. 세계의 근저를 고요로 접근하기보다 활발발活潑潑한 적극적인 자세, 행위, 사유와 행동이 일치되므로 화산으로 폭발하는 간화선看話禪. 이 간화선자들이 개발한 말머리話頭인 1,700공안. 이러한 배경의 밑바탕에는 생명의 근원인 자성을 철저히 보겠다는, 인간의 근원 고뇌에서 벗어나겠다는 강한 의지에 의한 의심이, 마침내 그 의심에서 벗어난 선자禪者들이 선시를 형성했다고 봅니다. 이러한 불가분의 관계들이 총체적으로 모여 선시의 배경이 이룬다고 볼 수 있겠습니다.

5) 선시의 분류와 구분의 필요성

한 마디로 선시는 내용상으로는 선사상을 시적으로 표현한 언어양식을 말하겠지요. 곧 선수행자들의 선적 체험, 선수행으로 체득된 오도의 경지를 표현한 시입니다.

선시의 수사법으로는 현재 우리가 사용하고 있는 압축, 절연, 기상, 모순, 병치, 사물의 가탁에 의한 형상화 등 현대시의 수사법과 거의 동일하다고 봅니다. 그러나 이런 비유법을 같이 사용하드라도 얼마만큼 본연과 본질에 닫아 있느냐 하는 문제가 있습니다. 서구의 심리학자들이 주장하듯 정신과 물질 본질과 현상의 이원론적인 입장으로 봤을 때, 정신은 물질일 수 없고 물질은 정신일 수 없고, 또한 본질이 현상일 수 없고 현상이 본질일 수 없습니다. 프로이트의 정신의 체계는 의식 잠재의식 무의식으로 분리되며, 일반적으로 고전주의 합리주의 낭만주의 시대의 서정시들은 거의 의식의 세계에서 형성되는 시이고, 근래의 모더니즘 시나 포스트모더니즘 시들은 심상이나 무의식 세계의 시들을 자동기술법에 의해 작시된다고 볼 수 있습니다. 그러나 선의 세계는 이 무의식 세계를 벗어난 초의식의 세계입니다.

질문 2. 선과 시의 관계와 선시의 미학

시는 언어로써 표현되는 예술인데 선은 언어를 지우는 불립문자의 세계를 보여줍니다. 특히 선시하면 먼저 깨달음을 통해 어느 경지에 오른 선승들의 불교적 색채의 게송이 떠오릅니다. 그리고 선시라는 이름이 주는 낯섦으로 거리감이 존재합니다. 시와 선의 결합이 가능합니까? 선시는 선시만의 미학적 관점을 가지고 있습니까?

1) 선과 시의 결합 가능성

선의 불립문자不立文字는 사실 시어와 선어가 부딪힘으로 오는 새로운 정신세계의 안착지이고 이를 위한 필드입니다. 그리고 불립문자의 본래의 뜻은 문자 위에 뜻을 세우되 문자에 안착하지 않는 문자의 쓰임에 응용성을 말합니다. 곧 불리문자不離文字, '문자를 떠나지 않는다', '문자와 떼어놓지 않는다', '문자에 매이지 않는다'고 정의합니다.

또한 선의 불립문자는 분별의 초월을 지향하는 종지입니다. 왜냐하면 두두물물에 대한 하나하나의 우리의 차별인식은 바로 그 사물의 언어화를 의미하기 때문입니다. 곧 음성화, 언어화되기 이전에 심상에 나타나는 사물에 대한 관념인 생각도 언어에 속하기 때문입니다. 선은 우리의 생각이 언어화되기 이전에 만들어진 무의식이나 의식 차원에 더 강한 중점을 두고 언어의 초월을 뜻하는 것까지 포함하여 불립문자를 말하는 것입니다.

불교의 무아사상이나 공사상은 모두 자성이 무자성이라 말합니다. 이러한 일체 두두물물이 고유한 자성이 없는 것으로 규정될 때에는 우리가 보배로 여기는 고전인 성경이나 불경은 반드시 귀중한 정신문화의 자산으로 여길 까닭이 없습니다. 책은 삶과 앎의 지침서인 동시에 불을 만났을 때는 화재의 진원지가 될 수 있기 때문입니다. 만년필 또한 마찬가지입니다. 글을 쓸 때는 반드시 필요한 필기도구이지만 사람의 눈을 찌를 때는 필살의 흉기로 변합니다. 세상의 존재하는 것은 본래 무자성인 무아입니다.

『금강경』에는 이러한 경구가 무수히 나타납니다. '부처님이 말씀한 반야바라밀은 곧 반야바라밀이 아니라 그 이름이 반야바라밀이다佛說般若波羅蜜 卽非般若波羅蜜 是名般若波羅蜜'(13, 「여법수지분」)와 같이 구절이 「14, 이상적멸분」, 「20, 이색이상분」, 「23, 화무소화분」, 「30, 일합이상분」에도 나타납니다. 이것을 도식으로 표현하면 'A는 A가 아니라 그 이름이 A다'가 됩니다. 곧 A = Ā가 됩니다. A를 소, 연필, 책 무엇을 넣어도 똑같이 풀이 됩니다. '소는 소가 아니라 그 이름이 소다.' 저 봄날 밭에서 밭갈이를 하는 소는 도살장에 멀건 눈을 뜨고 죽어 있는 소이고, 또 소라 부르는 우리의 소는 진흙소일 수 있고 바다 밑을 달리는 소일 수도 있다는 표현이 가능해집니다. 이러한 표현은 천지만물이 무아 즉 무자성일 때만 가능해집니다. 이것은 선장들이 우리를 현실을 깨달음의 세계로 보내기 위한 상당법문인 적기법문賊機法門입니다. 한 순간에 우리의 슬기를 빼앗으므로 오는 정신적 공황, 뺑뚫림, 이것이 우리를 A = Ā의 세계로 몰아넣습니다. 이 적기어법이 불경이나, 어록, 상당법어에 무수히 나타나며, 선서에 남아 전하는 1,700공안 모두 그대로 나타나며, 깨달음에 이르기 위해 보조 역할을 하는 선시의 주수사법이 됩니다. 이것은 바로 선시의 적기수사법賊機修辭法이 되는 것입니다.

다음 조선시대 소요 선사의 게송 한 편과 미당 서정주의 시 한 편, 그리고 이승훈의 시 한 편을 살펴보겠습니다.

① 물 위에 진흙소가 달빛을 밭 갈고	水上泥牛耕月色
구름 속 나무말이 풍광을 끌고가네	雲中木馬掣風光
위음의 옛 곡조 허공 속 저 뼉다귀라	威音古調虛空骨
외로운 학 울음 하늘 밖 길게 가네	孤鶴一聲天外長

— 소요 태능, 「종문곡」

② 내가
돌이 되면

돌은

연꽃이 되고

연꽃은

호수가 되고

내가

호수가 되면

호수는

연꽃이 되고

연꽃은

돌이 되고

— 서정주, 「내가 돌이 되면」[4]

③ 비누는 가늘게 내리는 가랑비 가랑비 내리던 아침 그대와 길을 떠났지 비누를 가방에 넣고 떠났던가? 오늘도 가랑비 온다 가늘게 내리는 가랑비 밤이면 하얀 눈발 어둠 속에 비누 가 반짝인다 비누는 마루에 있고 거실에 있고 화장실 거울 앞에 있지만 비누는 과연 어디 있는가? 비누는 씨앗도 아니고 열매도 아니다 아마 추운 밤 깊은 산 속에 앉아 있으리라

— 이승훈, 「비누」[5]

4 『동천』, 신구문화사, 1968, 77쪽.

①의 게송 「종문곡宗門曲」은 선가의 대의인 종문의 선리를 밝힌 노래입니다. 1행과 2행 "물 위에 진흙소가 달빛을 밭 갈고水上泥牛耕月色 / 구름 속 나무말이 풍광을 끌고가네雲中木馬掣風光"는 읽자마자 '꽝' 우리의 오랜 고정된 관념을 산산이 박살을 내고 맙니다. 우리는 '진흙소', '나무말'이란 시어에 황당함을 느끼게 되고 광자狂者의 헛소리로 들릴 뿐 아니라, 이어 '진흙소가 달빛을 간다'나 '나무말이 구름 속 풍광을 끌고 간다'는 이 두 행이 우리를 적기賊機해 버려 멍멍함에 갇히게 합니다. 그러나 이 문제를 앞의 『금강경』에서 본 'A는 A가 아니라 그 이름이 A다' 즉 A = Ā를 돌이켜 봄으로 약간의 숨을 고를 수 있음을 느낄 수 있습니다.

1행과 2행은 선가, 아니 선의 내장이며 골수입니다. 곧 무아나 공, 중도 자체의 표전表詮인 것입니다. 3행 위음威音은 위음왕불威音王佛 공겁空劫에 맨 처음 깨달은 부처를 말합니다. 바로 이것마저 '허공 속에 뼈일 뿐이라'는 천하를 덮는 기백과 밝고 투명한 눈동자를 만나고 이 안정眼精은 우리에게 실상을 그대로 보여줍니다. "외로운 학 울음 하늘 밖 길게 가네孤鶴一聲天外長" 앞의 1행과 2행의 무아 공은 무엇이냐? 비유하자면 바로 '비 쏟아지는 저녁 유기견이 눈 위에서 눈을 묻고 있다'와 다를 것이 없음을 알면 그뿐입니다.

②의 서정주의 시는 너무나 잘 알려진 선시입니다. 불교의 연기설을 시화한 정형적인 시라 볼 수 있습니다. 석가세존께서 연기설을 관하여 깨달음을 이루었다는 내용이 초기경전 『아함경』 도처에 실려 있습니

5 『비누』, 고요아침, 2004, 11쪽.

다. 위의 시 「내가 돌이 되면」의 깊이를 감상하기 위해 기본이 되는 연기설을 제시하고 기의를 가름해 보겠습니다.

연기설은 보편성과 타당성이 있는 객관적 진리이므로, 법(다르마 · dharma)이라고 표현합니다. 하여 '연기를 보는 자는 법을 보고, 법을 보는 자는 연기를 본다若見緣起 便見法 若見法 便見緣起'(『중아함경』 30 「상적유경」)고 하며, 다시 '연기를 보는 자는 법을 보고 법을 보는 자는 아我를 본다若比丘 見緣起爲見法 正見法爲見我'(『요본생사경』)고 하였습니다. 곧 연기법을 바로 보면 불교를 알 게 된다는 것입니다.

불교임을 증명하는 삼법인三法印이나 사법인四法印은 연기의 핵심을 이루니, 당연히 연기의 본래 의미는 삼법인이나 사법인으로 귀결됩니다. 세상은 그대로 있지 않아 무상하므로 현상의 변화와 생멸이 있고, 일체 두두물물頭頭物物은 스스로 있는 것이 아니라 공간적으로 시간적으로 상호 관련을 맺고 상의相依해 있다는 것입니다.

연기는 '인연하여 일어나는 것', '이것과 저것의 관계에 의하여 현상적으로 존재하는 방식'일 뿐이라고 천명하였습니다.

> 연기의 법은 여래가 태어나거나 태어나지 않거나
> 변함없이 늘 머무는 법의 세계며, 법의 머묾이며
> 법으로 결정되어진 것이다.
> 若佛出世 若未出世 此法常住 法住法界
>
> —『잡아함경』 12권 「296경」

이와 같이 곧 연기는 절대의 진리임을 천명하였습니다.

원시경전인 팔리어 5부 경전이나 『율장』의 「대품수계편」, 한역 『아함경』에는 연기를 여러 가지 형태로 설하고 있으나 연기설 가운데 가장 기본적이 것은 아래와 같습니다.

> 이것이 있으므로 저것이 있고
>
> 이것이 생겨나므로 저것이 생겨나고
>
> 이것이 없으면 저것이 없으며
>
> 이것이 없어지므로 저것도 없어진다
>
> 此有故彼有 此生故彼生 此無故彼無 此滅故彼滅
>
> —『잡아함경』 12권 「293경」·「297경」

이 연기설은 '이것'과 '저것'이 상호 의존해 있다는 것이고, '이것'이 없으면 '저것' 역시 없고 '저것'이 없으면 또한 '이것'도 없다고 설합니다. 이것은 서로 의지相依性함을 말하는 것이지 원인과 결과로 이것이 있기 때문에 저것이 있게 된다는 것이 아닙니다. 이것에 의지해서 저것이 있고 저것에 의지해서 이것이 있다는 것입니다. 곧 무아無我는 '이것'과 '저것'이 상호 작용하는 사이에 아我라고 하는 것이 없음에 이르고, 곧 이름 할 수 없는 무아를 우리에게 말씀하였습니다. 또 사리불은 한 불제자로부터 '인연하여 생겨나는 제법, 그러한 제법의 인연을 여래는 말씀하신다, 또 그러한 멸이 있다고 대사문은 말씀하신다. *ye dhammā hetuppabhavā, tesam hetum tathāgato āha, tesan ca yo nirodho, evām-va*야*mahāsamano*(팔리어 『율장』 「대품수계편」)'를 듣고 무아를 깨달아 불교에 입문했다고 하였습니다.

그리고 「초전법륜경」이 있는 '모든 생의 법은 전부 멸의 법이다'라고 한 것도 다름 아닌 연기를 설한 것입니다. 이것으로 보아 법을 보는 눈이 생겼다 함은 진리를 보는 눈이 생겼음이고, 이 법안, 역시 연기의 법을 보는 지혜의 눈을 말할 뿐입니다.

서정주의 「내가 돌이 되면」에 나오는 시어, '나 · 돌 · 연꽃 · 호수 · 나 · 호수 · 연꽃 · 돌'로 이어집니다. 우선, '나 · 돌 · 연꽃 · 호수'는 모두 두두물물의 실상임을 염두에 두어야 할 것입니다. 선은 일체만물 유정 무정 실상 환영 모든 있는 것 눈에 보이듯 환으로 생각되는 모든 상을, 무한한 실상實相으로 봅니다. 이것이 화엄법계관입니다.

그럼 내가 어떻게 돌이 되고 돌이 연꽃이 되고 연꽃이 호수가 되고 돌아와 다시 내가 되느냐? 이것은 앞 ①의 시 「종문곡」을 『금강경』의 도리로 다시 돌이켜 보면 나, 돌, 연꽃, 호수 외 일체 두두물물은 모두 본질, 혹은 영혼이라는 자성이 없음으로 '나 = 돌 = 연꽃 = 호수 = 나'가 됨을 살펴볼 수 있습니다. 결국 '이것'과 '저것'이 상호 의존하여 있을 뿐임을 연기설을 통하여 보았습니다. 그렇다면 '이것'이 나이고, '저것'도 나이며, 또 연꽃도 돌이고 돌 역시 연꽃이며 호수이고 나라는 '무아의 나'에 이를 것입니다. 현묘하고 딱 떨어지는 시 「내가 돌이 되면」은 진리, 법을 형상화한 선시라고 단정할 수 있습니다.

이승훈의 ③의 시 「비누」는 현대선시로 분류되며 또 전위선시로 일컬어도 무방하다는 생각입니다. 전위선시는 한자로 된 고전선시에 주 수사법인 적기수사법과 포스트모더니즘 시의 비유법을 활용한 선시를 말합니다. 우선, 앞의 시는 자성이 무자성임을 철저히 인식할 때에만 가능한 A = Ā의 세계입니다. 이 세계는 불교의 기본 경전인 『반야심경』의 '현상이 본질이고 본질이 바로 현상色卽是空 空卽是色'의 세계입니다. 그리고 앞에서 살펴본 『금강경』의 주수사법인 "여래가 말씀한 제일진리는 곧 제일진리가 아니라 그 이름이 제일진리이다"(14, 이상적멸분離相寂滅分)라는 선시의 적기수사법을 충분히 활용하고 있습니다.

'매끄럽게 흐르는 비누는 가랑비고 하얀 눈발이다. 비누는 마루에 있고 거실에도 있고 어두운 밤 산속에 있'는 이 비누를 우리는 그저 비누라 부를 뿐입니다. 원래 무자성인 기표 비누는 여러 인연과 만나면서 한없이 미끄러져 내림을 읽을 수 있습니다. 그럼 이것을 무엇이라 불러야 할 것인가? 우리는 그저 비누라 부를 뿐입니다. 앞의 『금강경』 「이상적멸분」의 문장에 넣어 보면 '비누는 곧 비누가 아니라 그 이름이 비누다'가 됩니다. 비누란 그 이름이 항상恒常하지 않고 인연과 상황에 따라 천변만화千變萬化한다는 것입니다. 시, 「비누」는 우리의 존재가 항상 하지 않으므로, 듀카duka · 苦인 일체개고一切皆苦고 제행무상諸行無常하고 제법무아諸法無我함을 체달하므로 열반적정涅槃寂靜에든다는 불교의 징표인 사법인四法印이 시화詩化되었음을 읽을 수 있습니다.

그리고 이 시는 기본 연기설로 살펴보아도 잘 나타납니다. "이것이 있으므로 저것이 있고 / 이것이 없으면 저것이 없으며 / 이것이 생겨나므로 저것이 생겨나고 / 이것이 없어지므로 저것도 없어진다 // 의 근본 기의는 '이것'과 '저것'만 있고 '이것'과 '저것'이 없고 또 '이것'과 '저것'에 의해 생겨나고 '이것'과 '저것'은 없어진다는 것입니다. 상의성相依性, 다만 상호의존에 의해 존재와 법계가 운행되고 있음을 말합니다. 그럼 무엇이 있는가? 바로 무아입니다.

이 시의 마지막 구절은 "비누는 씨앗도 아니고 열매도 아니다." 그럼 무엇이냐. 화자는 오직 "아마 추운 밤 깊은 산 속에 앉아 있으리라." 무엇이 앉아 있는가. 아이러니입니다.

2) 선시와 미학적 관점과 선시의 미학

불교를 받치고 있는 두 기둥을 연기설과 실상설이라 합니다. 이 두 기둥은 둘이 아닙니다. 이것을 선문에서는 불이라 합니다. 연기설과 실상설이 둘이 아니면 무엇인가? 바로 연기일 뿐입니다. 이 불이법문에 의하자면 선시는 대상의 세계만을 서술하는 것이 아님을 인식하게 됩니다. 그윽하고 미묘한 시는 곧 화엄법계, 통일장, 필드, 공, 무아임을 느낄 수 있습니다. 당대의 시론가들의 포스트모더니즘 미학과 선을 대비하여 설명하는 논문을 본 적이 있습니다.

이와 같은 관점은 포스트모더니즘의 개방적 형식open form의 내용과도 같은 맥락으로 이해되어집니다. 대상의 본질을 대상의 총체성을 인식하고자 하는 것이 무엇보다 중요함을 우리는 알게 됩니다. 흔히 선문에서 깨달음을 무분별지의 통증으로 읽혀지는 부분입니다. 이 총체성이 통일장, 필드, 화엄법계이고 무아의 세계라 할 수 있습니다. 총체성에서 자발광自發光이 포스트모더니즘 시인의 미학인 자연성이며 자율성이고 개성이며 직접성이라 볼 수 있습니다.

선이 시를 계승하고 시가 선을 이을 수 없듯이 시어와 선어는 같은 언어문자에 있지만 그 끝닿는 목적지가 다릅니다. 사실 우리는 어떤 개연성에 의한 결합보다는 전혀 다른 목적의 것들이 충돌함으로 오는 놀라움, 이 놀라움의 승화에 의해 다른 새로운 빼어난 세계가 전개되는 것을 역사상 많이 읽을 수 있습니다. 그와 같이 언어 역시 상호충돌에 의해 격의 되므로 새로운 사유에 의한 문자의 탄생, 이것은 우리 인류 역사상 많은 예를 만날 수 있습니다. 예컨대 기독교의 신약성서가 유대의 구약이 다른 문화와 부딪힘으로 격의格義 되었다는 것을 사계의 학자들이 주장합니다. 불교 쪽에서만 보더라도 원시불교와 근본불교에서 맴돌든 상좌부불교가 인도 북부지역을 점령한 그리스인의 헬레니즘 문화와 부딪힘으로 대승불교가 탄생됩니다. 오늘 날 우리나라에 석굴암이나 영주 부석사 무량수전의 배흘림기둥들은 간다라문화로 그것을 말해 주고 있습니다. 또 우리나라만 하더라도 토속신앙과 토템문화 그리고 전래해온 풍류 등과 불교와 부딪힘으로 오는 통불교, 사찰에 산신각 독성각 칠성각은 그것을 말해 줍니다. 이러한 것은 문화의 하나인 언어에서도 잘 나타납니다.

어쩔 수 없이 우리 선조들은 한자를 빌려 위의威儀와 서정과 무상과 격조를 노래할 수밖에 없었습니다. 시대상 한자로 쓰여진 선시를 고전선시古典禪詩라 분류하고, 한글로 쓰여진 만해 한용운의 시집 『님의 침묵』 이후에 나타나는 전통적이며 서정적 시풍을 가진 선시들을 현대선시現代禪詩로 매김하고, 고전선시에 나타나는 선시의 적기수사법賊機修辭法과 포스트모더니즘의 비유법을 활용하며 선시의 미학인 청량淸凉 명징明澄 단순單純 표일飄逸 무사無事의 선미禪味를 내는 시를 전위선시前衛禪詩라 명명하였습니다.

3) 선시의 고유 시론과 미학

주지하다시피 선은 인도불교의 계戒・정定・혜慧 중, 정인 드야나Dhyāna가 불교와 함께 중국으로 들어가 선나禪那로 음역되었고, 이것이 다시 선으로 단순화 되어. 여기에 시가 첨가되면서 선시로 오늘날 써지고 있습니다. 선이 중국에 들어와 중국 문화에 크게 기여하면서 당과 송, 명, 청에 많은 선시인禪詩人을 낳았고, 일찍이 시론격인 시설詩說 시화詩話가 발달되어 왔습니다.

일반적으로 중국의 선시는 당대에 발흥하여 송대에 번성하다가 점차 사대부의 생활 속으로 스며듭니다. 선과 시의 관계가 본격적으로 논의의 대상이 된 것은 남송 말기지만 청나라 강희 시대에 또 다시 본격적으로 창도됩니다. 시와 선에 대하여 적극적으로 논의하고 말한 작가는 남송의 창랑 엄우嚴羽, 1290~1364입니다. 그의 저서 『창랑시화滄浪詩話』에서 역대 시를 비교분류하면서 "무릇 선도禪道도 묘오妙悟에 있다"고 하며 시선일여詩禪一如의 사상을 피력하였습니다.

엄우의 『창랑시화』 첫머리에 「시변」에 의하면 다음과 같습니다. '무릇 시에는 별도의 재주가 있으니, 책과는 관계하지 않으며, 시에는 별도의 지취旨趣가 있어 이취理趣와는 관계하지 않는 것이다'라고 했습니다. 그러니 책을 많이 읽고 이치를 많이 궁구하지 않고는 지극한 경지에는 도달할 수가 없으니, 이른바 이치의 길에 빠지지 않고, 말의 통발에 떨어지지 않는 것이 으뜸이라 했습니다.

시라는 것은 성정을 읊조리는 것이다. 성당盛唐의 시의 특징을 흥취로 요약했고 흥취는 단순한 흥이나 재미에 그치는 것이 아니라 감흥을 자아내는 언외의 의취를 가져야 한다. '영양은 염소의 일종인데 잘 때에는 의외의 해를 막기 위해 꼬부라진 뿔을 나무 가지에 걸고 발을 땅에 대지 않고 잔다'고 한다.

—『전등록』「설봉의존 장」

즉 양의 발자취만 따라가다가는 발자취는 끊어지고 영양은 없다. 발자취는 시의 말에, 나뭇가지에 뿔을 걸고 달려있는 영양은 언외의 흥취에 각각 비유된다고 하였습니다. 그리고 그는 "시를 논하는 것은 선을 논하는 것과 같다論詩與論禪"고 하였는데, 이것은 뒷날 청대에 왕사정의 신운설神韻說에 지대한 영향을 끼쳤습니다. 신운설이란 시의 영롱한 경지를 말하는 것이며 이것은 신운표묘神韻標渺로서 선의 경지와 같다는 것이지요. 이러한 입장에서 이백과 두보의 시를 여래선, 소동파와 황산곡의 시를 조사선으로 대비하며 시론을 전개하고 있습니다. 또 『벽암록』에선 '풍류가 되지 않는 곳에 오히려 풍류가 있다不風流處也風流'고 말합니다. 그리고 시와 선은 일치하고 차별이 없다고 하였습니다. 이런 점에서 시와 선은 궁극의 합일점을 설정할 수 있다는 것입니다.

사공도의 「이십사시품」에 나오는 '한자도 짓지 않고 / 풍류를 다 얻는다不著一字 盡得風流'라 하는 것은 '소리밖에 흥치이니 맛밖에 맛이 있다韻外之致니 味外之味'는 모두 엄우가 말하는 흥취의 경지와 비슷합니다. 또

시를 보는 데는 모름지기 금강안정을 달아야 한다. 그래야 방문소법旁門

小法에 눈이 어지러워지지 않게 된다.(선가의 금강안정의 설이 있다)

看詩須着金剛眼睛 庶不眩于旁門小法(禪家有金剛眼睛 之說)

하였고, 원대의 원호문1190~1257은 「답준서기학시」라는 7언 절구에서 다음과 같이 노래했습니다.

시는 선객들에게 꽃을 수놓은 비단이 되었고	詩爲禪客添錦花
선은 시인들에게 옥을 자르는 보도가 되었다	禪是詩家切玉刀

또 우리나라 고려 말 백운 경한은 그의 저 『불조직지심체요절佛祖直指心體要節』[6]에는 시선일여의 경지를 실증하고 있습니다.

백운에게 한 학인이 물었다. '달마가 동쪽으로 온 까닭이 무엇입니까?

아득한 강남땅 이삼월을 생각하니	遙憶江南二三月
자고새 우는 곳에 온갖 꽃 향기로워라	鷓鴣啼處百花香

또 학인이 물었다. '달마조사가 서쪽에서 온 뜻은 무엇입니까?

해가 뉘역뉘여하여 강산이 고우니	遲日江山麗
봄바람에 화초가 화려하다	春風花草香

6 『불조직지심체요절』은 세계 최고의 활자본인 『직지심경』의 원명이다. 『경덕전등록』에 있는 내용을 중심으로 하여 역대 조사들이 직접 가르치고 증득한 심체의 요절을 초록한 것.

또 물음에

산꽃은 비단보다 곱게 피었고　　　山花開似錦
시냇물은 쪽빛보다 푸르다　　　澗水碧於藍

라고 하는 것은 모두 조사선으로 색성언어를 갖추었다.

—『불조직지심체요절』「조사선」

라는 답을 선시로 읊고 있습니다. 이것은 동양적인 선화요 선시이며, 선문답은 시선일여의 시화를 보여주는 많은 예 가운데 하나입니다.

시인 조지훈은 다음과 같이 말합니다.

> 시와 선, 시가 마침내 선과 자리를 같이 한다. 시도 또한 선이다. 선종에서는 문자나 언어가 필요 없을 때가 많다. 상대적이요 불안전한 언어로 어찌 절대의 경지가 토로되리오. 참으로 시적 감흥이란 언어와도 절연한다.[7]

이 글은 시와 선의 동질성을 시선일미詩禪一味를 표현한 것으로 조지훈은 시와 선이 절대경지인 언어의 불완전성을 초극하는 곳에서 서로 만나짐을 직관적으로 지적한 것이라 할 수 있습니다.

그러나 선과 시는 서로 목적하는 바가 다릅니다. 시는 언어를 통하여 아름다움의 서정을 인식하고자 하고 선은 언어를 버림으로 근본에

7 『조지훈전집』 4, 일지사, 1973, 145쪽.

이르고자 합니다. 선은 우리의 본연의 실체 근본자리를 깨달음에 이르기 위해 설치된 일종의 기관이고 시설입니다. 이런 본래의 근본실체를 깨닫게 되면 생사를 초월하게 되고 삶의 근본인 우주의 원리를 체득하므로 자유자재를 얻게 됩니다. 선을 시적 감수성으로 접할 수 있으나 그 핵심을 깨침 없이는 그곳에 완전히 이를 수 없습니다. 예술적 직관 너머에 독존하고 있기 때문입니다. 마치 물의 맛이 단지 쓴지 차가운 것인지 뜨거운 것인지를 예술적 직관이나 감수성만 가지고 알 수 없는 것과 마찬가지입니다. 단지 손가락 하나를 내밀어 찍어 보는 길밖에는 없기 때문입니다.

선의 경지는 오직 체험에 의한 증득에 있을 뿐입니다. 이와 같이 선시 또한 문학적 이론이나 감수성만으로 짐작이야 하겠지만 똑 떨어지는 것은 본인의 깨침에 있는 것입니다. 선시는 선을 깨치기 위해 설치한 선장들의 기관인 공안인 화두를 타파하거나, 오랜 침묵과 명상으로 얻어질 수 있기 때문입니다. 이 본칙인 제일 명제 화두를 깨치게 하기 위해 먼저 깨달은 이들이 옆에서 북돋아 주고 거들어주어서 공부하는 학인이 스스로 그 맛을 보도록 하는 한 방법으로 선시가 발달되었다고 생각합니다.

선은 선학이 아니어서 실참실수實參實修를 그 본의로 하고 있습니다. 선과 시, 시와 선을 아무리 설명하고 명징하게 드러낸다 하여도 역시 그것이 바로 아니기 때문에 옛 선시와 근래에 쓰여진 선시를 대비하므로 스스로를 말씀드리고자 합니다. 앞 2절 1항에서 조선 중엽 소요와 근대의 서정주의 시, 그리고 현대의 이승훈의 시를 대비하여 충실히 푼 것도 이러한 의도가 있어서입니다.

4) 선시와 감상 및 이해를 위한 핵심

우리가 역대 선사들의 선시를 읽을 때 어쩔 수 없이 한동안 캄캄할 수밖에 없습니다. 그것은 내용에 있어 진기한 일화, 숨 막히는 돌연성과 침묵, 엉뚱한 사건들, 신비하고 은밀한 발언들, 여러 가지 모순당착, 기행, 어긋남에 오는 위트와 유머의 사태, 비논리적인 횡설수설, 알고도 시침을 떼는 것 같은 천연덕스러움 등을 일순간의 시적 영감과 감수성으로 느낄 수 있는 여기에 선의 비밀이 있다고 볼 수 있습니다. 위의 이러한 법문을 선가에서는 적기법문賊機法門이라 합니다. 적기란 선사들이 우리를 깨닫게 하기 위해 위와 같은 언행으로 우리의 바탕이 되는 슬기를 빼앗는 것을 말합니다. 우리가 근본이라 여기는 이 생각을 해체해버리는 것입니다. 시학으로 설하기보다는 실지로 선시의 한 예를 들기로 하겠습니다.

다음 게송은 『금강경오가해』의 「야보송」입니다.

소라 부르면 곧 소요	喚牛卽牛
말이라 부르면 바로 말이다	呼馬卽馬
할미의 속옷을 빌려 할미 문에 걸고 절하네	借婆衫子拜婆門
예의의 차림은 이미 충분하다	禮數周旋已十分
대 그림자 댓돌을 쓸어도 먼지일지 않고	竹影掃階塵不動
달빛이 못 밑을 뚫어도 물위엔 흔적 없네	月穿潭底水無痕

— 야보 도천[8]

『금강경』「구경무아분」을 평창하고 게송을 부친 야보 도천의 선시입니다. 선시 중 백미로 알려진 작품입니다. 산은 산, 물은 물이고. 소라 부르면 소이고, 말이라 부르면 바로 말일 따름입니다. 이렇게 알면 그뿐입니다. 그럼 무엇인가. 바로 구경究竟은 무아無我 자체입니다. '구경무아'를 보여주는 시구는 바로 1, 2행 "할미의 속옷을 빌려 할미 문에 걸고 절하네借婆衫子拜婆門 / 예의의 차림은 이미 충분하다禮數周旋已十分"입니다.

그럼 이 게송을 어떻게 풀어야 2연의 3, 4행인 "대 그림자 댓돌을 쓸어도 먼지일지 않고竹影掃階盡不動 / 달빛이 못 밑을 뚫어도 물위엔 흔적 없네月穿潭底水無痕"로 보여줄 것인가? 이것을 풀기 위해선 다음 선게를 충분히 이해하는 것이 중요합니다.

> 노호를 아는 것은 허락하지만 노호를 만나는 것은 허락하지 않는다.
>
> 只許老胡知 不許老胡會

이 선게가 말하고자 하는 것은 '진리를 아는 것은 말할 수 있는 차원이지만 진리 당처와 만난다 할 때는 이미 주객이 분리된 이해 차원으로 떨어진다'는 것입니다. 곧 진리를 영회하는 것은, 진리 당처와 계합하는 것은 이미 안다는 차원이 아니므로 이미 알았다는 생각이 들면 그것은 단지 이해한다는 차원일 뿐, 바로 그것이 되었다는 것이 아닙니다. 그래서 노호를 아는 것은 허락하지만 노호와 영회함은 허락하지

---

8 야보 도천冶父 道川(송대), 『금강경』 제17 「구경무아분」의 야보송.

않는다는 표현을 쓸 수밖에 다른 도리가 없습니다. 여기서 노호는 달마, 중국 선의 시조 보리 달마를 가리키며 또 달마는 산스크리트어로 진리를 말합니다.

야보의 '소라 부르면 소이고 / 말이라 부르면 바로 말이다'는 전문인 수시입니다. 다음 2연의 1행과 2행은 하늘과 땅이 맞닿는 소식입니다. 굳이 억지로 이해를 돋우어 본다면 '파삼자婆衫子'의 '파삼'은 할머니의 적삼, 곧 속옷이며 자子는 접미사에 해당합니다. 할머니, 노고할미, 삼신할미를 연상하게 하고 적삼, 속옷은 근, 본질, 현빈玄牝의 표현이니, 곧 무아의 다른 표현으로 읽힙니다. 『금강경』「구경무아분」의 끝 구절, "부처님께서 일체 법은 나도 없고 남도 없고 중생도 없고 수자도 없다"고 설한 것으로 연관되어짐을 알 수 있습니다.

이젠 야보송을 읽어보기로 하겠습니다.

'파삼자'는 할미의 속옷은, 삼신할머니의 속옷으로 변주됩니다. 따라서 근본을 빌려 근본에 걸어놓고 근본이 예배를 드립니다. 그러니까 고향의 존당에 바칠 것이 전혀 없다는 것은 당연한 것이지요. 그렇습니다. 이것이면 100퍼센트가 아닌가. 그리고 게송 3, 4행은 무아가 자발광自發光하는 실상이니, 곧 공즉색空卽色의 표전表詮이라 볼 수 있습니다. 고향에 돌아오니 '밥상에 파리가 날고 숭늉 그릇에 멀건 콧물이 빠진다' 하여도 다를 것이 없다는 것이지요.

선은 본래 오늘날 논문과 같은 글은 없습니다. 물심이원론으로 사상적 토양을 갖는 서구인들에 의해 발달된 논문은 연역법이나 귀납법에 의한 많은 예증을 하고 논리적으로 이것을 인식시키므로 논문을 쓴 논자의 목적에 도달하려 합니다.

그러나 동양, 특히 선은 위와 같은 답을 구하려 하는 것이 아니라, 선장들은 그 목적에 이르기 위해 이것에 가까운 많은 예를 들어 '이것'을 찾는 이가 스스로 깨닫게 하고 있습니다. 대표적인 예로 선가의 제1서로 불리어지는 『벽암록』을 들 수 있습니다. 『벽암록』에는 달성하고자 하는 목적인 본칙(제1명제)을 깨닫기 위해 수시(전언, 전문), 착어(할주), 평창(총평설), 게송(선시)인 다섯 문항으로 되어있습니다. 이것은 마치 화분에 모종을 심어 놓고 잘 자라도록 북돋고 물주고 햇볕 좋은 대로 옮기며, 스스로 꽃을 피우는 데 도움을 주는 것과 같은 방법을 쓰고 있어요. 시 또한 시설詩說, 시론詩論 시화詩話라는 언어를 사용하였습니다. 이 말들은 실제 서구의 논문이나 시론과는 다릅니다. 한가할 때 가볍게 마음가는대로 시적으로 말하듯이 쓴 시화나, 어떤 작가의 시에 대한 설하는 시설, 또 시를 논하는 시론이 있지만 서구적인 논은 없다고 할 수 있습니다.

질문 3. 선시와 다다이즘, 쉬르리얼리즘, 포스트모더니즘 시의 차이점

선시와 다다이즘 시, 선시와 쉬르리얼리즘 시, 그리고 포스트모더니즘 시들과 중첩되어 겹친다고 이야기하기도 하고 그렇지 않다고들 합니다. 그럼 유사점과 서로 다른 특징을 강조하기도 합니다. 그렇다면 서구의 다다이즘 시와 쉬르리얼리즘 시 그리고 포스트모더니즘 시와 선시의 차별성은 있는가? 있다면 무엇인가? 현대선시의 정체성을 명확하기 위해 차별성을 강조하는 것이 좋은가? 아니면 연계성을 강조하는 것이 좋은가?

1) 선시와 다다이즘 시의 차별성과 연계성

다다이즘Dadaism은 서구에서 발생한 예술운동의 하나입니다. 다다는 서구의 합리주의를 밟고 반문학적인 주의를 부르짖으며 20세기 초인 1차 대전 이후, 미국과 유럽전역에 전개된 문학, 미술, 음악 등의 반예술 반 미학적 예술운동입니다. 다다는 현실에 대한 부정과 파괴 허무를 담아 예술에 표현하려 합니다. 실제 다다이스트들은 거의 소음 속에서의 시낭송, 다양한 언어의 시낭송, 소음연주회, 분장을 하고 퍼포먼스를 하는 등 실험적인 예술 활동을 통하여 그들의 주장을 관철하고자 하였습니다.

다다는 1916년 취리히 볼테르 카페어서 제1차 세계대전을 피해 온 각국의 젊은 지성인들에 의해 일어난 것입니다. 그중 트리스탄 짜라는 그가 만든 『다다공보*Bulletin DaDa*』, 잡지에 1918년 「다다선언」을 합니다. 그리고 1919년 3월 『문학』이라는 이름의 다다 잡지를 만듭니다. 여기에 참석한 화가는 막스 쟈콥, 뒤샹, 아폴리네르, 피카소, 드렝 등의 입체파 화가들이 있고 발레리, 앙드레 지드와 르베르디 같은 많은 시인, 소설가, 음악가들도 가담하게 됩니다. 짜라, 피카비아, 브르통, 수포 등의 광란적인 다다 행위는 당시 일반 예술인에게는 큰 충격을 주었습니다. 1920년 2월 1차 다다 선언을 발췌하여 보기로 하겠습니다.

> 다다가 언제 어디서 발생했는지 알 수 없다. (…중략…) 다다는 정신상태이다. (…중략…) 다다는 예술의 자유사상이다. 다다는 아무것에도 애정에도 노동에도 헌신하지 않는다. 인간이 이 세상에 흔적을 남기는 것을 용서할 수 없다. 다다는 본능만을 인정하므로 설명을 선험적으로 거부한다. 다다에 의하면 우리 자신에 대한 어떤 제약도 가져서는 안 되며 모랄과 흥미 따위는 문제 돌 수가 없다. (…중략…) 나는 다시 한 번 법왕과 취침하고 싶다. 당신들은 이해하지 못할 것이다. 나도 역시 그렇다 참으로 슬프다.[9]

우리는 다다의 또 다른 짜라의 선언에서 무엇을 지향하고 무엇을 보여주고자 하는 것을 읽을 수 있습니다.

> 나는 하나의 선언을 한다. 그러나 그것에 의하여 아무것도 구하지 않는다. 그러나 나는 무엇인가를 말하고자 한다. 그리고 나는 어떤 주의를 내세우는 선언에는 반대한다. 나는 주의 그것조차도 반대한다. 나는 이 선언을 다른 사람이 숨을 한 번 쉴 동안에 전연 모순되는 두 가지 동작을 동시에 할 수 있는 순간을 보기 위해서 쓴다. 나는 동작에 반대한다. 모순을 그만두기 위해서가 아니다. 나는 찬성도 반성도 하지 않는다. 그리고 나는 설명을 하지 아니한다. 왜냐하면 나는 의미란, 싫은 까닭이다. 다다이즘은 관념을 내

9 짜라 · 브르통, 송재영 역, 『다다 / 쉬르리얼리즘 선언』, 문학과지성사, 1987, 240쪽 인용.

어버린다는 뜻이다. (…중략…) 다다는 아무것도 의미하지 않는다.

이 선언은 1916년 7월 14일 취리히의 다다 모임에서 짜라가 발표한 첫 번째 선언입니다. 그럼 이제 다다이즘 선언들과 선사들의 어록 및 행동을 비교하므로 그들이 부르짖는 속뜻을 파악하고자 합니다.

우리나라 조계종의 중흥조인 보조 지눌普照知訥, 1158~1210의 법어를 읽도록 하겠습니다.

달마가 서쪽으로부터 온 것은 '달을 알려면 손가락에 있지 않듯이 법이 나의 마음'임을 알게 하기 위해 문자를 쓰지 않고 마음을 마음에 전할 것이다. 그러므로 선문에서는 집착을 깨어 버리고, 근본을 보이는 것이 귀하고, 번거로운 말이나 뜻으로 나열하는 것은 귀하지 않다. 그러므로 집착 끊는 뜻을 우매한 이는 알지 못한다.[10]

—「원돈성불론」

마음 진여는 바로 한 법계가 모두 거느린 실상의 법문의 본체다. 심성은 나지도 사라지지도 않는 것이고, 진리는 오직 망녕된 생각에 의해서 차별이 있다. 만약 이 망녕된 마음 생각을 여의면 일체 한계를 짓는 모습이 없어진다. 그러므로 일체의 진리가 근본부터 말을 여의고 모습을 단절하며, 이름 할 수 없는 실상도 여의고 마음에서 인연 따라 이는 모습을 여이어, 끝내는 평등하여 변하거나 달라지는 것도 없고, 그렇다고 파괴도 없다. 오직 한

---

10 所以達磨西來 欲令知月不在指 法是我心 故不立文字 以心傳心耳 是以 禪門只貴破執顯宗 不貴繁辭義理施設 故所有破執言句 近於一分理性 離言絶慮之義 昧者不知其義「圓頓成佛論」

생각일 뿐이다. 이것이 진여다.[11]

—「간화결의론」

다다이즘 선언이나 우리나라 조계종 중흥조인 보조의 법어를 읽어 보아도 그 근본취지를 충분히 읽을 수 있습니다. 다다는 현실에 대한 부정과 허무 그리고 관습을 파괴하려 이전 예술 활동을 뒤집으면서 느낄 수 있는 본질에 대한 향수로 나타납니다. 그러나 선은 보조의「간화결의론」이나「원돈성불론」에서 읽히듯이 말이나 형상을 여의어 모든 것이 평등으로 보이는 것, 이것이 진여 곧 진실로 우리의 삶이란 것입니다. 선과 다다의 공통점이라 할 수 있는, 시공을 초월할 수 있는 방법은 기존의 관념을 파괴하는 데서 가능하다고 본다면 이 부분에 있어서는 같은 일치점을 보이고 있습니다. 또 다른 것은 예술이나 문학, 역시 순수한 수행 결과 드러나는 것이지, 단지 일시적인 퍼포먼스로는 시간과 공간을 초월하는 영원한 것이 될 수 없다는 것입니다.

선사와 다다이스트들의 행위를 비유해보면 얼핏 보면 무척 닮아 있다는 것을 느끼게 됩니다. 많은 선사들이나 다다이스트들의 예가 있습니다. 그중 극명한 두 예를 들고자 합니다.

지금 소개하는 선화는 우리나라 선시의 초조인 진각 혜심眞覺慧諶, 1178~1234이 찬한『선문염송』의 1,463본칙 중 하나입니다.

11 心眞如者 卽是一法界大總相法門體 所謂心性不生不滅 一切諸法 唯依妄念 而有差別 若離心念 則無一切境界之相 故一切法 從本已來離言說相 離名字相 畢竟平等 不可破壞 唯是一心 故名眞如「圓頓成佛論」

천하를 주유하던 단하 천연丹霞天然, 739~824이 혜림사에서 묵게 되었는데 날씨가 매우 추웠습니다. 이때 법당에 목불이 있는 것을 끌어내려 불을 피웠다. 원주가 이를 보고 몹시 놀라 말했습니다.

"어째서 부처님으로 군불을 때시오?"

하니 천연이 주장자로 재를 헤치면서 말했다.

"나는 부처님을 다비하고 사리를 얻으려 했소吾燒取舍利."

"목불에 무슨 사리가 있겠소木佛有何舍利."

"사리가 없다면 양쪽 부처님마저 태워야하겠소旣無舍利 更請兩尊再取燒之."

— 『선문염송』 21칙 「목불木佛」

이런 일이 있은 후에 원주는 눈썹이 몽땅 빠졌다는 기록이 『조당집』이나 『전등록』에 실려 있습니다. 이러한 행위는 합리적인 인습에 반대편에 있는 자성본원에서 자발하는 후련함을 동반하므로 오는 느낌입니다. 외로 선은 순수 본연 자체고, 선사들은 합리의 덮개를 깨는 우상파괴자였습니다. 무엇 하나를 숭배하여 예배의 대상이 되어 질 때, 형상이 있든 없든 우리는 마음의 우상을 모시게 됩니다. 이런 점을 우려한 선가에서는 '밖에서 들어오는 놈 쳐놓고, 도독이 아닌 자가 없다'고 경책합니다. 남전 보원南泉普願, 746~834이 우리에게 보여주는 간절한 자비의 행위를 볼까 합니다.

남전산에서 어느 날 동당과 서당의 중들이 고양이를 놓고 다투고 있었다. 남전이 보다 못해 그 고양이를 집어 들고는 "누구라도 좋다. 한 마디 해 보라. 그러면 고양이를 살려주고 그렇지 못하면 단칼에 고양이를 베어 버리겠다"고 말했다. 아무도 대답하는 중이 없었다. 이에 아무도 대답하지 못하자 남전은 고양이를 두 토막 내어 버렸다.

擧 南泉一日 東西兩堂 爭猫兒 南泉見 遂提起云 道得卽不斬 衆無對 泉 斬猫兒爲兩段

— 『벽암록』 64칙 「남전참묘아」

위의 선화는 잘 알려진 공안입니다. 불살생을 모토로 여기는 사찰에서 어찌 고양이 목을 칠 수 있는가 하는 의구심이 앞섭니다. 이것이 퍼포먼스인가? 자비인가? 적기인가? 많은 생각을 우리에게 줍니다.

이제 다다이스트들의 퍼포먼스를 간추려 볼까 합니다.

1916년 뒤샹이 뉴욕의 「앙데팡당 전」에서 화장실 남성용 변기를 가져와 그대로 미술전람회에 「샘」이란 이름으로 전시를 합니다. 그리고 1919년에는 다다이즘 전람회에 모나리자 얼굴을 그대로 묘사하여 코 밑에 카이젤 수염을 붙여 놓았고, 1920년 다다이스트는 문학의 밤을 개최하였습니다. 앙드레 브르통이 검은 화판 위에 마구 칠한 피카비아의 그림을 소개할 때, 짜라가 다다이즘을 선언한다고 무대 위에 올라와서는 책상 위에 있는 신문지를 찢어 조각들을 이것저것 닥치는 대로 낭송하고 있었고요. 이때 엘뤼아르 시인이 시끄럽게 종을 치면서 시를 낭송하는데 무엇을 말하는지 모를 정도로 소란스럽게 무대 위로 왔다 갔다 하였답니다. 청중들이 야유를 퍼붓자 짜라는 그들을 향하여 '그대들은 모두 바보 천치다, 그대들은 모두 다다 운동의 대통령들이다' 소리를 내질렀답니다.

위에서 살펴본 것과 같이 다다이즘의 특징은 예술자체를 부정하는 급진적 반예술적 성격과 우연적 현상만이 미의 관념이 될 수 있다는 우연적 성격을 표현한 장 아르프의 꼴라주, 눈을 감고 신문에 밑줄을 그어 선택된 단어로만 시를 만드는 아르파텐 등에서 볼 수 있습니다. 이런 다다이즘은 르네상스시대 이후, 상류층의 전유물이라는 예술과 제도를 반대하고 일상적인 삶을 예술화함으로써 예술을 고상화 시키려는 부르주아들에 대한 공격이라 볼 수 있습니다. 이런 다다이즘의 운동 후에 팝 아트와 옵아트 행위예술, 쉬르리얼리즘이 나타날 수 있는 토대가 됩니다.

앞에 소개한 글들을 보면 다다이스트들은 모든 의미나 행위가 무작정이고 무의미하다고 합니다. 곧 관념도 버리고 의미도 버리고 옳음도 버리고 틀림도 버리고 찬성도 반대도 하지 않는다고 합니다. 여기에 우상도 없고 영웅도 없으며 다다가 아무것도 아닌 것처럼 모든 것 역시 그 무엇도 아니라는 것입니다. 위의 선화에서 보듯이 단하나 남전의 행위는 격의적이면서도 바다와 같은 본질에 닿는 도리가 헤아려집니다. 그렇지만 자성도 없고 형상도 없고 주관과 객관도 없고 옳음과 그름도 없으며, 움직임도 고요도 없다고 말합니다. 임제는 부처를 만나면 부처를 죽이고 부모를 만나면 부모를 죽이고 친구를 만나면 친구를 쳐 죽이라고 상당하여 설법을 합니다. 남전이 어떻게 하며 고양이를 살릴 수 있느냐 하는 질문에 조주는 짚신을 머리에 이고 아무렇지도 않게 나가 버립니다.

여기서 선사들의 선화와 다다이스트들의 퍼포먼스를 새겨 볼 필요가 있습니다. 남전의 고양이를 베는 것이나 단하의 나무부처를 태우는 것은 분명, 우리를 위한 본연의 목적을 가지고 있다는 것을 느껴질 것입니다. 그런데 다다이스트들의 행위는 보여주고자 하는 낯섦과 기지가 보이지만 그 행위가 진정 우리에게 안겨줄 수 있는 것은 무의미와 낯섦뿐이라면 지나친 오류일까. 그 다음은 우리 각자가 판단할 일입니다.

2) 선시와 쉬르리얼리즘 시와 다다이즘 시의 차별성과 그 사상

다다이즘이 파리로 이전되면서 1920년까지는 이어졌으나, 안드레 브르통André Breton, 1896~1966에 의해 변형된 것이 쉬르리얼리즘이라고 할 수 있습니다. 즉 브르통과 아라공 등이 파리를 중심으로 일으킨 정신운동이라고 부를 수 있지요. 브르통이 다다이즘에다 새로운 미학을 추구한 것입니다. 브르통은 세계를 직시하는 방법, 곧 체계적으로 정리되지 않는 무의식 · 꿈 · 광기 · 불가사의 · 환각 등 논리적 체계로써 접근할 수 없는 의식의 이면을 추구하였습니다. 아라공, 엘뤼아르, 수포, 피에르드 마소, 모리즈, 바롱, 위니크, 비트락 등이 멤버였습니다.

브리통은 1921년 수포philippe Soupault와 공동시집인 『자장』은 쉬르리얼리즘의 최초의 작품집이고, 이들은 논리를 넘어 선 단지 이미지로 형상화된 직관과 영감만을 추구하는 무의식의 세계를 개발하였습니다.

쉬르리얼리즘이란 말하는 대로 혹은 필기로 표현하려는 순수한 마음의 자동현상과 사고의 진실한 기능 등 이성의 참여가 없고 미학적이나 논리적 관여가 완전히 배제된 상태에서 표현함을 이릅니다.

> 곧 쉬르리얼리즘이란 새로운 표현방법이 아니고 보다 순수한 것도 아니고 시의 형이상학도 아니다. 쉬르리얼리즘은 정신과 그것에 관련된 모든 것으로서의 전적인 해방이다. 우리는 무슨 잘못을 고칠 것을 주장하는 것이 아니고, 그들이 얼마나 흔들리는 기초와 다져지지 않는 땅위에 흔들리는 집을 짓고 있는가를 알려주려고 한다. 우리는 부정의 전문가다. 쉬르리얼리즘 시는 단순한 한 형식이 아니다. 쉬르리얼리즘은 스스로의 방향으로 되돌아가려는 정신의 절규다.[12]

다다이즘은 기존의 가치를 모두 부정하지만 쉬르리얼리스트들은 지성과 관념을 부정하였지만 꿈과 무의식은 부정하지 않았습니다. 곧 꿈과 무의식을 통하여 정신의 한 지고한 점에 도달하고자 하였습니다. 그들은 그 방법을 얻기 위하여 꿈과 무의식, 혹은 공상, 최면의 정신상태도 깊이 있게 다루었습니다.

결국 쉬르리얼리스트들이 최고의 지점을 모색하기 위해 꿈, 무의식, 공상, 최면을 강조하는데 반해 다다이스트들은 애초부터 모든 것을 철저히 부정하고 있는 것을 보아 선과 많이 유사하다 할 수 있을 것입니다. 이들은 이성이나 윤리적 관여가 전혀 없는 꿈이나 무의식 상태에서 미지의 정신 영역으로 정신을 넓히고자 하였습니다. 이런 점은 정신의 혁명이며, 해방이며, 개성을 활짝 열어 재치는 자유이며 이들의 주장은 그들만의 순수한 인간의 본래의 모습으로 돌아가고자 하는 선언이라 할 수 있습니다.

---

12 권기호, 『선시의 세계』, 경북대 출판부, 1991, 109~114쪽 참조.

그러나 그들은 어떻게 하여 인간 본연의 자리로 돌아가게 되는지 그 방법을 몰랐다고 할 수 있습니다. 이들이 주장하는 정신의 확대의 영역을 무의식, 꿈, 연상 등을 통하여 의식의 확대를 꽤했으나, 밖으로 확대하고자 하였지, 근원자리로 돌아올 줄은 몰랐다는 것입니다. 곧 꿈, 무의식을 모두 버림으로써 무아의 세계인 참 무아에 이룰 수 있음을 모르고 있었습니다. 밖으로 치달을수록 무아란 본질에서 멀어짐을, 일체를 버림으로써 환지본처還至本處함을 몰랐기 때문에 오는 결과라 볼 수 있습니다.

브르통은 「쉬르리얼리즘 제1선언」에서 '쉬르리얼리즘은 정신 혹은 정신과 유사한 것을 완전히 자유롭게 해방시키는 한 방법이다'라든가, '쉬르리얼리즘은 그 차제로 환원하려고 하는 정신의 절규며 정신에 가해지는 모든 속박을 절망적으로 격파하려는 각오를 갖는다' 하는 선언들은 선적인 입장에서 볼 때는 안타깝기 그지없는 주장임을 간파할 수 있습니다. 그들의 정답은 바로 맞은편에 있기 때문입니다. 우리가 당초부터 속박되어 있지 않음을 알면 이런 고뇌는 쉽고 명확하게 무너지는 것입니다. 우리는 온전하게 여시하게 있을 뿐이고 그 자체가 명明인 '밝음'임을 몰랐기 때문에 쉬르리얼리스트들은 그렇게 선언하는 것입니다. 비수에 녹이 슬듯이 명이 오온五蘊[13]을 가지고 있기에, 오온은 무

13 오온五蘊은 산스크리트어 pańca skandha이다. 존재를 구성하는 다섯 가지 요소, 곧 정신과 물질을 말하며 오온五蘊, 오음五陰, 오상五象, 오취五聚로 번역되었다. pańca는 다섯, skandha는 모여서 쌓이다agregate 혹은 구성요소element, 집적集積의 의미다. 고대 인도에서는 존재의 구성은 다섯 가지 요소가 화합되어야 한다라고 정의하였다. 불교에서도 이것을 받아들였다.
물질-색色(rūpa) : 존재자 일체, 신체, 물질
정신-수受(redanā) : 느낌, 감수感受, 감각작용感覺作用
상想(samjnā) : 따짐, 지각知覺, 표상작용表象作用
행行(samskāre) : 저지름, 의지적意志的 충동, 수상受想 이외의 마음의 작용

상하므로 명이 무명으로 돌아서는 까닭에 갈애渴愛에 의해 속박이란 마음이 생기고 드디어 속박이란 문자에 저며든 그들은 환상과 무의식과 꿈으로 정신을 확산하여 의식과 무의식의 접점에서 속박을 풀려고 합니다. 그 무의식과 꿈은 본래 마음이 아님을 알 때에 비로소 쉬르리얼리즘 자들에게 참 마음, 자유는 말갛게 보이게 될 것입니다. 바로 이것이 쉬르리얼리즘과 동양의 선과 다른 점인 것입니다.

쉬르리얼리즘의 무의식, 꿈, 상상력의 확대는 선의 입장에서 망상에 불과합니다. 선은 무의식 세계를 혼침昏沈, 무기無記라 하여 선의 스승들은 학인들에게 극도로 경계해야 하는 8마계八魔界[14]라 하였습니다. 무의식에서 진일보한 툭 터진 것, 이를테면 초의식의 세계라고도 규정지을 수 없는 초의식마저 깨뜨린 것을 깨침의 세계라고 말 할 수 있습니다. 이 깨침의 세계를 『무문관』에서는 '백척의 낭떠러지에서 한 발 내디뎌라 그러면 시방세계의 전신이 바로 현재다百尺竿頭進一步 十方世界現全身'라고 말합니다. 그러니까 쉬르리얼리스트들은 꿈과 무의식을 통하여 인간의 정신적 정점頂點에 도달하고자 하였습니다. 그들이 추구한 꿈, 무의식과 상상력은 명징한 본래의 자아에다 덧붙인 옥상옥屋上屋과 같을 뿐입니다. 그럼 선에서 꿈을 어떻게 풀고 있는가를 살펴보고자 합니다.

식識(vijnāna) : 버릇, 인식認識, 식별작용識別作用 / 마음의 작용을 총괄하는 인식의 주체인 육식六識을 일컬음.

14 8마계魔界 : 서구의 정신분석학에서는 의식, 잠재의식, 무의식으로 나누어 말한다. 불교 유식론에서는 표피식으로 안이비설신의眼耳鼻舌身意의 여섯 기관六根이 색성향미촉법色聲香味觸法의 여섯 경계六境를 만나, 여섯 마음六識 즉 눈의 마음眼識 귀의 마음耳識 코의 마음鼻識 혀의 마음舌識 몸의 마음身識 뜻의 마음意識이 생긴다. 앞의 다섯마음은 육식인 의식이 통괄하며, 잠재의식에 해당하는 칠식七識인 말나식은 꿈의 세계다. 그리고 팔식八識인 아뢰야식은 무의식에 해당하며 한역하여 함장식含藏識, 무몰식無沒識이니 곧 오래 동안 없어지지 않고 상주하므로 자아自我인 듯이 상주하여 집착되는 식이란 뜻이다. 이 8식에 안주하면 바로 마계魔界에 빠지므로 선가에서는 8마계라 한다.

석가세존이 말하되 "네가 인연심으로 법을 듣기 때문에 이 법도 또한 인연이니라" 하고 "깨친 이가 꿈이 없다"라고 한 것은 유무有無로서 무無라 말한 것이 아니다. 이를테면 꿈과 모든 꿈 아닌 것이 하나일 뿐이며 부처님이 꿈 꾼 금북과 고종이 꿈에서 설을 얻은 꿈이나 공자가 꿈에 두 기둥에 잔을 드리심도 마찬가지여서 이 세계를 꿈과 꿈 아닌 것으로 분리해서 생각해서는 안 된다. "모든 세계의 인생 모습을 보면 오히려 꿈 가운데의 한 가지의 일과 같다. 『능엄경』에서도 밝힌 바와 같이 모든 꿈이 완전히 망상이거늘 어리석은 중생이 전도顚倒하여 날마다 눈앞에 나타난 경계로서 사실인양 생각하고 이 모든 전체가 꿈인 줄 알지 못하고 있는 것이다. 이런 가운데서 다시 허망한 분별을 내어서 망상심妄想心에 생각을 얽어매어 허덕이며 실제의 꿈으로 삼는다. 바로 꿈속에서 꿈을 말하며 또한 전도된 가운데 또 전도됨인 줄 알지 못하고 있음이다.

— 대혜종고, 『서장』 「답 향시랑 백공」

다음의 서산 휴정淸虛休靜, 1520~1604의 게송, 「삼몽사三夢詞」를 읽어보면 더욱 뚜렷해집니다.

주인은 꿈에서 나그네와 말하고	主人夢說客
나그네는 꿈속에서 주인과 말하네	客夢說主人
말하는 꿈속의 두 나그네	今說二夢客
역시 꿈속의 사람들이네	亦是夢中人

— 청허 휴정

위 게송은 꿈과 깸이 하나인 도리를 깨우쳐주고 있습니다. 그리고 무의식도 우리가 사는 사회나 부족 혹은 씨족과 가문과 혈통으로 오랜 세월동안 전승되었을 때, 그것이 아무리 훌륭하고 고매한 것일지라도 선에서는 버려야 할, 본연을 막는 관습과 질애質礙이며 번뇌와 망상 이외에 것이 아니라고 봅니다. 쉬르리얼리스트들은 몽환과 환영을 불러일으키는 것이라 하여 거두어들이지만, 선에서는 이것은 갈애渴愛가 되고 욕망을 불러일으키는 것으로 간주합니다.

선에서 현실도 무의식도 초의식도 일체 비움으로 본래의 자아로 돌아가고자 하는 것과는 근본적으로 다르다고 할 수 있습니다. 결론적으로 선은 원래 있던 곳, 본지本地로 환처還處하는 것이지 새로운 집을, 고향을 마련하는 것이 아닙니다. 이와 같은 것을 시에다 대입하여도 마찬가지입니다.

일례를 들면 쉬르리얼리즘 시들은 거의 무의식 상태에서 자동기술법에 의해 작시하고 있습니다. 그러나 아방가르드와 선과의 관계를 살펴볼 때 속내를 잘 모르는 일반적인 시각으로 볼 것 같으면 거의 같은 행위나 표현이라 할 수 있습니다. 또한 선시를 짓는 선장들은 깨달음에 들어 확연하고 명징함 속에서 깨달음의 세계, 혹은 미혹한 사람들을 깨달음으로 이르게 하려고 북돋아 주기위해 작시합니다. 그들의 글을 간절노파심절懇切老婆心切, 낙초자비落草慈悲라고 하는 까닭이 여기에 있습니다.

그럼 쉬르리얼리스트들의 작품을 읽어 보겠습니다.

"하루란 무엇인가?"

"해 저무는 때 목욕하는 나체의 여자다."

"부재란 무엇인가?"

"잔잔하고 투명한 물, 움직이는 거울이다."

"달이란 무엇인가?"

"그것은 훌륭한 유리 제조업자다."

"봄이란 무엇인가?"

"그것은 반딧불을 먹고 사는 램프다."[15]

이 작품은 미리 한 사람이 질문을 하고 보여주지 않은 채, 대답하는 사람이 아무런 정보도 없이 자기의식에서 떠오르는 대로 쓰고 서로 맞추어서 만들어진 것입니다. 그리고 아래의 작품들은 구체적인 질문 없이 초현실주의 식으로 각자가 생각나는 대로 답변을 한 것입니다.

필립 쑤뽀에게 질문한다면 그는 이렇게 답변할 것이다.

"해부학의 공장과 값싼 주택은 아주 높은 데 있는 도시를 파괴할 것입니다."

로제 비트릭에게 물어본다면, 그는 다음과 같이 답변할 것이다.

"대리석상의 해군대장에게 기도를 드리자. 이 석상은 북극성을 향해서

15 정귀영, 『초현실주의 문학론』 의식사, 1987, 220쪽 재인용.

뒷발질을 하는 말과 같이 대번 발굽을 뺑 들렸으며, 그리고 그가 쓰고 있는 이해폭二解幅의 옆면을 가리키면서 내가 평생을 보내야 할 장소를 지적해 주었다."

뽈 엘뤼아르에게 물어본다면, 그는 이렇게 답변할 것이다.

"내가 말하고 있는 것은 대단히 잘 알려진 이야기다. 내가 다시 읽고 있는 것은 유명한 시다. 나는 파랗게 된 귀가 까맣게 된 입술을 한 채 벽에 기대어 있다."[16]

다음 선사들의 법거량과 비교하여 보고자 합니다. 형식상 나타나는 부분은 매우 흡사함을 느끼게 됩니다. 선의 공안에서 많이 나타나는 '이뭣꼬是甚麽' 화두에 대해 여러 선사들의 답변을 보겠습니다.

이뭣꼬? (진리란 무엇입니까?)

a. 동산 : 마삼근麻三斤

b. 조주 : 뜰 앞의 잣나무

c. 운문 : 해 속의 산을 본다

d. 향림 : 오래 앉아 있으니 피곤하구나

e. 대매 : 조사에는 뜻이 없다

f. 임제 : 선상에서 내려와 묻는 자에게 뺨을 때리고 확 떠밀다[17]

---

16 짜라 · 브르통, 앞의 책, 240쪽 재인용.
17 『선문염송』 160~164권, 동국역경원, 1978; 『경덕전등록』 181~182권, 동국역경원, 1978.

'진리란 무엇입니까?' 하는 질문에 대해, a와 b의 선사는 치환은유의 형식을 취하고 있으나, c. d. e. f의 선사들의 대답은 한결같이 동문서답식 답을 질문에 병치하고 있습니다. f의 임제는 언술마저 거두고 무례한 행동을 서슴지 않습니다. 임제의 이런 행위는 우리를 바로 공도리 심층 속으로 데리고 갑니다. 임제의 행위는 상기 5개의 은유와는 다른 선적 표현입니다. 이런 행위는 언어가 음성화하기 전에 표현된 선기禪機라 할 수 있습니다. 임제의 선적 행위는 일체를 초월한 직지인심을 나타낸 표현 방법입니다. 예문에서 c, d, e의 경우는 a, b, f의 경우와는 다른 비유를 사용하고 있습니다. 이것은 '마삼근'이나 '뜰 앞의 잣나무'처럼 치환은유도 아니고, 임제의 행위처럼 직접적이지도 않지만, 완전히 질문의 의도와는 격리된 대답입니다. 곧 외형적으로는 서로 다른 이미지가 병치되지만, 내적으로는 서로 의미가 절연되는 수사법을 보입니다. 그러나 '해 속의 산을 보듯이' 질문과 대답 자체를 초월하여 새로운 경지를 제시하는 비유를 발견하게 됩니다. 이러한 질문과 대답 행위 자체를 초월하는 선문답적인 적기어법을 읽을 수 있습니다.

다음은 우리나라 선시의 초조인 진각 혜심眞覺慧諶, 1176~1234의 「실중대기室中對機」를 예 들겠습니다. 혜심 국사가 학승들에게 한 법거량을 옮기며 앞의 쉬르리얼리스트들의 글과 비교하고자 합니다.

혜심 : 마조가 어떤 때는 눈썹을 치켜 올리고 눈을 깜짝거리는 것을 옳다 하고, 어떤 때는 옳지 않다 하였다. 무엇 때문에 어떤 때는 옳다하고 어떤 때는 옳지 않다고 하였는가?

학승 : 소금쟁이海馬, 水馬는 물결치는 것을 두려워하지 않습니다.

혜심 : 꾸짖고 "축생아" 하였다.

다른 학승에 물었다.

학승 : 나는 일찍이 눈썹을 치켜 올리고 눈을 깜짝거린 적이 없습니다.

혜심 : 눈썹을 치켜 올리고 눈을 깜짝거리지 않는 그것은 어떤 사람인가?

학승 : 청컨대 화상은 가리십시오.

혜심 : 도둑의 몸이 드러났구나.

한 학승에게 묻다.

혜심 : 어떤 것이 불법의 대의인가?

학승 : 몸을 바르게 하고 합장하였다.

혜심 : 아직 모래와 자갈에 걸려 있구나.

학승 : 모래와 자갈도 딴 물건이 아닙니다.

혜심 : 도리를 함부로 말하는구나. 그럼 네가 내게 물어보라.

학승 : 어떤 것이 불법의 대의입니까?

혜심 : 곧 혀를 내어 밀었다.

다음은 초현실주의 시인 앙드레 브르통André Breton, 1896~1966과 엘뤼아르Paul Eluard, 1895~1952는 시인인 데스노스Robert Desnos, 1900~1945를 최면술에 걸어놓고 아래와 같은 문답을 주고받았습니다. 후에 브르통은 이 기록을 『잃어버린 발자취』라는 작품집 속에 삽입하여 초현실주의 작품으로 발표한 것입니다.

"무엇이 보이는가?"

"죽음."

데스노스는 길가에서 목메어 달린 여자를 그린다.

"데스노스, 나는 브르통이다. 나는 무엇으로 보이는가?"

"적도赤道, 그리고 원과 수평선이 보인다."

"브르통은 여행해야 할 것인가?"

"그렇다."

"브르통에 대해서 무엇을 아는가?"

"독수리와 눈雪, 그리고 아담한 전신탑이 있다. 그 위엔 젊은…"

엘뤼아르가 질문했다.

"내게 대해 무엇을 아는가?"

"키리코."

"엘뤼아르는 무엇으로 보이는가?"

"그는 푸르다."

앞의 쉬르리얼리스트들이 문답식으로 이루어진 작품이나 의식의 개입 없이 빠르게 써 내려간 자동기술에 의한 무의식 세계, 즉 심층 심리의 세계를 확대하므로 정신의 무한한 가능성을 확대하여 그들의 답을 그곳에서 찾고자 함을 볼 수 있습니다. 이것은 밖으로 대상을 찾는 것은 끝내 결국 그곳에 이르지 못하고 번뇌와 망상, 꿈과 무의식에 의한 혼미 자체에 둘러싸인 채 망상에 머무름은 너무나 분명한 사실입니다.

위의 잘 알려진 공안 '이뭣꼬是甚麽'를 각 선사들은 한결같이 쉬르리얼리스트의 합작 작품에서 보듯이 비논리의 문장으로 보여주고 우리를 정신적 공황으로 몰고 있습니다. 또 그보다 더욱 과격한 행동, 혀를 내민다거나 빰을 때리거나 몽둥이로 때리는 행위를 서슴없이 보여주고 있습니다. 이러한 언행은 모두 우리를 한 순간에 우리의 정신과 관습을 해체 탈각시켜 우리가 떠나온 본래자리 곧 무아에 들게 하기 위한 방편법문입니다. 적기법문, 우리의 슬기를 찰나에 돈입시키고자 하는 자비심인 것입니다. 여기서 우리는 본연의 자리인 무아에 이르게 됩니다. 그럼 선시와 쉬르리얼리즘 시들을 같이 살펴볼까 합니다.

돌여자가 갑자기 아기를 낳으니	石女忽生兒
나무사람은 조용히 머리를 끄덕인다	木人暗點頭
곤륜족이 쇠말을 타고	崑崙騎鐵馬
허공이 금채찍을 친다	舜若着金鞭

— 백운 경한[18]

반야검이여 부처와 조사를 쳐 죽이고	般若劍兮殺佛祖
시퍼런 칼을 쓰면 급히 갈아라	吹毛用了急須磨
나무까치는 비상하여 하늘 밖 사무치니	木鵲飛翔徹天外
바로 천봉만악을 뚫고 가도다	直透千峯萬嶽去

— 서옹 상순[19]

나의 애인은 숲의 불의 머리털

18 白雲 景閑, 1299~1375. 고려 말 선승.
19 송준영, 『취현반야심경강론』, 경서원, 1993, 9쪽. 西翁 尙純, 1912~2003. 조계종 5대 종정 지냄.

백열白熱의 번개의 생각

모래시계의 몸뚱이

나의 애인은 갖는다. 범의 이빨, 새의 수달의 덩치

나는 애인을 갖는다. 꽃을 매는 띠의 입술

가장 큰 별의 꽃다발의 입술

— Andre Breton, 「자유의 결합」

그 우아한 시체가 새로운 포도주를 마실 것이다.

어린아이들이 그들의 아버지의 기를 궤짝 속에 처넣을 때

젊은 사람들의 머리가 전부 희게 될 것이다.

—「우아한 시체」

또, 쉬르리얼리스트들이 공동으로 만든 작품들과 서로가 질문해서 만든 작품들을 보면 앞의 선사들의 문답과 비슷한 것을 발견할 수 있습니다. 위의 시, 「우아한 시체」는 이들이 공동으로 제작한 작품의 방식에 의해 만들어 진 시입니다. 먼저 한 사람이 한 문장을 쓰고 난 다음 그 쓴 부분을 보이지 않게 접어 다음 사람들에게 주면 다음 사람들은 그 앞의 문장과 관계없이 자기가 떠오르는 이미지대로 기록해서 다음 사람에게 넘기는 방법입니다. 이렇게 해서 만든 작품의 하나가 「우아한 시체」라는 작품인데 이 작품은 1925년 뉴욕 사트가 54번지에서 만들어진 것입니다.

그리고 쉬르리얼리즘의 대표적인 작가 브르통의 시 「자유의 결합」에 나타나는 이미지, 역시 앞의 백운白雲景閑, 1299~1375이나 서옹西翁尙

純, 1912~2003의 선시와는 표현적으로 많이 서로 닮아있음을 직감할 수 있습니다.

이를테면, 쉬르리얼리즘의 시에서 나타나는 '모래시계의 몸뚱이'이나 '범의 이빨', '새의 수달의 덩치', '꽃을 매는 띠의 입술', '큰 별의 꽃다발의 입술'은 백운이나 서옹의 선시를 읽고 보여주는 이미지와는 다를 것이 없습니다. '돌여자가 왜 갑자기 아이를 낳으며, 나무사람이 어떻게 고개를 끄덕인단 말인지?' '곤륜족이 쇠말을 타는 것'이나 '허공의 금채찍'이나, 석녀, 즉 '아이를 잉태할 수 없는 여자가 아이를 뱀', 목인 즉 '허수아비가 고개를 끄덕임', '티벤 북쪽에 있는 흑인 종족이 철우를 타고 달리고', '허공이 금채찍金鞭'을 치는 표현들은 정상적인 사유로는 용납될 수 없는, 당황스럽고 엉뚱한 느낌을 받게 됩니다.

서옹의 선시에서 나타나는 느낌도 한결같이 우리를 정신적 공항으로 몰아갑니다. '반야검이 어떻게 부처와 조사를 처 죽이는지, 나무까치가 하늘 밖을 뚫고 나가며, 천봉만악마저 직투直透할 수 있단 말인가?' 그러나 이들 선시는 역시 앞장에서 밝힌 『금강경』의 주수사법인 적기어법의 도식, 자성이 무자성일 때 가능한 A = Ā의 적기표현으로만 분명한 이해가 가능해집니다.

위의 인용한 문답이나 선시나 쉬르리얼리즘 시를 보면 모두가 비논리적이고 의미가 통하지 않는다는 점에서는 서로 다를 바가 없습니다. 더욱이 그 문장 구성에 있어 현실에 존재할 수 없는 것을 노래하고 있다는 점에서도 마찬가지라 할 수 있습니다. 언어로서는 존재할 수 있지만 실제로 있을 수 없는 사실들을 나열하고 있습니다. 그렇다고 그것이 어떤 분위기나 감각을 은연중에 나타내고 있다고도 말할 수 없으며, 전연 상관없는 그리고 정 반대되는 이미지들을 당돌하게 연결하여 읽는 사람으로 하여금 당혹하게 하는 점이 공동된다고 할 수 있습니다.

그리고 쉬르리얼리즘 시구에서 보여주는 "부딪친 조약돌이 정오를 알렸다", "꽃을 매는 띠의 입술"도 그렇고 또 "봄이란 무엇인가?" 하는 질문에 "그것은 반딧불을 먹고 사는 램프다"라 하는 시행도 마찬가지입니다.

이 이미지들은 무엇을 상징하고 있는 것도 아니고 어떤 적극적인 정서를 암시하고 있는 것도 아닙니다. 그러면서 문학적인 패러독스로 무엇을 강조하고 있는 것도 아닙니다. 그러나 선사의 경우 문답이나 작품은 깨달음에서 오는 정신의 어떤 경지를 읊는 것이라면, 쉬르리얼리즘 시의 경우 그들의 문답이나 작품은 자동기술적인 방법에 의해 의식의 개입 없이 거의 몽롱한 정신의 상태에서 빠르게 기록하여 모은 이미지들이라 할 수 있습니다. 또 선사의 경우 그들은 선문답이나 작품들은 맑고 선명한 소소영영昭昭靈靈한 의식에서 어떤 정신이 비전을 깨닫고 노래한 것이라면, 쉬르리얼리즘 시구는 그냥 무의식의 자맥질에서 선명한 의식의 참여 없이 피동적으로 나온 것입니다. 그것은 이성의 감시나 탐미적 윤리적 지배에서 벗어난 무의식의 순수한 기록입니다. 이것을 초현실주의자들은 자동기술법이라고 말합니다.

이 자동기술법에 대해서 뒤플레시Yvonne Duplessis는 다음과 같이 말하고 있습니다. 쉬르리얼리즘의 수법은 결국 문명이 성취한 모든 것을 내버리고 인간을 본래의 모습, 즉 꿈과 광기의 상태에서 모든 의식의 조정력이 무력화될 때 생기는 무의식의 전달이라는 것이라 합니다. 그래서 여기서 만들어진 이미지들을 브르통은 오브제object라는 말로 표현하고 있습니다. 이것은 전연 상관없는 두개의 이미지들을 결합하여 원래 사물이 가지고 있던 현실의 합리적인 의미를 박탈해 버리고 새로운 창조적인 관계를 맺어주는 작업이라고 주장하고 있습니다.

3) 선의 미국사회의 영향과 포스트모더니즘 시와의 차이점과 유사성

선시와 서구의 아방가르드 시는 상호 시에서 표현되어지는 수사가 식별되지 않을 정도로 거의 같다는 느낌을 받을 수 있으나, 사실 그 속내를 파헤쳐보면 전혀 다릅니다. 선과 다다이즘이나 쉬르리얼리즘과 같은 점은 표현 형태상 기존의 모든 것을 일단 부정한다는 것에는 같다고 볼 수 있으나, 깊이 들어가면 이런 행위, 글쓰기 후에 우리가 느낄 수 있는 느낌, 그리고 그 영향이 다를 뿐만 아니라, 그 행위자의 근본 마음자세 역시 판이합니다.

미국으로 전파된 선은 일반적으로 히피들이 일으킨 비트선Beat Seon과 포스트모더니즘 시와 선이 격의 되어 지고 있는 정통선Square Seon으로 나누어 볼 수 있습니다. 비트선을 말씀드리자면 미국 서부지역의 시인들이나 시파들을 개략할 필요가 있습니다.

실험주의 시인들은 비평가 집단이나 대학에서 외면당했던 시인들의 작품을 엮은 도널드 엘런의 『새로운 미국시*The New American Poetry*』(1960)에서는 5개의 시파로 나누고 있습니다. 그중 블랙마운틴 시파, 샌프란시스코 시파, 비트 시파들은 대부분 자유분방하여 반문화적인 지식인들로 '부르주아적인' 미국 시로부터 거리를 두는 경향을 보여 준다고 합니다. 블랙마운틴 파는 블랙마운틴 대학을 중심으로 형성되었고 「투사시론」을 쓴 찰스 올슨1910~1970이 처음 교수를 임명된 학교이고, 시인 로버트 크릴리, 던컨도 이곳 교수를 역임한 곳입니다. 이들과 이곳 학생들과 같이 만들어진 시파입니다.

샌프란시스코 시파는 서부연안 시 대부분을 포함합니다. 동양의 철학과 종교와 시로부터 많은 영향을 받습니다. 던컨과 게리 스나이더, 잭 스파이시가 있습니다.

비트파 시인들은 샌프란시스코 시파와 1950년대에 차츰 합쳐집니다. 대부분 비트 시인들은 동부 연안에서 샌프란시스코로 이주한 사람들입니다. 이들을 지하클럽에서 행해진 시 낭송 공연에서 발전되며 구어체적이며 반복적이어서 낭송할 때 큰 효과를 냅니다. 긴즈버그, 코르소 등의 비트 시류들은 1990년대 널리 유행된 랩 음악의 전신이라 보기도 합니다.

우리는 근래 미국 서부지역은 동양의 정수라 할 수 있는 선사상과 선문화와 어우러짐을 개괄하여 보았습니다.

그렇습니다. 스즈끼 다이세쓰鈴木大拙, 1870~1966가 1934년 저술인 『선불교에세이』 3권이 지금까지 선문헌의 서구에서 고전으로 널리 읽혀졌고, 1934년 런던에 개최된 세계종교회의에 강연을 한 이때, 『선불교입문』, 『선승의 수행』이 출판되어 선이 서구에 더욱 활성화됩니다. 서구의 일부 지성인들은 고답적이고 17세기 개신교의 청교도의 권위적인 도덕 강요에 염증을 느끼던 터에 본래 자리인 자유로 귀향하자는 선은 이들에게 탈출구로서 각광을 받게 된 것입니다. 여러 민족이 같이 모인 미국사회는 정통적이고 획일적인 정체된 사회보다는 훨씬 다양한 문화와 각각 다른 사유가 뒤섞인 사회입니다. 때문에 출렁거리는 유동성과 자유로우며 진취적 국가일 수밖에 없습니다.

미국에 전해진 선은 비트선Beat Seon[20]과 전통선으로 나타나게 됩니다. 비트선은 '샌프란시스코의 르네상스'라 불리는 히피들이 일으킨 서구 선문화의 발상입니다. 히피들은 틀에 가친 가치가 아닌 자기 자신의 가치와 의미에 따라 개성의 표현, 기성사회의 성적 억압, 관습적 도덕 해체와 개방적성의 표현을 통한 공동체 건설하여, 평화와 사랑, 자연회귀, 도덕보다 자연스러운 감성을 중시하고 즐거움을 추구하는 사회운동으로 1960년대 미국을 중심으로 일어난 것입니다.

다음 미국으로 전해진 전통선은 20세기 후기에 나타난 포스트모더니즘의 미학과 격의 되고 있습니다. 징조가 보입니다. 포스트모더니즘의 미학은 대중주의 의미의 해체, 이데올로기의 약화, 문화물의 깊이 없음 등이 그 특징으로 나타납니다. 이합 핫산Ihab Hassan, 1925~은 포스트모더니즘의 특징을 다음과 같이 11가지로 세분화 하였습니다.[21]

> ① 불확정성, ② 단편성, ③ 탈정전화脫正典化, ④ 주체와 깊이의 상실, ⑤ 현전現前의 불가능성과 재현再現의 불가능성, ⑥ 아이러니, ⑦ 혼합성混合性, ⑧

---

20 비트선은 '샌프란시스코 르네상스'라 일컬어지는 히피들이 일으킨 서구 선문학의 발상이 된다. 히피 시인들이 매료되었던 것은 선의 본연성, 직접성, 자발성 등인데, 곧 서구의 합리성과 논리적인 사유를 버리고 삶의 순수한 모습을 그대로 받아 들이고저 했다. 찰스 올슨이 중심이 된 블랙마운틴파의 투사시 시론을 들 수 있다. 크릴리, 던컨 등의 문인이 있고, 음악가로는 존 케이지가 있고, 긴즈버그, 코스, 게리스나이더가 있다. 1950년대에 미국의 새로운 시는 즉흥적이며 무이론적인, 몸이 가는대로 말이 흘러가는대로 맡기는 단순한 즐거움을 시로 낭독한다. 그 뿌리는 서구의 초현실주의 자동기술법이나 『금강경』의 '머무른 바 없이 그 마음이 난다應無所住 而生其心'는 것과 맥이 통한다 하겠다.

21 이정호, 「포스트모더니즘과 동양사상」, 『포스트모던 시대에서의 영미문학의 이해』 중 이합 핫산의 「다원주의의 포스트모던적 조망」 재인용, 서울대 출판부, 1991, 45쪽.

축제화, ⑨ 행위와 참여, ⑩ 구축성構築性, ⑪ 내재성內在性

이와 같은 세분화된 특징은 1,500여 년 동양에서 이어온 선의 특징과 아주 가까운 거리에 있음을 느끼게 됩니다. 흔히 선의 4구게로 정립된 불립문자不立文字 교외별전敎外別傳 직지인심直指人心 견성성불見性成佛에 대한 구체성을 띤 확산으로도 적당하다 할 것입니다. 이를테면 마지막 내재성은 마조의 '평상심시도平常心是道'로 가름됩니다. 내재란 것은 초월이며 곧 초월의 일반화, 구체화는 평상의 마음이기 때문입니다. 또 아이러니는 선의 주어법인 적기어법 근사하다고 볼 수 있습니다. 아이러니가 심화되어 오매불망寤寐不忘의 경지에 들고, 1,700공안의 투과한 후, 언어로 헤아려 보면 언어유희이기 때문입니다.

선의 무아, 무상, 자재는 우리의 본래자리인 자성청정심自性淸淨心으로 돌아가므로 오는 환희는 오늘날과 같은 물질만능시대에 선과 포스트모더니즘과 격의는 현대인에게 신성하고 새로운 삶을 인도할 것이라는 기대감, 이것입니다.

정통선시와 포스트모더니즘 시와 상호 격의에 의한 오늘날의 선과 선시는 서구의 새로운 사상과 실험적인 시의 한 장르로 발전될 것이라는 예견을 해봅니다.

질문 4. 선시의 사상적 배경과 수사법

선시의 세계는 고정 불변성을 끝없이 깨는 것으로 시작된다고 합니다. 합리적 양변적 이분법의 사고를 내려놓고 경계를 돌파하고 초월하여 중도, 무아를 추구하라고 합니다. 그 바탕이 되는 사상적 배경에 대한 이해가 필요한 것 같습니다. 그 사상적 배경에 대해 말씀하여 주기 바랍니다.

1) 선시의 사상적 배경

선은 일반적으로 인류가 발생하면서부터 생긴 고유한 명상의 일종이라 볼 수 있습니다. 명상이란 '생각을 고요히 하다', '생각을 닦다'란 본래의 뜻의 드야나Dhyāna가 중국에 전래되면서부터 적극적으로 달성하기 위한 목적을 가지게 됩니다. 명상을 함으로써 생노병사生老病死의 인간 고뇌에 벗어나고자 하는 '깨달음'을 근본으로 하게 된 것입니다. 석가세존의 연기설은 이것으로부터 벗어나고자 하는 자내증이며 이 자내증의 세계는 무아입니다. 앞에서도 밝힌 바가 있듯이 연기설의 기본인 사구게를 살펴보아도 바로 드러납니다. "이것이 있으므로 저것이 있고 / 이것이 생겨나므로 저것이 생겨나고 / 이것이 없으면 저것이 없으며 / 이것이 없어지므로 저것도 없어진다"입니다. 이 기본 연기설은 '이것'과 '저것'은 상호 의존하여 있기도 하고 없어지기도 한다는 것입니다. 무아라는 천하에 없었던 석가의 깨달음은 당시 어디에도 알려지지 않았던 유일무이한 실상으로서, 결국 무아의 실체는 '이것'과 '저것'을 주고받는 필드이며, 아니 필드가 바로 무아입니다. 이 무아는 곧 금강경식 스타일로 보아도 '무아는 무아가 아니므로 무아다'이니까, 무아입니다. 바로 무아행입니다.

결국 선은 깨달음을 이루기 위한 기관이고 깨달음을 부채질하여 오롯이 드러나게 하는 시설입니다. 그래서 선은 이해시키려 하지 않고 스스로 깨닫게 하며, 깨닫는 그 자체입니다. 때문에 선은 역사상 선에 대해 설명하고 논리적으로 이해시키려 하지 않고 주위를 비유하고 북돋아서 수행자가 스스로 깨닫게 합니다. 지금까지 전해내려 오는 『벽암록』이나 『종용록』, 『선문염송』, 『무문관』 등 많은 선서는 모두 위와 같은 방법으로 선의 알맹이를 드러내고 있습니다. 선문 제일서로 불리어 지는 『벽암록』은 제일 명제인 '본칙本則'을 보기위해 전문인 수시垂示, 할주인 착어着語, 선시인 게송偈頌, 총평인 평창評唱 들어보여 줍니다. 보기엔 선시는 제일 명제인 본칙을 드러내 주기 위한 역할로 있는 것으로 보이지만, 눈 푸른 선장들 분상에서 보면 본칙이 수시이고 착어이며 게송이고 총평입니다. 어느 것 하나 바로 꿰뚫으면 모두 한 꿰미로 꿰어지는 것입니다. 바로 선문의 소식은 변두리고 중심이 없기 때문입니다. 여기서 선시의 사상적 배경이 드러난다고 봅니다. 결국 선시의 원래는 본칙이고 수시이며 착어이고 평창인 것입니다.

선시가 깨달음 자체를 드러내기 위한 한 방편으로 쓰여지고 있지만, 깨달음인 무아의 진면목을 시로 읊은 것일 따름입니다.

2) 선시 수사법의 종류

선시는 왜 이런 황당한 표현들을 만들어 내어서 사용하고 있는지 살펴보기로 하겠습니다. 한 사상과 더불어 그 사상에 적합한 표현의 방법이 계발되어 전달됩니다. 이런 측면에서 보면, 이 황당한 표현들은 바로 깨달음의 본채인 무아를 온전히 담기 위한 노력에서 온 것이라고 할 수 있습니다. 여기에서 오는 모든 것을 비우므로 오는 낯설기에 의해 저 밑에 도사리고 있는 무아, 공도리空道理의 본체를 떠올릴 수도 있지 않을까 하는, 결국 이것들은 선사들이 이렇게 하지 않으면 꼼짝할 수 없는 무아인 공사상을 표현하고 알려주자는 깊은 마음 씀의 결과라고 할 수 있겠습니다.

(1) 선시의 반상합도

우리가 앞에서 검토한 공도리에 의하면, '돌'과 '여자'. '나무'와 '사람'. '허공'과 '금채찍' 등은 서로 다른 차별의 사물로 볼 수 없습니다. 우리의 표피적인 뒤편에는 분명 'A는 A가 아니므로 A다'라는 $A = \bar{A}$의 도식의 세계가 편재되어 있음을 알 수 있습니다. 이것은 일체 차별상의 사물을 공도리에 반조返照함으로써 다시 드러나게 만드는 선시의 적기수사법 중, 반상합도反常合道의 표현 방법이라 하겠습니다. 사실 우리는 모든 것들을 이원론적으로 대립시키는 것을 정상으로 규정하며 살아 왔습니다.

허공을 찢어서 뼉다귀 꺼내들고　　打破虛空出骨
번쩍하는 저 빛 속에 낮잠 든다　　閃電光中作窟
누가 내 가풍 물어 온다면　　有人問我家風
이 밖에 다시 별난 것은 없다　　此外更無別物

— 나옹 혜근[22]

위의 시는 선사의 가풍을 여지없이 드날린 선의 이치를 읊은 선리시입니다. 우선 1행부터 숨이 턱에 닿기는 마찬가지입니다. "허공을 찢어서 뼉다귀 꺼내들고 / 번쩍하는 저 빛 속에 낮잠 든다"고 한 수사법은 1행의 반상反常과 2행의 합도合道를 표현하고 있습니다. 곧 'A는 A가 아니므로 A일 수밖에 없는' 적기수사법, 자체가 됩니다. 위의 시 1행에서 어떻게 '허공을 찢'을 수 있으며, 그것에다 '뼉다귀를 꺼내들' 수 있는지 완전히 우리의 앎을 해체시키고 있습니다. 2행에서 '번쩍하는 저 빛 속에 낮잠 들' 수 있는지, 우리의 정상적인 이해로서는 닿지 않기는 마찬가지입니다. 이 구절을 "뼉다귀 빼개서 허공 만든다"고 하여도 다르지 않습니다.

(2) 선시의 초월은유

진흙은 푸른 돌 속의 뼈　　泥爲青石髓
소나무는 늙은 용의 비늘　　松作老龍鱗

22 懶翁 慧勤, 1320~1376. 고려말 선승. 『나옹어록』 중 문인 각굉이 기록한 「행장行狀」이 있다.

구름에 막힌 개 짖는 소리　　　　　　　犬吠白雲隔
복사꽃 동네 사람들　　　　　　　　　　桃花洞裡人

— 청허 휴정[23]

위의 게송은 문자로 표현하였으나 언어도단言語道斷이 되고 이언절려離言絶慮가 됨은 앞에서 살펴보았던 시편들과 마찬가지입니다. 이 게송들은 위에서 살폈던 외형상으로는 치환은유입니다. 그러나 동일성의 치환은유나, 비동일성非同一性의 병치은유적 수사학으로는 잣대가 맞지 않습니다. 현실적으로 존재되어 왔고 앞으로도 계승 발전될 이런 시의 수사법을 일단 반동일성反同一性의 선시의 초월은유超越隱喩라고 명명하였습니다.

위의 인용한 시는 「화개동花開洞」이라는 제목이 붙은 서산대사의 게송입니다. 1행에선 진흙이 돌에 묻어 있어 흙은 살로, 돌은 뼈로 이해된다. 이와 반대로 흙은 뼈로 돌을 살로 치환되며, 일상 논리에 역행한 의미상 모순입니다. 이 모순은 선가의 적기방편법문입니다. 그러나 암벽을 휘덮고 있는 흙, 그 속에 흙이 뼈처럼 가렸습니다. 흙이 돌의 뼈가 되었다고 보는 것은 시점에 따라 얼마든지 가능합니다. 이런 가능성의 유추나 상상은 적기법문이 노리고 있는 본래의 목적이 아닙니다. 선사들이 노리고 있는 것은 중생의 합리적이고 정상적인 관습적 사유를 깨뜨리려는 반상의 합도인 공도리입니다. 비논리의 논리라 할까. 늙은 용 같은 소나무, 늙은 용과 소나무를 병치하여 새로운 합도의 세계를 들어냅니다. 우리는 순간적으로 소나무를 보는 순간, 용의 비늘로 표

23 淸虛 休靜, 1520~1604. 조선 선승. 서산대사.

현된 오랜 세월을 느끼게 되겠지만, 선사는 찰나를 보이는 동시 우리의 슬기를 빼앗아 정신적인 공황으로 몰아넣고, 또한 찰나적으로 영겁의 세월을 우리에게 보이고 있습니다. 개 짖는 소리에 인가가 있을 듯도 한데 흰 구름에 막힘은 역시 반상합도의 적기어법에 의해 얻어진 세계를 표현하려는 내면적으로는 초월은유입니다. 4행, 결구에 가서는 꽃과 사람이 병치은유로 놓여 있습니다. 그 가운데도 복사꽃은 움직이지 않고 사람은 움직이니, 정중동靜中動이 됩니다. 그야말로 꽃인지 사람인지, 유정 무정이 무아 가운데로 모셔져 있습니다. 바로 A = Ā의 세계입니다. 우리의 사유는 보통 동일성同一性과 비동일성非同一性의 양변을 내포하는데, 이 모순성을 뛰어넘은 고도의 선사상이 초월은유로 나타난 것입니다.

(3) 선시의 무한실상

플라톤에서 데카르트로 이어지는 물심이원론은 마음과 물질이 서로 환원 불가능한 궁극적인 존재론적 실체를 형성하는 것이어서 이들 사이에는 어떠한 내면적 관계도 성립하지 않습니다. 그리고 뉴턴의 기계론적 물질관 역시 마음과 물질을 서로 대립하는 존재론적 양극으로 간주해 왔다. 그리고 이들은 현상계와 그 배후에는 불변하는 본체, 곧 신을 설정하는 오랜 서구의 신본주의 사유의 결과일 것이다. 이러한 사유 전통을 계승한 서구의 상징주의자들은 일체 현상 세계는 허구 세계며, 궁극적으로는 상징 세계로 인식하고 있습니다.

불교와 노장사상과 유교적 사유에서 자라난 선의 입장에서는 이 서구의 상징이란 단어에서 '색'이나 '가상'과 비슷한 느낌을 받습니다. 이 색이나 가상假象이란 말은 현상적으로 나타나는 일체의 물질을 뜻합니다. 이것은 무아, 공, 실상, 본체, 본성과 상대적 의미를 지니는 용어입니다. 서구의 상징은 물질적 현상을 무한한 해석의 가능성을 간직하고 있는 암호의 숲으로 생각하는 경향이 있습니다. 이 상징이란 말은 불교에서 보는 '색즉시공 공즉시색'인 사유법, 또 공空·가假·중中이 서로 벗어남이 없다'는 선적사유와는 근본적으로 다른 것입니다.

선, 즉 공도리는 본질과 물질적 현상을 따로 구분하지 않습니다. 선사들의 비유와 실상은 물심이원론을 초월하는 방편으로 사용합니다. 곧 현상을 떠나지 않는 본질로 안내하고자 할 따름입니다. 선사들의 시는 단순히 선시를 쓰기 위해서라기보다는 중생들에게 진리를 현현顯現시켜 깨우쳐 주는 데 목적이 있기 때문입니다. 마치 『잡아함경』에 나오는 '뗏목으로 강을 건너고는 뗏목을 요긴하다는 생각으로 땅에서도 메고' 다니는 어리석음과 장자에서 보이는 '고기를 잡으면 그물을 잊는다'는 사상과 같기 때문입니다. 이와 같은 문장은 긴요하게 사용한 후, 상징에 남아 있는 고리를 단절함으로써 '옳다 / 그르다' 하는 분별 간택심을 놓아버리게 하고자 하는 의도가 있기 때문입니다. 이것이야말로 선사들이 우리에게 가르치려는 불립문자이며 직지인심인 것입니다. 두두물물을 상징으로 보지 않고 모두 무한한 실상으로 보는 까닭이 여기에 있습니다.

선시에선 단어, 시구 혹은 게송 자체가 낱낱이 암시적 선어로 형성됩니다. 즉 선시어의 암시성, 상징성이 일반시보다 연결성, 밀도 면에서 훨씬 복잡할 뿐 아니라 무한합니다. 복잡한 인드라망처럼 상징을 넘어서 굴레가 복잡함을 넘어서 일체의 복잡함을 벗어나고 멈춘 본래 일물本來一物을 무한실상이라고 명명한 것입니다. 존재의 외연이 너무나 광범위하기에 상징적 의미로 한정할 수 없기 때문입니다. 이러한 무한의 실상성이 적기어법과 궤를 같이하며, A = Ā인 적기수사법의 등식을 보여줍니다.

바다 밑 진흙소가 달을 물고 달아난다	海底泥牛含月走
바위 앞의 돌호랑이 아기 안고 졸고 있다	巖前石虎抱兒眠
쇠로 만든 독사가 금강눈을 뚫고 들고	鐵蛇鑽入金剛眼
곤륜족 깜둥이가 코끼리 타고 해오라기 이끈다	崑崙騎象鷺鷥牽

— 고봉 원묘[24]

이 게송을 읊은 고봉은 중국 송대의 선승으로 『선요』의 저자로 잘 알려져 있습니다. 아무리 살펴보아도 우리들의 일상적인 상식으로는 접근할 수 없는 절연감을 느끼게 됩니다. '진흙소', '돌호랑이'가 진리를 드러내기 위한 상징적 표현이라는 것을 이해한다 해도, '진흙소가 바다 속에서 달을 물고 달아나고, 돌호랑이가 아기를 안고 존다든지, 쇠뱀이 금강눈을 뚫고 든다든지, 티베트 지역의 흑인종족인 깜둥이가 해오라기를 끈다'는 이미지는 가히 광란자의 헛소리로 밖에 들리지 않습니다. 그러나 앞에서 고찰한 선의 공도리 입장에서 비추어보면, 선의 쓰임을 무한계, 무차별, 무작정으로 그린 자성이 무자성일 때 나타나

24 이지관, 「선요禪要」 시중示衆 5, 『사집사기四集私記』, 해인총림, 1968, 328쪽.

는 무한실상으로 밖에 볼 수 없습니다. 선이 그렇고 우리의 본성이 그렇고 일체 두두물물의 자성이 그렇다는 것입니다. 그런 까닭에 선에선 무아인 무자성을 말합니다. 이 선리시는 자성을 깨닫고 무아에 들어선 자의 명료함에서 흘러나온 노래입니다.

위의 게송에서 보듯이 상징적 의미만 가지고 뜻을 알기란 불가능합니다. 저쪽과 이쪽에 서로 닿은 공의 세계 속에 있는 선사들은 언어마저 진언眞言, 곧 선으로 보고, 선어는 비유나 상징을 초월하여 닿는, 절대 현재의 진실불허眞實不虛한 세계로 보기 때문입니다.

이와는 달리 서구 개념의 상징이란 '유추적으로 가시세계可視世界, 곧 물질세계가 연상의 힘에 의하여 불가시 세계, 곧 정신세계와 일치하게 되는 표현 양식'이며 '상징은 은유의 연장선상에 놓여 있다'[25]고 정의합니다. 그러나 선사들은 불이 즉 실상을 써서 어떤 결정된 정상定相의 관습적인 관념의 견고한 껍데기를 박살냅니다. 정상의 고정 관념을 깨트린 세계는 언어와 언어가 맞닿는 세계며, 사물과 사물이 서로 조응하는 세계를 말합니다. 이러한 실상을 표현하는 어법, 적기적수사법을 선시의 무한실상無限實相이라고 정의합니다.

3) 적기수사법과 고전선시와 현대선시의 연계성

위의 예문 중 『금강경』 제7분의 예문은 일체의 현상의 자성自性이 무자성無自性임을 설파합니다. 일체의 두두물물은 스스로의 고유한 성

25 이승훈, 『시론詩論』, 고려원, 1979, 151~153쪽.

품이 없다고 하는 것은 우리가 보고 있는 모든 것은 현재의 이름으로 가유假有해 있지 실제로는 진공묘유眞空妙有로 있다는 것입니다. 이것을 선적어법으로 『금강경』 제8분, 제13분과 같이 'A는 곧 A가 아니다 그 이름이 A이다' 하는 A = Ā의 세계며, 적기에 의한 본래의 근원지에 돈입頓入하기 위한 가르침이 됩니다. 그리고 본래의 실상자리로 합일됨은 적기에 의해서만 가능한 것입니다. 오랜 관습에 의해 누적된 우리들의 정상성定相性을 해체시키려는 방편법문이 적기법문이며 적기어법입니다. 적기의 세계인 무아, 중도, 공, 거북털 토끼뿔, 할, 방은 우리가 떠나온 본래의 세계의 다른 표현임을 천명하고 있습니다.

제가 「설악, 귀엣말하다 4」에서 상호 병치하여 설악의 현대선시와 효봉의 「오도송」을 위의 적기수사법에 의해 풀어서 보여주고자 합니다. 그 결과, 두 선장의 시가 서로 반상합도되어 빼어난 경지를 보여주는 한 편의 '평설시'로 우리를 아득한 현현한 세계를 보여줄 수 있는 것입니다.

내 나이 일흔둘에 반은 빈 집뿐인 산마을을 지날 때

늙은 중님, 하고 부르는 소리에 걸음을 멈추었더니 예닐곱 아이가 감자 한 알 쥐어주고 꾸벅, 절을 하고 돌아갔다. 나는 할 말을 잃어버렸다

그 산마을 벗어나서 내가 왜 이렇게 오래 사나 했더니 그 아이에게 감자 한 알 받을 일이 남아서였다.

오늘도 그 생각 속으로 무작정 걷고 있다

— 설악 무산, 「나는 길을 잃어 버렸다」

선시에 두두물물의 드러남을 살펴보며 그 존재가 그대로 여시如是하니, 바로 무의無意이고, 무색無色 무성無聲 무향無香이며, 무미無味 무촉無觸이지만, 굳이 우리들의 6식과 18계界로 따져볼 땐 단순單純 청량淸凉 명증明澄 무사無事로 드러남을 읽을 수 있습니다. 그들은 있는 온통 그대로 여시할 뿐이어서 설악이 내는 기러기 고함 같은 일성의 파열음도 역시 여시할 뿐인 것입니다.

위의 선시에는 표현상 예닐곱 살 되는 초동과 일흔 둘 잡순 설악 노장, 그 외에 이 텅 빈 공간이 있습니다. 그리고 산하대지도 초목삼림도 없는 하얀 백지의 무대가 있을 뿐입니다. 단지 우리들을 선문에 들기 기대하는 설악의 간절노파심절인 바람으로 공간을 메우고 있습니다. 이러함은 위의 시 「나는 길을 잃어 버렸다」가 우리에게 주는 단순무사單純無事함과 청량명징淸凉明澄은 존재의 여시함에서 옴을 자연 느끼게 합니다.

시 속으로 사라진 텅 빈 무대와 생각 밖의 먹먹함이 저쪽 세계와 맞닿고 있습니다. 그리고 아주 잦아들고 깃드는 귀엣말, "내가 왜 이렇게 오래 사나 했더니 그 아이에게 감자 한 알 받을 일이 남아서였다"이고, 일흔 둘에 산골 초동에게 받아먹은 감자 한 알이 눈 속 깊이깊이 티눈같이, 노장의 심장 깊숙이 박혀 있음이, 우리들을 망망한 곳으로 인도합니다. 몸도 마음도 모두 태운 설악 노장은 오직 그 아이에게 받은 감자 한 알, 돌려줌이 아니라, 다시 받을 일이 있기 때문입니다. 이것을 다시 되돌아 갈마하기 위해 살고 있다고 합니다. 3연에서 "오늘도 그 생각 속으로 무작정 걷고 있다" 아! 무작정 걷고 있는 나, 생각도 없는 생각 속으로 영원히 걷고 있는 나. 아무리 귀엣말하시더라도 솔깃하지 말라. 에라, 나 역시 모른다 몰라我亦不知.

이 부지不知를 노래한 근래의 대 선지식인 효봉 학눌曉峰學訥, 1888~1966의 오도송을 같이 읽어보겠습니다.

바다 밑 제비집에 사슴이 알을 품고	海底燕巢鹿抱卵
타는 불 속 거미집에 고기가 차 달이네	火中蛛室魚煎茶
이 집안 소식을 뉘라서 알랴	此家消息誰能識
흰 구름은 서쪽으로 달은 동쪽으로	白雲西飛月東走

— 효봉 학눌, 「오도송」

1931년 여름 금강산 법기암. 1년 6개월간 두문불출, 오직 정진에 매진하던 효봉 스님이 토굴 문을 박차고 나왔다. 그때 깨달음을 읊은 오도송이다. 1행과 2행은 분명 우리의 안이비설신의眼耳鼻舌身意를 통하여 즉 여섯 가지 기관六根으로 느껴지는 색성향미촉법色聲香味觸法의 여섯 가지 경계六境의 해체이다. 곧 본래면목에서 옮겨 앉은 알음알이 해체이며 앞생각, 뒷생각의 절단이다. 다시 말해 자성自性이 무자성無自性임을 형상화하고 있다. 관념을 형상화하여 두두물물의 본질에 도달하여 자기회귀하고 있다. 이럴 때는 관념이 실재니, '언어의 길이 끊기고 마음이 가는 곳이 사라짐言語道斷 心行處滅'의 글귀다. 아는가? 이 소식을 알고 싶은가? 4행에 와서는 바로 천연덕스럽게 소식을 현장감 있게 그리고 있다. 그래, "백운서비월동주"야 "흰구름은 서쪽으로 달은 동쪽으로 달리지." 그 밖에 무엇이 있단 말인가.

앞의 설악의 「나는 길을 잃어 버렸다」나 효봉의 「오도송」은 모두

『금강경』 주된 표현인 부처님이 설한 "불법은 곧 불법이 아니라 그 이름이 불법이다"라는 즉 'A는 곧 A가 아니고 그 이름이 A다'로 읽히며, A = Ā로 회통되어집니다. 곧 삶이란 A와 죽음이라 불리는 Ā로 회통되어 집니다. A는 A가 아니므로 A가 됨을 이해 돕기 위해 설악의 「무자화」 한 수를 읽고자 합니다.

강물도 없는 강물 흘러가게 해놓고
강물도 없는 강물 범람하게 해놓고
강물도 없는 강물에 떠내려가는 뗏목다리

위의 시 '뗏목다리'도 늘 우리가 고정적으로 생각하고 있는 뗏목다리가 아니라 그 이름이 뗏목다리이듯이, 호봉의 오도송 1행의 "바다 밑 제비집"은 우리의 정상화定相化된 '처마 밑 제비집'이나, '은행나무 위 제비집'만이 아니라 보이지 않는 곧 Ā의 '바다 밑 제비집'이며, 우리가 늘 보고 알고 있는 '처마 밑 제비집'은 일상적인 육식六識으로 만나는 A의 제비집인 동시에 "바다 밑 제비집"인 Ā의 제비집입니다. 그렇지만 우리가 의식하고 있는 제비집은 선적 사유에 의하면 보이지 않는 제비집일 수 있으며 보이지 않는 제비집은 곧 보이는 제비집이라고 볼 수 있음을 살펴보았습니다. 이어지는 "사슴이 알을 품고"나 2행의 "불 속 거미집"이나 '차 달이는 물고기', 역시 "불 속 거미집"은 '헛간에 친 거미집'이고, '차 달이는 물고기'는 '회를 치기 위해 도마 위에 오른 물고기'가 됩니다. 이러함은 A는 A인 동시에 Ā로 있다는 것은, 분명 우리의 삶에 낮과 밤이 있듯이 삶과 죽음이 동시에 존재해 있다고 보는 트인

견해입니다. 『금강경』 사구게四句偈에는

무릇 있는 바의 상은	凡所有相
모두 허망한 것	皆是虛妄
만약 모든 상이 상 아님을 봄은	若見諸相非相
곧 여래를 보는 것이다	卽見如來

제상諸相인 A와 비상非相인 Ā가 회감 회통하는 봄(A = Ā), 곧 여래를 봄이라.

이것을 설악은 "길을 잃어버"림이 곧 "길을 잃어버"리지 않음이어서 "오늘도 그 생각 속으로 무작정 걷고 있다" 하고, 효봉은 "흰 구름은 서쪽으로 달을 동쪽으로" 달리고 있다고 절대 현재의 이 순간을 드러내고 있습니다.

질문 5. 현대인과 선, 선시

현대는 물질주의가 만연하고 정보교류가 극대화되어 있으며 교통의 발달로 유목민처럼 떠도는 삶이 더 이상 낯설지 않은 시대입니다. 따라서 정신적 가치가 탈락하는 공허한 세계가 되어 가고 있습니다. 이러한 가운데 현대선시의 출현이 인간의 삶의 공백을 채워줄 수 있습니까? 현대선시는 현대사회에서 어떠한 시대적 역할을 감당해야 합니까? 현대선시의 문학적 역할은 무엇입니까?

1) 현대선시의 현대인 삶에 미치는 역할

이 질문은 결국 선시는 현대를 사는 우리에게 어떤 필요와 도움을 줄 수 있느냐 하는 것과 같다고 볼 수 있습니다. 우리는 우리의 본래자리인 근본을 모르고 형이상학적 경계에 끄달리어 끝없이 딸려가고 있습니다. 끝없이 허공꽃空華과 같이 아롱대는 일체의 두두물물을 모두 붙잡아 두려 내닫고 있습니다. 이것은 우리가 본래 밝음明으로 태어남을 망각하기 때문에 생겨나는 현상입니다. 그 원인은 오온五蘊에서 솟는 갈애渴愛이며, 곧 오온이 있기에 갈애가 있으며 갈애가 없으면 오온도 정지되며 명明으로 돌아서고 명은 투명인 그대로 무아일 뿐입니다. 이 무아에 합일하므로 우리 본래의 세계인 그 자리에 앉게 되는 것입니다. 이 밝고 맑고 투명한 이곳은 아무것도 번잡할 수 없는 그 자체입니다.

이곳은 열반이고 극락이며 천당이고 참 나의 본향입니다. 이곳이 우리와 떨어진 적이 촌각도 없지만 너무도 아무렇지 않기에 딴청스럽게 "그건 원래 내 사는 곳 서쪽에 있다元是住居西"로 선사들이 '알아라 알아라' 하면서 표현하고 있습니다.

바로 이것은 무아인 동시에 무아행無我行으로 들어나는 온전한 삶인 것입니다. 우리의 온전한 삶을 보여준 석가세존은 자아인 참 나를 찾는 이를 위한 설법이 있습니다. 『법구경』의 'Atta hi attano natho'[26] 즉

'자기는 자기 자신의 피난처다'입니다. 여기서 팔리어 아타Atta는 '너 자신', '자기 자신'으로 쓰이는 재귀대명사입니다. 흔히 팔리어에서 아타는 간혹 영혼이라는 형이상학적 경우 말고는 재귀대명사나 부정대명사로 씁니다. 그리고 나아토natho는 의지처, 피난처, 도움, 지지 등을 의미합니다. 따라서 '자기는 자기 자신의 피난처'를 의미하며 영혼이나 자아와는 관계가 없는 것입니다. 때문에 간혹 '자기는 자기 자신의 주인이다' 혹은 '대아大我는 소아小我의 주인이다'라는 해석은 잘못된 것이 분명합니다.

세존의 말씀에는 늘 무아란 형이상학적인 것을 말함이 아니라 무아는 실재이며, 이 실재인 무아행의 실천을 요체로 하고 있습니다. 불교는 오늘날 선은 추상이나 관념에 의해 스스로를 얽어매지 않는 지극한 현실, 실재를 이릅니다. 『대반열반경』에 의하면 임종이 가까이 옴을 느낀 스승은 제자 아난의 질문에 이렇게 설합니다.

> 아난아 승단은 내게서 무엇을 기대하느냐? 나는 평범한 것과 심원한 것이 서로 구분이 없음을 가르쳤다. 여래는 진리에 관해 스승이 쥔 주먹처럼 아무것도 갖고 잊지 않다. (…중략…) 내 나이 이제 80세다. 낡은 수레가 다시 수리되어야 갈 수 있듯이 여래의 몸도 수리되어야 갈 수 있다. 그러므로 아난아, 너 자신을 너의 섬으로 하고, 너 자신을 너의 의지처로 삼을 뿐 다른 누구도 너의 의지처로 삼지 말라. 또 법을 너의 섬으로 하고 의지처로 할

26 「법구경」 160장 '자기 자신이 바로 피난처다. 다른 어떤 피난처가 있겠는가? 스스로를 잘 통제하면 얻기 어려운 피난처를 저절로 얻는다.'(W. 라홀라, 진철승 역, 「법구경」 160장, 『스스로 찾는 행복』, 대원정사간, 1988, 184쪽 참조)

뿐 다른 무엇도 너의 의지처로 삼지 말라.

석가세존이 아난에게 어떤 가르침을 내린가는 아주 명백합니다. 슬픔에 빠질 승단과 의지해 오던 스승의 열반으로 오는 데미지를 생각하고, 승단 모든 이는 여래가 가르친 법에 의할 것이며 자기 자신에게 의지할 것이며 그 외의 어느 누구나 어떤 것에도 의지하지 말라고 최후의 유촉을 합니다. 즉 어떤 형이상학적인 문제, 즉 자아나 영혼, 아트만에 대한 언급은 전혀 없었습니다.

이것은 단지 몸身·느낌受·마음心·마음의 대상法인 사념처四念處에 관찰하고 집중함으로 자기 자신의 의지처나 섬으로 삼을 수 있음을 아난에게 설하였을 뿐이었습니다. 현대인의 현상적인 불안과 초조 신경쇠약 등등의 정신병은 가까이는 서구문명의 특징인 물심이원론에 원인을 살필 수 있습니다.

우리가 본래 완전한 명明으로 태어났다는 것을 모르므로 일어나는 착시적인 병이라 할 수 있습니다. 이 병은 착시에 의한 것이므로 착시를 명확히 봄으로 치유되는 것입니다. 이런 유의 정신병은 자아가 있다하는 관념에 그 뿌리를 둔다고 볼 수 있습니다. 이 자아는 보편적으로 마음이나 의식을 말합니다. 그러나 선에서는 마음이나 생각, 형이상학적인 관념보다는 차라리 육체를 자아로 보는 것이 더 올바르다고 말합니다. 바로 육체는 마음이나 의식, 관념보다는 더 견고하다고 생각하며 마음이나 의식은 육체보다 더 빨리 찰나에 바뀌기 때문입니다. 어떤 학자들은 「유식론」의 아뢰야식[27]이 자아로 보는 경향이 있는데, 『능엄경』에 아뢰야식은 절대로 자아가 아니라고 말합니다.

그럼 실체가 없는 자아라는 관념을 만들어내는 것은 '나는 존재한다' 하는 모호한 느낌이라 할 수 있습니다. 결국 오온에 의하여 막연한 느낌을 갖는다 할 수 있습니다. 오온을 하나하나 면밀히 살피면, 색色인 육체, 느낌受인 감각작용, 상想인 인상작용印象作用, 저지름인 행行과 알음알이識인 아는 습관의 쌓임, 어느 하나도 존재를 이르는 것이 없습니다. 그러나 분명하게 깨달을 수는 없으나, 보편적으로 오온과 관련하여 '나는 존재한다'는 느낌이 있다고들 말합니다. 그러나 많은 선적 수련과 수행에 의하여 존재라는 문제가 희미해지고 어느덧 존재라는 단어를 앞에 놓고도 존재라는 의식이 작동하지 않게 됨을 알게 됩니다. 무아란 단어의 올바른 투사는 무아가 '있다 없다'라는 두 가지 관점을 모두 정신적 관념이나 형이상학적 투사 없이 사물을 여시하게 있는 그대로를 보는 것입니다. 이것은 연기의 법칙에 따라 항상하는 흐름 속에서 상호 작용하는 색・수・상・행・식인 오온의 조합이라는 것을 명징하게 보는 것이며, 어떠한 존재라도 영원하고 영속적인 불변의 실체는 없음을 알고 보는 것입니다. 제행무상諸行無常 제법무아諸法無我일 때 과연 무엇이 업을 받을 것이냐 하는 질문에 세존께서는 다음과 같

---

27 아뢰야식Ālya vijnāna 유식학의 제8식의 이름. 무몰식無沒識 장식藏識 함장식含藏識으로 번역됨. 연기의 근본이 되는 식으로 진체삼장은 무몰식이라 번역하였고 현장삼장은 장식이라 번역하였다. 산스크리트의 Ā를 짧게 읽을 때 아는 무無이며 길게 읽을 땐 집, 주소, 저장소의 뜻이 있다. 뢰야lya는 멸진滅盡, 몰식沒識이라 번역되니 무몰식이 된다. 즉 아뢰야는 다 없어지지 않는 식이 된다. 따라서 연기의 제1의 원인이 된다. 현장의 번역인 장식藏識은 장에 세 뜻이 있다. 첫째, 능장能藏이다. 두두물물을 파생하는 원인의 종자를 갈무리해 두는 식이란 의미와 둘째, 소장所藏이니, 7식인 말나식에 의해 물든 종자를 훈습하여 갈무리 하는 식. 셋째, 집장執藏이다. 곧 잡아놓는다는 의미니 이 8식 아뢰야식은 무시이래 상주하므로 자아自我인 듯이 제7식에게 집착되는 식이란 뜻이다. 이 세 가지 뜻 중 제3인 집장은 나를 집착하지 않을 때, 즉 무아일 때 아뢰야식은 멸진된다 하겠다. 운허용하, 『불교사전』, 동국역경원, 1961, 549~550쪽.

이 말했습니다.

비구여! 나는 너희들에게 모든 사물 어디에서나 연기의 법칙을 보라고 가르치지 않았느냐.

이 말씀은 진리이며 실재이고 본래인 '이것'은 서구에 말하는 허무나 단견일 수 없습니다. 무아의 설은 우리의 그릇된 신념과 아집에서 무명을 몰아내고 반야의 빛을 보게 합니다. 뒷날 그의 제자 중에 하나인 아상가無着, 310~390 다음과 같이 말합니다.

무아란 사실이 있다.

2) 21세기 행복 대안으로서 선

앞에서도 보았듯이 연기설뿐 아니라 우리를 존재로 지탱하게 하는 오온을 낱낱이 살펴도 자아 · 영혼 · 아트만 · 나란 개체는 없습니다. 혹은 어느 것으로 불리던 이런 것은 실재가 아님이 명백합니다. 우리들 안이나 바깥에 상주常住하는 불멸의 실체는 정신적 투사일 뿐인 것입니다. 우리의 삶을 정신적인 것과 현상적인 것을 나누어 보아도 분명히 드러납니다. 우리가 사회생활을 하면서 약속된 언어인 나, 너, 우리라는 표현은 끊임없이 변멸하는 물질적 정신적 힘이나 에너지의 결합일 뿐입니다. 이것은 무아라는 실재의 진리로 말할 때는 거짓이 됩니다.

그러나 이것 또한 우리의 관례에 의한 속제俗諦, 사회적인 약속에 의한 진리일 뿐입니다. 그러나 궁극적인 진리는 무아가 진제眞諦임을 확연히 보았을 때, 정신적 고통과 육체적 고통, 탄생과 늙고 병듦과 죽음의 고통, 싫어하는 사람과 부딪침, 좋아하는 사람이나 상항과 이별, 하고 싶은 것을 하지 못하는 슬픔 비탄 근심이나, 존재 · 개체 · 내가 항상 하지 않는 괴로움은 크나 큰 병인임이 분명합니다. 이 큰 문제가 명백해지면서 일체가 명明으로 돌아서는 내가 보일 것입니다. 오늘날 물질문명과 개인주의가 극도로 발달되므로 오는 병폐는 우리를 병들게 하는 주요인이 되고 있습니다. 무아, 절대 자유로워질 것입니다.

21세기에 인류는 다시 동아시아를 주목하고 있습니다. 20세기에 급속한 산업화, 근대화를 추진한 일본과 한국, 그리고 뒤늦게 문호개방을 통해 경제제도에서 자본주의를 도입한 중국의 급격한 성장은 동아시아에 새로운 가능성을 보여 주고 있습니다.

17세기 개신교의 청교도 정신에서 발흥한 자본주의 산업화의 물결은 지금에 와서 잦은 전쟁과 금융위기와 환경위기로 그 한계를 서서히 드러내고 있습니다. 이러한 시대에 미국 등 서양에서도 대안사상과 문화로, 동양사상과 선(명상)에 관심이 고조되고 있습니다. 이제 서양 엘리트들이 참선하는 것은 놀라운 일이 아닙니다. 선이 의학과 뇌 과학과 접목하여 치유와 심리 상담에 활용되는 것은 보편화됐습니다. 구글과 같은 세계 최고 기업에서도 명상이 도입되고, 우리나라 삼성그룹도 지난 해 명상프로그램을 개발하여 전 임직원들을 교육하고 금년에는 삼성 명상센터 건립을 추진한다는 소식이 있듯이 힐리언스센터와 같은 명상센터가 여기저기 건립되고 수많은 명상프로그램과 지도자들

이 힐링 붐을 타고 확산되고 있습니다.[28]

며칠 전, 선수행인을 인솔하여 하버드 대학을 견학하고 온 친구가 대학 내에 선 센터가 설립되어 있어서 선 워크숍을 하고 왔다고 말했습니다.

28 『불교신문』 2918호, 2013.6.8.

제2장

선의 연원과 역사적 발전

질문 1. 명상법과 선

지금부터는 우리가 궁금하게 여기던 여러 가지 문제에 대하여 토론을 갖고자 합니다. 이 토론장은 선과 선수행, 혹은 경전에 보이는 어려운 문자에 관해 자유로운 질의와 토론, 또 명상은 일반적으로 정신수양을 통하여 이루어진다고 볼 수 있을 것 같습니다. 이 정신수양이 어떤 과정을 거치면서 지혜를 얻을 수 있으며 바로 이 지혜가 무아를 볼 수 있고 무아행을 실천할 수 있는지 궁금합니다.

1) 무아와 공이란? 무아행이란?

무아란 것은 근본적으로 일체의 물물은 정상화된 자아를 가지지 않았다는 곧 고정된 자성이 없음을 말한 것입니다. 어떠한 존재도 독자적이고 고립적이며 절대의 나가 있지 않으며 모든 것은 상대적이고 관계적이며 상호의존적이며 협동적이라는 것입니다. 이것은 연기緣起에 관한 질의에서 충분히 설명되었던 것입니다. 그러나 선에서 우리에게 보여주고자 하는 진체眞體는 실천적인 무아행無我行입니다. 이론이 먼저냐 행위가 먼저냐 하는 것은 큰 의미가 없다고 봅니다. 이론을 확고히 봄은 바로 실천의 행위와 동시성同時性이니까요.

근본불교나 부파불교에서는 수행을 하여 얻은 무아행에 대하여 언급이 없습니다. 이것은 반야의 지혜가 완성되어 자연스럽게 얻어지는 열반의 경지는 스스로 닿아서 얻어지는 무아행, 무아의 실천은 수행자가 스스로 맛보아지는 것이며, 이 맛은 말로서는 이해되어지는 부분이 아닙니다. 어떤 것과도 비교될 수 없는 싱그럽고 명징한 더 없는 것이기 때문일 것입니다.

근본불교나 부파불교에서 무아無我란 말은 대승불교에 이르러서는 무아와 동일한 의미로 공空 · sūññā을 사용하였습니다. 물론 근본불교에서 공이란 말이 있지만 이 공은 대승불교의 공으로는 발전하지는 않았습니다. 예컨대 『중아함경』 190, 「소공경」 191이나 『중부경』의 「대공경」 121 등에서 실제로 공을 문제로 삼았으나 그것은 대승불교의 반야부에서와 같은 제1의 공은 아닌 것입니다. 원시 불전에서의 공은 공무空無의 의미나 공무로 되게 한다는 의미라 볼 수 있습니다. 또 대승불교에서 무아란 말을 사용하고 있지만 무아보다는 공이라는 용어를 훨씬 많이 사용하였지요. 대승에서 사용한 공은 대승의 무아와 부파불교의 무아와는 다른 것임을 표현하기 위해 쓰였던 것입니다. 실제로는 공과 무아는 서로 다른 것이 아닙니다. 특히 『반야경』에서 나타나는 반야·공은 반야가 바로 무아란 것을 서술한 것입니다. 곧 무소득無所得의 공, 무집착無執着의 공인 공능功能은 무애자재無涯自在의 공으로 나타나므로 '무소득의 공 = 무애자재의 공'이며 이러한 것은 『화엄경』에서 쌍차쌍조雙遮雙照하므로 바로 차조동시遮照同時가 '무소득 = 무애자재'의 발전이라고 볼 수 있습니다. 쌍차란 것은 일체를 쌍으로 막는 것이니 곧 정신과 물질, 긍정과 부정, 기쁨과 슬픔, 선과 악으로 대비되는 것을 동시에 모두 막았을 때 이것은 모두 회통하여 쌍으로 되비치므로 곧 막는 것과 되비침은 동시라는 말씀이라는 것입니다. 없는 시간과 없는 세계에 없는 우리의 함이 없는 무아행, 이것은 언어나 문자에 의해 밝혀지는 것이 아닐 것입니다.

2) 명상과 선의 관계

이 질문은 언어와 문자로 대답할 수 없는 성질의 것입니다. 그러나 그 언저리는 언어로 안내는 할 수는 있을 것 같습니다. 선의 시조인 석가세존이나 그 맥을 이은 인도의 28조사와 중국으로 이어지는 달마와 달마를 잇는 육조 혜능의 문손이, 선의 5가 7종의 선장들이 무아행을 행하고 후학들을 위하여 노파심을 보여준 선화를 들어보여 줌으로 수행자인 우리를 북돋아 줄 수 있을 것입니다.

선의 뿌리를 찾아 올라가면 자연 고타마 싯달타Gotama Sicddhartha, 석가모니와 만나게 됩니다. 물론 석가 이전에 명상은 인류가 생기기 이전에 있었다 할 것입니다. 하지만 명상, 비바사나毘婆舍那·觀法가 오랜 세월이 흐르는 동안 중국으로 이입되면서 선禪으로 변주되고 이 선이 현대에 이르러 본질과 실재에 이르는 수레로 받아들여지기 때문에, 선은 불교에 국한된 어떤 명상으로 받아들여지고 있습니다. 그것은 선승들의 집단에 의해 발전되어 왔기 때문이라고 생각이 듭니다.

선, 수선은 온전한 마음의 건강, 마음의 평형, 마음의 적정 상태에 머무는데 직접적인 도움을 줍니다. 명상이란 말은 순간적으로 현실과 떼어서 생각하는 경향이 있습니다. 명상을 하기 위해 조용한 곳, 즉 산사나 명산센터 등의 격리된 장소에서 석상처럼 특수한 자세로 어떤 신비한 생각에 잠기거나 황홀경에 빠지는 것이라고 생각합니다. 그러나 명상, 곧 석가세존 당대의 명상이란 이런 따위의 상황을 의미하지 않습니다. 대다수의 사람들이 명상 혹은 요가에 빠져드는 것은 신비하고 영험한 어떤 능력을 얻기 위하려는 마음에 의한 것입니다. 이런 것은 한마디로 정신도착으로 초능력에 대한 열망과 갈증에 의해서 태어난 것입니다. 예컨대 고행자 싯달타는 6년 동안 갠지스강 유역을 방황하며 빼어난 종교적 스승들을 만나 그들의 체계나 방법을 익혔고, 또한 엄한 고행의 수도를 계속했으나 만족하지 못하였습니다.

이를테면 싯달타는 고행 시, 마라라나와 웃다카 두 스승으로부터 신비한 경지에 이르는 삼매나 심일경성心一境性을 개발하여 공무변처空

無邊處나 비상비비상처非想非非想處와 같은 경지에 도달하였지만, 포기하게 됩니다. 이 모든 것은 마음에서 창조되고 만들어지고, 또 이것에 의해 연기되며, 이것이 실재나 중도, 무아를 보는 통찰의 눈을 주지 않게 때문이라 할 수 있기 때문입니다. 그래서 일체의 종교적 방법들을 포기하고 자기 스스로의 길을 택하였습니다. 그러던 어느 날 부다가야의 네란자라 강변의 한 나무 아래에서 싯달타는 깨달음을 이루게 됩니다. 그때 나이는 35세였습니다. 그 후 사람들이 그를 붓다로 불렀습니다.

3) 석가세존의 명상법과 중국의 선

싯달타는 일체 물물의 본성에 대한 통찰인 비바사나毘婆舍那·觀法라 불리는 명상법을 발견했습니다. 이 비바사나는 싯달타로 하여금 완전한 해탈을 이루어 궁극의 진리, 무아인 열반을 이루게 하였습니다. 이 관법은 정념定念 직관直觀 성찰省察에 바탕을 둔 분석적 방법이라 볼 수 있습니다. 이후 석가세존의 가르침인 명상법은 삶을 도피하거나 단절된 것이 아니라 그 반대편이 되는 우리의 일상적 삶과 행위, 기쁨과 슬픔, 현상과 본질, 말과 사유, 감성적인 것과 이성적인 것이 모두 관계지워진 바로 일상이 됩니다.

그리고 선禪은 인도의 근본불교 혹은 부파불교의 가르침인 삼학三學, 계戒·정定·혜慧 중, 정定이 발전된 것이라 봅니다. 정, 즉 선나禪那·Dhyāna가 중국으로 유입되어 적극적인 깨달음을 목적으로 하는 선禪

으로 자리를 잡게 됨을 앞에서 살펴보았습니다. 선은 다시 수행 방법상 간화선看話禪과 묵조선默照禪으로 발전되는데 이것 모두 본성통찰, 반야의 지혜 자체가 되는 깨달음을 말하고 있습니다.

그럼 초기경전에 나타난 석가세존의 명상법과 대승불교에 주창하는 선적 명상법에 대하여 살펴보기로 하겠습니다.

질문 2. 선종의 발전

인도의 초기불교의 삼학三學 중, 정인 드야나禪那가 중국으로 들어오면서 선으로 변주되어 차츰 사변적인 명상이 직관적인 선으로 자리를 잡게 됩니다. 그리고 선은 중국 고유의 사상 및 종교와 격의시대를 거쳐, 당 · 송 · 명과 같은 세계 제일의 경제, 군사, 문화, 대국이 되었음을 압니다. 이것은 정신적 문화적 바탕 위에 설립되고, 곧 마음의 안정, 마음의 흔들림이 없음에 기인한 것이 아닐까요? 이 근본이 되는 명상, 또 선도 아울러 듣고 싶습니다.

1) 석가의 명상법

(1) 호흡에 의한 명상법

'숨을 내쉬고 들어 쉬는 것出入息念'을 관찰하기 위한 수식관數息觀은 다른 명상법에 비해 독특한 자세를 취하게 됩니다. 경전에서 보이는 것과 같이 발을 포개고 자세를 똑바로 허리를 세워서 정신을 집중시키고 앉으면서 명상이 시작되는 것입니다. 양발을 서로 꼬아서 포개는 것은 결가부좌라 하고 한쪽 발만 넓적다리에 얻는 것을 반가부좌라 합니다.

이 수식관은 말 그대로 숨의 길을 관찰하는 것인데, 사실 우리 누구나 숨을 늘 쉬고 있지만, 평소에 일상적일 때 숨에 대해 관심이나 주의를 기울이는 일은 거의 없습니다. 아무나 할 수 있는 숨에 대해 주의를 기울이는 명상은 수식을 관하는 자가 주체가 되고 이 주체임을 망각하게 되고 이 망각은 일상의 숨을 쉼과 같은 것입니다. 어쨌든 숨을 쉬는 숨길에 집중해야 합니다. 그 숨이 빠를 때도 있고 느릴 때도 있고 긴 숨일 때도 있고 짧은 숨일 때도 있습니다. 이런 문제는 수행자가 '나는 수행을 한다' 하는 의식 속에 있기 때문입니다. 그냥 일상의 숨 쉬는 것 외에 아무런 숨 쉼도 필요치 않는 것입니다.

이제 우리는 수행자고 우리는 숨 쉬는 자가 되고 숨 쉬는 길을 들여다보는 마음 자체가 됩니다. 이것은 깊은 마음의 통찰로 있으면 그만입니다. 몰론 빠른 숨이 올 때는 그대로 느린 숨이 올 때도 그대로 깊은 숨이 될 때도 그대로 가벼운 숨이 될 때도 그냥 주시하면 됩니다. 이내 우리는 정상적이고 일상적인 숨으로 돌아가게 됩니다. 이것은 숨길을 들여다봄으로 마음은 숨의 변화를 들여다보며 숨의 변화는 문득 일상에 은연중 계합되게 때문입니다.

하지만 마음이 일어나고 우리를 심란하게 흔들고 촌각이라도 마음은 그대로 있지 않고 혼란해지고 뒤틀리고 아우성침을 느끼게 됩니다. 놀랄 필요가 없습니다. 이것이 마음을 가라 안치는 전초 단계다 생각하고 오직 한길로 내달아야 합니다. 마음은 원래 고요하지만 우리 몸과 더불어 있는 마음은 그런 것이라 생각하고 이 일에 뜻을 두고 시간이 닿는 대로 10분이고 20분이고 매일 지속적으로 반복해보면 마음은 숨길에 있음을 알게 될 것입니다.

눈은 편리한대로 그대로 두면 됩니다. 반개半開를 해도 되고 코끝을 보아도 되고 편리한대로 눈을 앞에 떨어뜨리고 마음이 수식에 있으면 자연 물물을 의식하지 않게 됩니다. 이것은 마음이 숨길에 가있기 때문에 생기는 것입니다.

이 수식관은 정신의 집중력을 증장시켜 지혜를 밝힘을 기본으로 합니다. 집중력의 개발은 바로 지혜를 눈뜨게 하는 데 주안점이 있습니다. 집중력은 우리에게 통찰력과 직관력을 기르며, 통찰과 직관에 의해 지혜가 드러납니다. 곧 지혜는 우주와 사물의 본질, 오온五蘊을 들여다 볼 수 있는 힘 자체인 것입니다.

이 수식의 명상법은 우리를 우리로 있게 하는 큰 힘을 가지게 합니다. 그래서 선가에서는 하루하면 하루만큼 한 달 수련하면 한 달만큼의 힘을 얻는다고 전해 옵니다. 곧 이 명상법을 실제로 수련하게 되면 우리 삶을 건강하며, 우리의 몸과 마음을 단련시키고, 편안, 휴식, 일상에 고요와 안정을 가져옴을 알게 됩니다. 실제로 일상에 엉키고 불안하고 신경질이 나서 흥분해질 때, 단 5분이라도 마음을 가다듬고 숨길을 들여다보았을 때 우리는 깜짝 놀라운 결과와 만나게 될 것입니다.

(2) 정신을 찰나에 몰입하는 명상법

순간적인 일마다 순간순간 정신을 몰입하는 방법입니다. 우리의 삶, 일상생활에 실제적인 것은 매 순간마다 일어나는 말과 행동에 각별히 유념하며 몰입하는 것입니다. 다시 말해 행주좌와 어묵동정行住坐臥 語默動靜간에 그때 그때를 명백히 새기고 생각하고 오직 순간 하는 일에 즉응卽應하는 것, 예컨대 밥을 먹을 때 밥을 먹고, 휴식을 취할 때는 오직 휴식을 함을 말합니다. 우리는 행위로는 밥을 먹으면서 마음은 책을 봅니다. 책을 보면서 그때 본 영화를 되새기기도 합니다. 우리는 밥을 먹는지 책을 보는 것인지 영화를 보는 것인지 모릅니다. 모든 것을 동시에 다 한다고 생각할지 모르지만, 결국 이 모든 일을 하지 않는 것과 별반 다를 바 없습니다. 그 순간 스스로 무엇을 하고 있는지 유념하고 온 신경을 몰입하여야 지금 하는 것을 마음에 닿게 할 수 있는 것입니다. 바로 이 순간에 이 순간의 행동을 해야 합니다.

우리는 보통 이 순간을 이 순간에 단순하고 투명하게 이 순간의 일과 행동을 하지 않고 지난날의 세월 속에 살고 있는 경우가 많습니다. 머리에는 또 다른 무엇인가로 가득 차 있습니다. 이렇게 되면 마음은 긴장되고 혹은 해이해져 지금 이 순간에 몰입하지도 못하고 즐기지도 못하며 자기도 모르는 사이에 현재의 바로 이 중요한 일에 벗어나고 말게 됩니다. 어떤 경우이든 어떤 상황이든 지금 이 순간의 삶과 행위,

혹은 일상을 벗어 날 수 없습니다. 실제의 우리의 삶은 현재 이 순간뿐이며, 과거는 지난 과거의 일이고 미래는 닥쳐올 미래의 일일 뿐입니다. 현재의 삶, 이것이 우리의 삶 자체이고 전체입니다. 이 순간의 삶을 살고 있는 사람만이 실제의 삶을 살고 있는 것이 분명합니다. 이것이 생각이 매이지 않는 자유와 행복 자체가 됩니다.

곧 '나는 이것을 하고 있다'나 '나는 저것을 하고 있다' 하는 의식적 관념에 벗어나는 길밖에 없습니다. 지금 하고 있는 일을 의식하거나 생각해야 한다는 것은 그 순간 스스로 의식하게 되어 결국 행위 속에 있는 것이 아니라, '나는 이것을 하고 있다' 하는 관념 속에 나가 되고 말게 됩니다. 이렇게 될 때는 많은 수련조차 수포로 돌아가고 맙니다. 만약 신행자가 나는 지금 『반야심경』을 강의하고 있다 생각하면 그 순간 『반야심경』의 해설을 혼란스럽게 되고 그 흔히 암송하던 경구에 대한 사고의 흐름과 맥락이 깨어지고 마는 경험을 우리는 가지고 있습니다. 이와는 달리 강의 속에서 스스로를 잊어버린다면 좋고 알맞은 컨디션을 갖게 되며 최고의 명 강의를 하게 될 것입니다. 어떠한 장르이던 삼매상태에서 가장 훌륭한 표현을 하게 될 것입니다.

언제 자기 자신의 행위에 집중하고 통찰하라는 세존의 설법은 바로 현재 이 순간에 살고 현재의 행위를 벗어나지 말고 행위 속에서 살라는 가르침입니다. 선적인 방법도 역시 선의 초조인 세존의 가르침에 뿌리를 두고 있는 것입니다.

마지막으로 세존에게 한 외도가 어찌서 저들은 하루에 한 끼만 공양하면서 저렇게 검박하고 담담하며 얼굴이 환희에 차 밝을 수 있는가 하는 질문에 다음과 같이 대답을 하였습니다.

"저들은 과거를 후회치 않으며, 미래를 가꾸지도 않는다. 그들은 하나 같이 현재에 살 뿐, 하여 저들의 얼굴이 환한 것이다. 과거를 후회하는 사람들은 잘려진 갈대가 되어 햇빛에 말라 갈 것이다."

(3) 감정을 배제하는 명상법

감정이란 원래 행복하거나 불행하거나 행복하지도 불행하지도 않는 것과 관련된 것입니다. 우리는 슬픈 감정을 가지면 침울해지고, 침울해지는 속에 있으면 우리는 왜 불행해져 있는지 스스로도 모르는 경우가 있습니다. 이것을 벗어나는 것은 당초 불행하다는 생각을 하지 말아야 하고 불행의 느낌을 갖지 않는 것이 중요합니다. 자꾸 불행하다는 생각에 젖어 걱정거리를 만들지 말아야 합니다. 그리고 불행의 감정이 어디서부터 왔는지를 명백히 원인을 밝히는 것이 중요합니다. 이것은 주관적인 슬픔을 막고 객관적인 입장에서 살펴보아야 합니다. 슬픔과 걱정, 불행을 배제하고 오직 순수한 한 감각으로 그 본체를 통찰해 보아야 합니다. 내가 쌓아온 통념이나 덧쌓인 관념을 뱉어내고 불행의 본질, 불행의 발생원인과 소멸 방법을 알게 되면 마음이 편안해지고 그 매임에 초월하고 자유로워집니다.

세존의 사성제四聖諦의 가르침, 고苦·집集·멸滅·도道, 즉 괴로움과 괴로움의 원인, 괴로움의 소멸과 괴로움의 소멸방도가 이것입니다.

(4) 스스로를 들여다보는 명상법

마음을 들여다보는 데는 무념무상無念無想이어야 합니다. 즉 시 / 비 선 / 악 애 / 증 등의 상대되는 개념을 판별하거나 차별을 두어서는 안 됩니다. 거울 속의 자기를 보듯 마음의 거울을 보아야 합니다. 단지 면밀히 관찰하고 살피는 것이 무엇보다 중요합니다. 판단을 쫓지 말고 오직 탐구자가 되어야 합니다. 흔히 스스로의 마음을 살피는데, 나는 그럴 필요가 없다는 막무가내莫無可奈식의 용기는 쓸데가 없는 만용일 뿐입니다. 보다 담담하고 담대하게 마음을 들여다보아야 합니다. 스스로가 옳고 그름을 판별하는 판관이 되어서는 안 됩니다. 이렇게 순수하게 마음을 관찰하므로 우리의 마음, 그 본질에 닿을 때, 스스로 일어나는 마음의 쓰임인 희노애락애오욕喜怒哀樂愛惡欲에 있어서 진지해지고 초연해지며 냉정하게 됩니다. 이렇게 될 때 사물에 대해 여시如是하게 있는 그대로를 보게 됩니다. 상황이 슬프거나 화났을 때, 나의 마음을 투명하고 냉정하게 바라보았을 때, 화난 자기 자신의 마음을 주시했을 때, 스스로가 부끄러워 질 것입니다. '내가 왜 이러지?' 별일도 아닌 것을 가지고 생각이 여기에 닿는 순간, 곧 자기 자신의 화난 마음, 슬픈 마음 등이 평정을 찾게 될 것입니다.

(5) 한 가지 명제에 정신집중하여 그 근본을 명상하는 법

젊은 싯달타가 궁을 떠날 때, 늙고 병들은 고뇌의 찬 사람들을 보고 '왜 일체만물은 태어나서 늙어가고 병들어 죽는가生老病死' 하는 깊은 의심을 가지고 가빌라성을 나서 출가하게 됩니다. 이렇게 형성된 일체개고一切皆苦 제행무상諸行無常 제법무아諸法無我 열반적정涅槃寂靜인 사법인四法印으로부터 연기설緣起說이 나타나고 이것을 관하므로 법안法眼이 갖추게 됩니다. 무엇을 어떻게 관하느냐를 초기경전을 통하여 살펴보면 싯달타는 보리수 아래에서 연기를 관하므로 깨달음을 얻어 붓다가 되었다고 기록되어 있습니다.

그럼 불교나 불교적 명상 혹은 선적 명상의 주 내용인 연기란 무엇인가?

이 연기는 우리 삶의 배면에 깔린 근본적인 철리로서 석가세존이 태어나든 태어나지 안했든 관계가 없이 절대적인 사실이라고 초기 경전들은 말합니다.[29] 석가세존의 45년 일생은 모두 연기설의 응용이고 연기설에 의해 깨친 무아, 무아행이라 할 수 있습니다.

오랜 고행 끝에 내적 자증自證인 연기법을 '일어남生起' 순관과 '없어짐止滅'의 역관을 통하여 진리의 눈을 갖추게 됨은 근본불경 여러 곳에 나타납니다. 연기는 '말미암아 일어남', '인연하여 일어남', '이것과 저것이 관계를 맺어 현상계의 존재방식'입니다. 따라서 연기는 보편성과 타당성을 갖춘 진리, 법Dhamma이란 말로 표현되어 집니다.

> 연기를 보는 자는 법을 보고, 법을 보는 자는 연기를 본다.
>
> 若見緣起 便見法 若見法 便見緣起
>
> — 『중아함경』 권12 「象跡喩經」 · 팔리어 『중부경』 권38 「대상유적경」

---

29 『잡아함경』 12권 「296경」 '若不出世 若未出世 此法常住 法住法界' 팔리어 『상응부경전』 권12 「20경」. '연기의 법은 여래가 출세하거나 출세하지 않거나 변함없이 상주하는 법계이며 법주法住 법결정法決定의 것이다.'

그리고 『요본생사경了本生死經』에도 '비구가 연기를 보면 법을 보게 되고 법을 정견하면 나를 본다'는 경구가 나옵니다.

연기법은 사람의 근기에 따라 여러 가지 형태로 경전에 설해지고 있습니다. 2항목의 연기를 비롯하여 그 항목이 3개, 4개, 8개, 10, 11항목, 12항목의 연기 등 다양하게 설해지고 있습니다. 가령 사성제 역시 2개 항목으로 된 연기설입니다. 그리고 『화엄경』에 보이는 중중무진연기重重無盡緣起는 일체에 상황과 일체의 순간, 마치 한없는 프리즘 각에 한 알의 모래가 상즉상입相卽相入하는 연기를 말합니다. 그러나 어떤 연기설이라도 단순한 생멸의 변화 현상에 관한 것보다도 생멸현상을 통하여 인간의 근본 고뇌가 어떤 조건에 의하여 원인이 생겨나고 어떻게 하여 없어지는가 하는데 있는 것입니다.

일반적으로 연기는 앞장에서 상술한 '이것이 있으므로 저것이 있고'라는 12연기,[30] 12항목의 연기를 말하며 처음 원인으로 나타나 점점

---

30 일반적으로 12연기는 연기법의 대표적인 것이다. 『잡아함경』에 있는 한역 12인연을 소개한다.
"그때 세존은 여러 비구들에게 말씀하셨다.
나는 지금 마땅히 인연법因緣法과 연생법緣生法을 말하고자 한다. 인연법이란? '이것이 있으므로 저것이 있는 것이다. 무명으로 연하여 행行이 있으며 행을 연하여 식識이 있으며, 그리하여 '순수한 큰 괴로움의 무리順 大苦聚'가 모인다. 어떤 것이 연생법인가? 무명이 지워짐을 말한다. 부처님이 세상에 나오거나 부처님이 세상에 나오지 않거나 이법은 늘 머물며 법은 법계에 머무는 것이다. 그것을 여래가 깨달아서 등정각等正覺을 이루고 사람들을 위해 열어 보이고 밝히니, 무명을 연하여 행이 있고 내지 생生을 연하여 노老 사死가 있다고 하는 것이다. 부처님이 세상에 나오거나 부처가 세상에 나오지 않거나 이 법은 늘 머물러 법은 법계에 머무는 것이다. 그것은 여래가 스스로 깨달아 등정각을 이루고 사람들을 위해 설하여 열어 보이고 밝히니, 생을 연하므로 노병사우비뇌고老病死憂悲惱苦가 있는 것이다. 이들 모든 법은, 법이 머무르며 법이 공하며 법이 여여如如하며 법이 그러하며 법이 여여함을 떠나지 아니하며, 법은 여여와 다르지 않고 참으로 진실하여 뒤바뀌지 아니한다. 이와같이 연기에 수순하는 것을 연생법이라 한다."(『잡아함경』 12권)
12연기 : ① 무명無明 : 명明이 없음. 명은 반야 즉 지혜. ② 행行 : 행위, 혹은 행의 집적集積. ③ 식識 : 인식판단의 의식작용과 인식판단의 주체로서의 식을 말함. ④ 명색名色 : 안이비설신

생기生起되어 가는 곧 악화되어 가는 연기를 유전연기流轉緣起라 하며 순관順觀 한다고 하고 지멸止滅되어 본래자리로 돌아오는 연기를 환멸연기還滅緣起라 하며 역관逆觀에 의한 것입니다.

정리하면 12연기는 무명無明으로 연緣하여 그릇된 사유나 행동에 의한 결과입니다. 심리적이나 생리적 입장에서 추적해온 것이 12연기라 볼 수 있습니다. 생기하는 유전연기의 경우는 무명이나 갈애渴愛가 원인이 되어 옳지 못한 것들이 쌓이게 되므로 자연 어긋난 욕구나 행동이 일어나 불안과 고뇌가 생겨남을 심리적 생리적인 조건을 통찰하여 설명한 것이라 볼 수 있습니다. 이것을 노사老死에서부터 역관하므로 무명에 이르게 되고 이 무명은 무명으로부터 일어난 그릇된 행行이나 그릇된 행에서 생겨난 식識의 작용이 없어지게 되듯이 끝내 무명은 환멸하므로 명明의 본 자리가 됩니다.

그럼 깨친 성자聖者는 행行, 식識, 명색名色, 육처六處, 촉觸, 수受, 애愛, 취取, 유有, 생生, 노사老死를 가지고 있지 않는 것이 아닌가? 그렇다면 성자는 무엇으로 오온을 지탱하는가?

밝고 투명한 성자는 무명을 동반하지 않는 행, 식, 명색, 육처, 촉, 수, 애, 취, 유, 생, 노사가 있을 뿐이지 않는가.

석가세존에 의해 발견된 연기법은 이러한 12연기 혹은 『화엄경』에

의眼耳鼻舌身意 육식六識과 대경이 되는 색성향미촉법色聲香味觸法의 육경六境 곧 일체의 존재와 비존재를 말한다. 곧 물질色 정신名이다. ⑤ 육처六處: 안이비설신의 육근六根. ⑥ 촉觸: 여기 촉은 6식과 6경과 6근이 서로 접촉을 말한다. ⑦ 수受: 식과 경, 근이 서로 화합하여 나오는 고와 낙 등의 감수작용. ⑧ 애愛: 갈애渴愛, 목마른 자가 물을 찾는 것과 같은 열애. ⑨ 취取: 취착取着, 곧 취사선택을 행동으로 함. ⑩ 유有: 존재. 존재의 미래를 규정하는 소질·요인이 있음. ⑪ 생生: 유에 의지하여 생이 있으며, 이것은 순간순간 나타나는 존재의 발생임. ⑫ 노사老死: 생에 연하여 노사와 같은 각가지 고苦가 생김.

기록된 거듭거듭 다함이 없는 중중무진연기重重無盡緣起와 같은 끝없는 명상에 의해 '연기심심緣起甚深'을 갈파하였습니다. 이것이 바로 중도, 무아, 공으로 변주된 법을 밝혀 자내증自內證한 전성전일全性全一의 본체라 해도 한 겹 막힌 것일 뿐이라 말하는 자리입니다.

2) 조사선의 발전과 5가 7종이란?

보리 달마Bodhi Dharma, 菩提達摩를 초조로 하는 초기 선종은 6세기 초, 북위시대 인도의 승려 보리 달마가 중국으로 들어옴으로부터 시작된 것입니다. 달마로부터 근원을 찾을 수 있는 초기 선종의 성립은 9세기 초로 볼 수 있고 당나라 중기 무렵 선의 6조 혜능의 법손인 마조 도일과 석두 희천의 제자들에 의해서 조사선이 완성되어졌다고 볼 수 있습니다. 수나라와 만당이전의 교학 중심의 불교가 낙양 장안을 중심으로 하는 귀족불교로 일어났고, 선종은 불교 제 종파 중 가장 늦게 출발합니다. 그들은 수선과 노동에 힘쓰면서 자급자족으로 일상생활화한 실천불교로 자리를 잡게 됩니다. 기주 쌍봉산과 소주 조계, 강서, 호남 등의 지방 산사에서 일어난 대중적이고 실천적인 불교운동입니다. 중국 선의 초조인 달마-혜가-승찬-도신-홍인-혜능으로 이어지는 조사선은 그의 법손인 마조나 석두에 이르러 크게 흥성하고, 선종의 종단은 백장에 의해 내규인 「백장청규」는 현실적인 조사선의 생활규범으로 인도의 근본불교와 부파불교에 이어 대승불교정신의 총화로 만들어진 것입니다. 반드시 노동을 청하는 보청普請은 백장의 '일일불작 일일불식一日不作 一日不食'이라는 유명한 구절은 청규를 통한 계율정신의 발로라 할 것입니다. 이로 인하여 선종의 승단은 점차 새로운 생활불교 생활종교로서 전통이 확립되며 조사선의 발전을 보게 됩니다.

보리 달마는 석가세존의 선법을 이은 28대 조사로 숭산 소림사에서 혜가에게 인가합니다. 그리고 승찬 도신 홍인을 거쳐 6대에 이르러 조사선의 중흥조인 혜능을 탄생시키게 됩니다. 중국의 조사선은 6조 혜능에 이르러 크게 발전을 하며 그의 법손인 마조 도일의 법손들에 의해 위앙종과 임제종이 탄생되고 석두 희천의 법손들에 의해 조동종 운문종 법안종에 성립되어 5가를 형성됩니다. 그리고 임제종에 다시 황룡파와 양기파가 형성되어 중국 불교는 5가 7종의 선의 황금시대가 전개되어집니다.

3) 선종 5가 7종의 종파란?

달마조사에 의해 인도의 명상법인 드야나가 선나로 한역되고 선으로 줄어들며 차츰 퍼지게 됩니다. 달마가 처음 인가한 혜가에게 수선법과 『능가경』[31]을 전하게 됩니다. 때문에 초기선종은 능가종이라 불

31 『능가경』은 구나발타라劉宋譯, 433와 보리유지魏譯, 513, 실차난타唐, 700~704의 한역이 있음. 달마는 구나발타라의 역인 『능가경』을 선의 심요로 2조 혜가에게 전했다. 그 후 초기의 선종을 『능가경』을 소의경전으로 한 능가종이라 불리었다. 능가란 이름이 석가세존이 능가산에서 설법한 까닭에 부친 이름이다. 『능가경』에서 보이는 불설일자不說一字와 지월指月의 경구는 뒷날 선가에서 일자불설一字不說과 달과 손가락의 선화는 남종선에서 주장하는 불입문자 교외별전의 사상적 근거가 된다. 선에 관해서는 우부소행선愚夫所行禪 · 관찰의선觀察義禪 · 반연여선攀緣如禪 · 여래선如來禪을 설하고 있다.

리게 된 것입니다. 후대에 이르러는 『능가경』과 같이 『화엄경』과 『반야경』을 중히 여겼습니다. 돈황석굴에서 발견된 『능가사자기』에 의하면 구나발타라에서 보리 달마에게 전해지고 혜가에게 전해진 『능가경』은 홍인을 거쳐 7대 신수에게로 전해지고 8대인 숭산 보적에 이르러 선종사에서 사라지게 됩니다.

또 4조 도신의 제자인 우두 법융에 의해 이름을 얻은 우두종은 7대 경산 도흠과 8대 작소 도림에서 후손이 끊기게 됩니다. 중국 선의 결정적 발흥은 혜능이 나타나고부터라 할 것입니다.

5조 홍인의 많은 제자들 가운데 특히 남쪽에 법석을 폈던 혜능과 북쪽 중앙에 법석을 폈던 신수로 대별된다 하겠습니다. 학자에 따라 남쪽 호남 강서에 자리 잡았던 혜능은 선수행에서 단박에 깨닫는 돈오를 주창했으므로 돈오선, 혹은 남종선이라 불리어졌습니다. 그리고 중앙인 낙양과 장안에 법을 폈던 신수는 수행을 하되 점차적으로 깨달음을 주창하는 점오선을 폈는데 그 지역이 북쪽이었기에 북종선이라 이름을 얻게 되었습니다. 세월이 흐름에 따라 북종선의 신수계는 역사에 묻히게 되고 남종선의 혜능선이 중국천하를 뒤덮게 됩니다.[32] 이것이 5가 7종이라 부릅니다. 그사이 많은 선장들의 가풍에 따라 마조선(홍주종)이니 하고 그 넓이와 높이와 깊이에 어울리는 종과 선이 나타나게 됩니다. 이 모든 것은 조사선이 가풍에 따라 보여줌이고 선을 보는 수

---

32 돈황석굴에서 발견된 『능가사자기』에서는 능가종의 초조를 구나발타라–2, 달마–3, 혜가–4, 승찬–5, 도신–6, 홍인–7, 신수–8, 보적으로 계승된다. 그러나 혜능계의 남종선에 흡수되어 역사상 사라진다. 중인도 승려인 구나발타라가 한역한 『능가경』을 달마가 혜가에게 주었기에 능가종이라 했으며, 홍인 대에 이르러서는 『반야경』과 『화엄경』도 많이 읽히며 『능가경』이 소의경에서 멀어진다.

선자의 본래마음자리에서 기인함이 아니고 선의 높낮이에 관한 것은 아니라 봅니다.

4) 돈 · 점의 시발점과 돈 · 점을 서로 주장하는 이유

돈頓 · 점漸의 문제는 오랜 세월동안 내려오는 어려운 문제입니다. 이 문제의 발단이 되는 『잡아함경』의 한 경을 찾아 인용하며 살피고자 합니다.

> 수달 장자가 부처님께 머리를 조아리고 여쭈었다.
>
> "세존이시여, 이 사성제는 점차로 알게 됩니까? 한꺼번에 알게 됩니까?
>
> 부처님께서 장자에게 말씀하셨다.
>
> "만약 어떤 사람이 '괴로움苦聖諦에 대하여 아직 밝게 알지 못하면서도 저 괴로움의 원인의 진리集聖諦, 괴로움이 멸하는 진리滅聖諦, 괴로움의 멸하는 길의 진리道聖諦를 밝게 안다고 하면 그 말을 맞지 않는 거다. 왜냐하면, 만일 고성제에 대하여 밝게 알지 못하면서 집성제, 멸성제, 도성제를 밝게 알고자 하면 그럴 이치가 없기 때문이다. (…중략…) 따라서 장자여, 사성제에 대하여 아직 밝게 알지 못하였으면 마땅히 힘써 방편으로써 왕성한 욕심을 일으켜 밝게 알기를 배워야 한다.
>
> —『잡아함경』 16권 435 「수달경」

위와 같이 석가세존은 사성제를 설하는데 점漸을 드러내고 있습니다. 그러나 『잡아함경』 「능단일법경能斷一法經」 같은 경에서는 돈頓을 설하고 계십니다.

> 그때에 세존께서는 여러 비구들에게 말씀하셨다.
>
> "만일 어떤 비구로서 능히 한 법을 끊은 사람은 곧 바른 지혜를 얻어 스스로 나의 생은 이미 다하고, 범행梵行은 이미 서고, 할 일은 이미 마쳐, 다시 후세에 몸을 받지 않는 줄을 스스로 안다고 답할 것이다."
>
> 비구들은 부처님께 여쭈었다.
>
> "세존께서는 법의 근본이시고 법의 눈이시며 법의 의지이십니다. 원합니다. 세존께서는 설하여 주소서. 모든 비구들은 그 말씀을 들으면 마땅히 받아 받들어 행하겠습니다."
>
> 부처님께서는 비구들에게 말씀하셨다.
>
> "자세히 듣고 생각하여라. 비구들이여 어떤 **한 법을 끊으면** (…중략…) 내지 후세에 몸을 받지 않겠는가.
>
> 이른바 무명이다. 욕심을 떠나 밝음이 생기면 그는 바른 지혜를 얻어 능히 스스로 나의 생을 다하고, 범행은 이미 서고, 할 일은 이미 마쳐 다시는 후세의 몸을 받지 않는 줄을 스스로 안다고 말할 수 있다."
>
> —『잡아함경』 8권 202 「능단일법경」

앞 「수달경」에서는 '사성제에 대하여 아직 밝게 알지 못하였으면 마땅히 힘써 방편으로써 왕성한 욕심을 일으켜 밝게 알기를 배워야 한다'는 점오를 말하고 있으며, 다음 「능단일법경」에서는 돈을 설하고 있습니다. 결국 깨달음悟은 점과 돈으로 분화되고, 점·돈은 다시 종적구조로 새기면 이해解와 증득證으로 나타나며, 해와 증은 해오와 증오로 전개되고 있음을 알 수 있습니다. 근본불전에서는 닦음修과 끊음斷과 함께 돈점문제가 점은 수修와 해解, 돈은 단斷, 증證으로 이어지게 됩니다.

석가세존께서는 청법자의 근기에 맞추어 대기설법對機說法 즉 차제설법次第說法을 하였습니다. 세존의 외적 가르침인 사성제를 명확히 알지 못한 사람들은 괴로움과 괴로움을 원인을 명징하게 알므로 멸인 열반으로 가는 길을 밝혀 알고 그리하여 괴로움의 멸인 열반에 듦은 차제를 통하여 차츰 수행하기 때문에 점오漸悟라 말합니다. 이것은 분명 점차적으로 사성제를 차례로 닦고 그곳에 이르기를 설한다고 볼 수 있습니다.

다음 「능단일법경」에서 '한 번 끊으면斷 무명의 세계를 끊고, 밝음의 세계인 명, 우리의 본질인 세계에 듦은, 무명에 의한 나의 생은 마쳐지고 모든 행위는 여시하게 이루어지며 무명의 삶은 마쳐지고 다시는 무명에 의해 다음의 몸을 받지 않게 된다는 것을 스스로 알게 된다고 했습니다. 이제 그는 명을 투철히 볼 수 있는 지혜는 무명에 의해 받은 금생을 마감하며 바로 인간으로 몸을 받지 않음을 스스로 안다하는 것은 무엇인가? 이것은 돈오돈수, 몰록, 깨닫게 되면 바로 닦음도 그대로 완성됨을 안다고 해석되어집니다. 이 앎은 밖과 안이 명철하므로 돈오돈수 되어 지혜에 의해 스스로 증지證智된다고 말하는 것입니다.

그리고 『잡아함경』 15권에는 사제四諦를 각각 해解・단斷・증證・수修라고 말합니다.

> 고성제는 마땅히 해解로 알아야 하고 집성제는 마땅히 단斷으로 알아야 하며 고멸성제는 증證임을 알아야 하고 고멸도흔적의 성제는 마땅히 수修

로 알아야 한다.

於苦聖諦 當知當解 於集聖諦 當知當斷 於苦滅聖諦 當知當證 於苦滅道跡聖諦 當知當修

—『잡아함경』 15권 「382경」

위의 경문을 사제현관四諦現觀에 대한 돈・점, 둘로 나눔은 해・단・증・수의 계열에 대한 돈・점의 문제로 전개된다. 나아가 해解・증證을 해오解悟와 증오證悟의 관점에서 파악해서 오悟의 개념으로 묶을 수 있다면, 결국 오悟・수修에서는 돈・점 의 문제로 정착된다.[33]

이 돈오와 점오는 부파불교시대에 들어와서는 여러 논사에 의해 많은 논변을 낳았습니다. 중국 남북조 시대 달마에 의해 선불교가 서래 후, 오조 홍인의 양 고족인 혜능과 신수에 의해 돈오선과 점오선의 논쟁을 맞게 됩니다. 장안과 낙양 등 북쪽 수도 지역에 전도된 점오선을 북종선이라 말하고 호남이나 강서지역에 발흥된 남종선은 돈오를 주창하므로 돈오선이라 말합니다.

33 최봉수, 「원시불교에서의 悟의 구조」, 『깨달음, 돈오점수인가 돈오돈수인가』, 민족사, 1992, 31~32쪽.

질문 3. 조사선의 계보

달마가 서래하며 인도의 드야나가 중국으로 전래됩니다. 초기 선은 달마에서 6조 혜능이 등장하기 전 까지 중국의 사상들과 격의되며, 선장의 선풍에 따라 분파가 생기기도 하며, 4조 도신과 5조 홍인 대에 이르러 차츰 자리를 잡게 됩니다. 홍인의 제자 신수와 혜능에 의해 북종선 과 남종선으로 분화되며, 돈 · 점의 논쟁을 거쳐 조사선이 크게 알려지고 혜능의 법손들에 의해 남종선이 조사선의 본류로 우뚝하게 솟게 됨을 읽은 적이 있습니다.

혜능의 법손인 5가 7종의 계보와 조사선의 선화와 선풍을 아울러 말씀해 주기 바랍니다. 이어 우리나라 보조에 대한 성철의 비판과 보조선의 의의와 성철선의 주장도 알고 싶습니다.

1) 조사선이란 무엇인가? 조사선의 계보

선의 원류는 멀리는 석가세존으로부터 시작됩니다. 석가모니께서 이심전심으로 삼처전심三處傳心[34]하므로 선을 마하 가섭에게 전법을 하신 후, 전등되어 28대 보리 달마에 이르게 됩니다. 달마가 양梁 무제

34 세 곳에서 석가께서 큰 제자 가섭에게 마음과 마음으로 법을 전한 것을 말함. 첫째 영산회상靈山會上 염화미소拈花微笑, 둘째 다자탑전多子塔前 분반좌分半座, 셋째 쌍림수하雙林樹下 곽부쌍시槨趺雙示를 말한다. 즉 영산법회에서 꽃을 듦, 다자탑 앞에서 법석을 나누어 앉음, 열반 후 가섭이 돌아오자 곽 밖으로 발을 내어 보임, 을 말한다.

때, 중국으로 들어와 당시 불심천자佛心天子라 불리던 무제와 선문답[35]을 하고 뜻이 통하지 않자, 양자강을 건너 위魏나라 숭산으로 들어가 소림굴에서 면벽 9년을 합니다. 당시 낙양에 신광이라는 수행승이 있었는데, 소림굴로 달마를 찾아가 불법을 구하게 됩니다. 그러나 달마는 오직 면벽좌선만 하였고, 그때 눈이 쌓여 허리까지 묻혀도 미동도 없이 오직 법을 구하니, 달마는 드디어 9년 침묵을 깨고 말했습니다. "부처님의 도는 오랜 세월 동안 몸과 목숨을 아끼지 않고 정진하여 갖은 고초를 겪어도 되지 않는데, 어찌 가벼운 마음으로 도를 구하려 하는가?" 하니, 신광은 계도를 뽑아 바로 왼팔을 잘라 굳은 신심을 보이자 달마가 입실을 허락하게 됩니다.[36] 신광은 달마로부터 혜가란 법명을 얻고 법을 받아 2조가 되고, 이어 『신심명』으로 유명한 승찬이 3조, 4조 도신 5조 홍인으로 법이 전등되지요. 도신은 홍인 외, 우두 법융과 신라 법랑을 전법하니 법융은 우두종의 파조가 되고 법랑은 우리나라에 선법을 처음 가지고 온 선장입니다. 특기할 것은 기주 황매현 빙무산에 서쪽에 도신이 오랫동안 법을 폈습니다. 그리고 동쪽엔 홍인이 법을 폈으므로 동산법문이라는 이름을 얻게 됩니다. 달마에서 4조 도신에 이르기 까지 안심법문安心法門은 순박하고 직절直截한 말 한마디

35 양무제가 달마에게 물었다. "무엇이 불교의 성스러운 진리입니까?" 달마가 대답했다. "휑하게 비어 있어 성스럽다고 말할 것조차 없소.廓然無聖" 무제가 다그쳤다. "그럼, 짐의 앞에 있는 분은 누구요." "모르겠소.不識" 달마는 한 마디로 일축했다. 무제는 끝내 달마의 말을 알아듣지 못했다.(『벽암록』 1칙)

36 신광 혜가가 달마에게 물었다.
"저의 마음은 아직 편치 않습니다. 스님 자비를 베풀어 저의 마음을 편하게 해주십시오." "그래 그럼 너의 그 편치 않은 마음 이리 가져오너라. 내 너의 마음을 편케 해주마." "마음을 아무리 찾아도 찾을 수 없습니다. 이 마음을 어떻게 받칠 수 있습니까?" "마음은 본래 얻을 수 없는 거다. 내가 이미 네 마음을 편안케 했다." 이에 혜가는 언하에 깨닫고 안심입명安心立命하였다.

에 바로 자신을 찾습니다.[37]

그러나 도신에서 5조 홍인에게 얻을 때는 약간 다른 면이 있습니다. 4조 도신이 황매산 길에서 우연히 골격이 범상치 않는 한 소년을 만났는데, 한 눈에 법기가 됨직하여 말을 건네게 됩니다. "얘야 너의 성명이 뭐냐?" "제 성명 말입니까, 그것 말고 제게는 본성이 있는데요. 그 본성은 정해진 성이 없습니다." "본성, 그래 그건 어떤 성이냐?" "그걸 억지로 이름을 붙이자면 불성佛性입니다." "그렇다면 네 성명은 무엇이냐?" "본성은 본래 공空이며 성명은 무無입니다." 이 소년이 5조 홍인大滿弘忍, 602~675입니다.

홍인 문하에 많은 고족들이 출생합니다. 제자로는 북종 신수, 남종 혜능, 자주 지선, 숭악 혜안, 숭산 법여, 안주 현색 등 뛰어 났습니다. 특히 혜능의 법을 사승嗣承한 제자가 43인이나 되고 그 외 출중한 선장들을 무수히 낳으니 선문이 크게 번창하게 됩니다. 혜능의 고족으로는 청원 행사와 남악 회양, 하택 신회, 남양 혜충 등이 있습니다. 행사와 회양의 법손들이 오늘날 까지 이어져 세계의 사상계를 강타하니 실로

---

37 3조 승찬이 혜가를 만나 참문한 것은 이와 같다.
"저는 숙세의 죄업으로 불치병을 앓고 있습니다. 원컨대 화상께서 자비를 베푸사 죄장참회罪障懺悔의 법으로써 이 목숨을 구하여 주십시오?" "그래 그렇다면 그 죄업 이리 내놓아 보게. 내가 너의 죄업을 소멸시켜 주마." "죄를 찾으려야 찾을 수 없습니다." "죄를 찾으려고 해도 찾을 수 없으니 어떻게 꺼내야 합니까?" "그래 죄를 찾으려야 찾을 수 없다. 내 이제 너의 죄를 참하여 마쳤다."
4조 도신의 선화도 이와 같다.
도신이 13세 어린 사미로 있을 때, 삼조를 방문하여 지성으로 가르침을 간청하였다.
"넌 대체 나한테 무엇을 가르쳐 달라고 하나?" "스님, 자비를 내려서 저에게 인생의 고뇌 속에서 해탈하는 묘법을 가르쳐 주십시오?" "해탈이라니 누가 너를 잡아매었느냐?" "아무도 저를 잡아 맨 사람이 없습니다." "잡아매지 않았는데 다시 무슨 해탈을 구하고자 하는가."
"스님, 정말 정말 감사합니다."
여기서 우리가 얻을 수 있는 것은 조사선 진풍을 명명백백하고 요연하게 깨닫는다. 또 무엇이 있는가.

놀라운 일이라 하겠습니다. 청원으로부터 석두 희천이 탄생되고 석두에서 약산 유엄, 운암 담성을 지나 동산 양개가 출생하니 바로 조동종의 개산조입니다. 석두는 천황 도오를 낳고 천황은 설봉 의존이 낳고, 설봉에서 운문 문언이 나와 운문종을 열고, 운문의 사제 현사 사비의 법손인 법안 문익이 법안종을 개산하니 청원의 법손들에서 조동종, 운문종, 법안종이 출현하게 됩니다.

혜능 문하에 동문 사제인 남악문하에는 마조 도일, 백장 회해를 거쳐 백장 하에 위산 영우와 황벽 희운이 출생하니 위산은 제자 앙산과 같이 위앙종을 열고, 황벽을 이은 임제 의현이 임제종을 창종하므로 당나라 말기와 오대五代에 5가 선문이 번창하게 됩니다.

그리고 송나라에 접어들어 임제의 법통, 자명 초원의 제자 양기 방회와 황룡 혜남이 출생하여 양기파와 황룡파가 나오면서 7종이 됩니다.

2) 북종선과 남종선의 분화 이유와 기준

5조 홍인의 고족인 혜능六祖慧能, 638~713과 신수大通神秀, 606~706에 의해 선이 수선만으로 그치는 것이 아니라 남돈북점南頓北漸이란 말과 남능북수南能北秀라는 말로 자리 잡듯이 선이 학문적 논리적 그리고 사상적으로 확대 발전되어 집니다. 초기의 선인 달마에서 홍인에 이르는 수행에 의한 선이 홍인 이후에 남종의 혜능에 의한 돈오선과 북종 신수의 점오선으로 분화되며 중국 선종은 새로운 전개가 되어집니다.

(1) 남종의 혜능

남종과 북종이 분화되는 과정은 『육조단경』을 살펴보는 것이 가장 쉽게 이해시키는 키가 됩니다. 다음의 시를 선시의 기원인 동시에 남돈북점으로 갈라지는 분기점이 됩니다.

몸은 보리수	身是菩提樹
마음은 명경대	心如明鏡臺
때때로 부지런히 털고 닦아	時時勤拂拭
티끌 끼지 않도록 하라	莫遣有塵埃

— 대통 신수

깨달음에 본래 나무 없고	菩提本無樹
거울 역시 대가 아니니	明鏡亦非臺
본래 한 물건도 없는데	本來無一物
어디에 먼지 일어나리오[38]	何處惹塵埃

— 육조 혜능

38 신수와 혜능의 시법시와 자성게는 『경덕전등록』 권3, 『조당집』 권2, 『법보단경』 「오법전의」 제1 참조.
6조 혜능638~713의 단상의 말씀을 단경壇經이라 할 만큼 그가 선종사에 미친 영향은 절대적이다. 6조의 남종 돈오선은 중국 불교를 넘어 정치, 문화, 예술 전 분야를 뒤덮고 우리나라, 일본, 서구에 미쳐 전세계화되고 있다. 찬란한 당대의 5종(임제종, 운문종, 위앙종, 조동종, 법안종)과 송대에 이르러 다시 임제종이 양기, 황룡 2파로 나뉘어져 드디어 '중국 불교는 선에 있다'는 말이 생기게 된다.

위의 신수의 시는 '만법이 실재하고 일체 상이 비어 있지 않기에 우리의 몸은 성불할 수 있다. 또 마음은 거울같이 맑고 고요하지만 온갖 상념에 사로잡혀 오염되었으므로 닦고 털고 티끌이 끼지 않도록 하면 근원이 드러난다'고 노래했습니다. 그러므로 '늘 부지런히 수도하여 마음에 때가 끼지 않도록 하라'는 내용입니다.

그러나 혜능의 자성게는 일체 만상은 모두 비어 있음을 갈파합니다. 불법의 본체는 본래 보리가 아니며 청정과 오염이라는 양변의 견해는 깨달음이 아닙니다. 따라서 모든 것이 허상이며 가유假有인 까닭에 "깨달음에 본래 나무가 없고 거울 역시 대가 아니다." 이러한 절대현재 참 사람에 이르면 수행도 없고, 수행이 없으니 따로 먼지와 때를 닦을 필요가 당연 없지 않은가. 그런 까닭에 "본래 한 물건도 없는데 어디에 먼지 일어나리오"라고 노래합니다.

신수의 게송에서 "신시보리수身是菩提樹"라는 말은 '마음과 색을 모두 여의면 아무것도 없다'라는 의미고, "때때로 부지런히 털고 닦아時時勤拂拭 / 티끌 끼지 않도록 하라莫遣有塵埃" 이것은 수양을 함으로 점차 깨달음을 이룬다는 점오사상이어서 신수는 점오를 주장하였다하여 북부지방에 세력이 분포되어 북점北漸이라 부르게 됩니다. 그러나 혜능은 "보리본무수菩提本無樹 명경역비대明鏡亦非臺"에서 읽히는 것 같이 '보리란 나무가 본래 없고 명경은 또한 대가 아니다'란 의미는 '보리는 이름이고 거울 역시 그 이름이 명경일 뿐'이며 마음이 참으로 돌아가면 만법이 모두 비어있음을 노래합니다. 신수와 혜능의 깨달음의 경지가 자연 드러납니다. 이로써 혜능이 남쪽에서 교화를 했으므로 남돈南頓이라 칭하게 되었습니다.

일찍이 아버지를 여의고 홀어머니 슬하에서 자란 혜능은 638년에 광동성 영남에서 노씨 가문에 태어났습니다. 너무 가난하여 글자를 깨칠 기회조차 없었던 그는 청년시절 시장에다 땔나무를 팔아 어머니와 생계를 꾸렸습니다. 어느 날 우연히 어떤 사람이 읽는 『금강경』 독경 소리 "머무는 바 없이 마음이 난다應無所住 而生其心"를 듣고 바로 그 글뜻을 알았으며, 엄습하는 황홀함과 빛남에 가득찬 혜능은 이 경전의 말씀을 베푸는 곳이 하북 황매산 5조 홍인임을 알게 됩니다. 많은 일들은 필연을 동반한 우연으로 나타납니다. 중국 역사상 지대한 영향을 준 몇몇 천재들 가운데 한 사람인 혜능 역시 우연의 일치로 멀리 하북 황매현 빙무산(별칭 동산)을 찾아 들게 됩니다. 오조 홍인弘忍, 601~678은 그를 보자

"그대는 어디서 왔는가, 무엇을 원하는가?" 물었다.

"제자는 영남 신주에 사는 백성입니다. 스님께 이렇게 참배 드림은 오직 부처되기를 원할 뿐입니다." 홍인은 투박하며 진솔한 참배자에 마음이 움직여 짐짓 떠보는 말로 묻는다.

"그대는 영남사람이니 오랑캐로군. 그런 주제에 어떻게 부처가 된다는 말인가?"

이 핀잔에 대하여 혜능은 침착하며 알맞은 대답을 드린다.

"사람에게는 남북이 있겠습니다만 불성에 어찌 남북이 있겠습니까? 이 오랑캐와 스님이 어찌 같겠습니까마는 불성에야 무슨 차별이 있겠습니까?"[39]

---

39 탄허, 『육조법보단경』 「오법전의」 제1, 영은사, 1959. 여기서 간추려 소개하는 『법보단경』은 고균비구 덕이의 서문이 있는 본을 사용하였고, 필요에 따라 장경각에서 편 돈황본 『육

홍인은 이들의 시선을 피하기 위해 또 혜능의 본성을 담근질하기 위해 방앗간 일을 하도록 합니다. 그 후 어느 날, 홍인은 법통을 전승시킬 때가 되었음을 알고 산중 모든 대중을 모아놓고 게송을 지어 바치면 그 게송을 보고 큰 뜻을 깨친 사람이 있으면 의발을 전수해 제6대조로 삼겠다고 말했습니다. 그러나 제자들은 현재 신수상좌는 우리들의 교수사이니 틀림없이 그 분이 받을 것이니, 우리 모두 게를 지어 바칠 필요가 없는 게 아닌가. 쓸데없이 게송을 짓는다는 것은 주제넘은 일이 아닌가. 신수는 대중에게 존경을 받는 아주 정신적 깊이가 있고 진정한 믿음과 겸손을 지닌 사람이었습니다. 그래서 신수는 대중이 아무도 게송을 지어 조사께 바치지 않으리라는 것을 알고, 법과 옷을 받으려 함이 아니라 스승의 분부를 받드는 의미로 게송 하나를 지어야 했습니다.

> 내가 게송을 바치려는 뜻이 법을 구한다면 옳은 일이지만 조사의 직위를 구하는데 있다면 옳지 않은 일이다. 이것은 범부가 성인의 지위를 빼앗으려는 생각과 무엇이 다르랴. 그러나 만약 게송을 바치지 않으면 결국 법을 얻지 못하니, 참으로 어렵고 난처하구나.

신수는 앞의 게송을 조사 스님이 보고 판단하도록 복도의 벽에 붙였습니다. 단경에는 이때 상황을 4일간 14번이나 게송을 바치려하나 심중이 황홀하고 온몸에 땀이 흘러 어쩔 수 없이 벽에 붙임을 기록하고 있습니다. 이에 5조께서 보시고 신수가 깨닫지 못함을 알고도 여러 제

조단경』을 병용하여 참고하였다.

자들에게 이 게송을 암기해서 따르면 악도惡道에 떨어지지 않을 것이라고 칭찬하였습니다. 그러나 조사는 그 날 저녁 삼경에 신수를 가만히 불러들였습니다.

> 자네가 지은 게송을 보니 자네는 아직 견성하지 못하였네. 다만 문턱에 이르렀을 뿐이야 문 안에는 들지 못하였네. 이런 견해로는 무상보리를 찾는다면 끝내는 얻기 어렵지. 무상보리는 언하에 자기 본심을 깨달아야 하며 직관에 의해 자기 본성을 보아야 하네.

그즈음 한 동자가 방앗간을 지나며 신수의 게송을 외우는데 혜능이 한번 듣고 이 게송이 본성을 보지 못하였음을 알았습니다. 그래서 혜능은 동자에게 지금 외고 있는 게송이 누구의 게송이냐고 물었습니다. 혜능은 동자에게 자기도 게송이 붙은 당전으로 가서 예배를 드리고 싶으니 인도하여 달라고 간청하여 그곳에 이르러 동자에게 그 게송을 읽어 달라고 다시 부탁하였습니다. 마침 지방 관리의 예방이 있어 이 말을 듣고 곧 게송을 큰 소리로 읊었습니다. 낭송을 들은 혜능은 자기도 게송을 짓겠으니 대신 그것을 기록해 달라 하였습니다.

> "뭐, 오랑캐가 게송을 짓다니, 별 희한한 일도 다 있군!"
>
> "무상보리를 배우고자 하면 처음 배우는 자를 너무 가벼이 여기지 마십시오. 형편없는 사람下下人도 상상上上의 지혜가 있고 상상인에게도 얼빠진 지혜沒意智가 있는 법입니다."

이렇게 하여 씌어 진 게송이 앞의 혜능의 자성게입니다.

5조께서는 혜능을 밤 삼경에 불러 『금강경』을 설하여 주었습니다. "마땅히 머문바 없이 그 마음이 난다應無所住 而生其心"에서 언하에 크게 깨달음을 얻어 일체 만법이 자성을 여의지 않았음을 체득하였습니다.

자성이 본래 청정한 줄 내 어찌 알았으리오!	何期自性 本自淸淨
자성이 본래 생멸 없음을 내 어찌 생각했으리오!	何期自性 本不生滅
자성이 본래 모두 갖추었음을 어찌 기대하였으리오!	何期自性 本自具足
자성이 본래 동요 없음을 어찌 예측했으리오!	何期自性 本無動搖
자성이 자체로 능히 만법을 냄을 어찌 알았으리오!	何期自性 能生萬法

5조께서 '본성을 깨달아 알면, 그대는 대장부요, 하늘과 사람의 스승인 부처 세존이 되었다見自本性 天人師 佛 世尊'고 말씀했습니다.

이로써 점차적인 수양을 통하여 깨달음을 얻는 북종선 점오사상과 단박에 깨달음을 이루는 남종선 돈오사상이 동아시아의 사상논쟁과 그에 따른 무수한 선시를 낳게 되는 출발점이 됩니다. 이때 혜능의 나이 약관 23세였고, 출가 전 속인의 신분이었습니다.

혜능의 가르침은 『단경』 한 권에 집약됩니다. 그의 가르침을 한 마디로 말할 것 같으면 돈오법문頓悟法門입니다. 돈오법문을 가장 알맞고 명료하게 요약한 4구게四句偈가 있습니다.[40] 물론 혜능 당대에 지어진

40 이 사구게는 어느 경전에 출처가 있는 것은 아니지만, 이 사구게의 근거는 『능가경』 권3에 "一字不說"과 『대품반야경』 권7의 "일자불설" 혹은 "무자무설無字無說" 등에 나타난다. 석가모니의 처음 가르침으로 돌아가자는 초기 선종의 이슈였다. 곧 불교의 근본정신에 복귀하자는 실천불교로서 황매현 쌍봉산 일대와 강서, 호남 지방의 산사에서 일어난 대중적인 불

것은 아니지만, 이 사구게는 선종의 특질을 가장 간단명료하게 드러낼 뿐 아니라 혜능의 사상을 가장 극명하게 나타낸 선시입니다.

문자를 세우지 않고	不立文字
가르침 밖에 따로 전하며	教外別傳
사람의 마음을 곧 바로 가리키니	直指人心
자성을 보고 부처를 이룬다	見性成佛

3) 혜능의 돈오법문

(1) 문자에 매이지 않는다不立文字

역사상 불립문자만큼 많은 오독을 일으켜 온 문구는 없을 것입니다. 여기서 문제가 되는 '입立'은 세운다, 정립한다는 뜻입니다. 불립문자의 전체적 이해는 언어나 문자에 매달리지 않아야 하며, 단지 불립문자란 자구에 집착하여 고지식하게 문자를 사용하지 않는 것에만 매어 달리는 편집된 생각의 노예가 되지 말 것을 당부하였습니다. 이런 의미의 말은『단경』도처에 나타나며, 특히「법문대시法門對示」제9에 이러함을 우려하여 문인들을 모아놓고 '나 죽은 후에 그대들은 한 곳에 스승이 될 것이니, 그대들은 삼과법문三科法門[41]과 움직이고 사용함動

교운동이다. 학자들의 연구에 의하면, 혜능 당대에 완성된 말은 아니나 후대에 점차적으로 혜능의 법손에 의해 제작되었음이 확실시된다.

41 오온 십이처 십팔계를 삼과라 한다. 곧 생멸의 세계 모두를 이른다. 삼과의 관계표는 다음

用에 36대[42]를 말하고, 또 나아가고 사라짐에 양변을 여의고 일체 법을 설하는데 자성을 여의지 말아야 한다'고 당부합니다. 그리고 법을 묻는 사람에게 설법은 반드시 쌍으로 하여 대법을 사용하여 오고 감에 서로 원인이 되게끔 하여 마지막에 두 법을 다 제거되어 다시 갈 곳이 없게 해야 한다'고 유언합니다. 이것은 혜능이 말하듯이 '유有를 물으면 무無의 의미로 대답하고 범상한 것을 물으면 성스러운 것을 말하고, 또 성스런 것을 물으면 범상한 것으로 대답한다. 이렇게 두 극단의 상호 관계에서 중도中道의 의미가 드러난다'고 설하며, 다음 이어서 불립문자에 대한 법문을 말합니다. 여기의 중도는 혜능이 말하는 자성으로 읽힙니다.

만일 완전히 공에 집착하면 곧 무명을 기르는 것입니다. 공을 집착하는 사람은 경전을 비방하면서 바로 문자를 쓰지 않는다고 말하지만, 이미 문자를 쓰지 않는다 할진대, 사람과 말하는 것도 합당하지 않다고 하겠으나, 이 말, 또한 문자의 형상입니다.[43]

과 같다.

- 삼과三科
  - 오온五蘊 – 색色 수受 상想 행行 識식
  - 십이처十二處
    - 안眼 이耳 비鼻 설舌 신身 의意(육근六根, 육문六門)
    - 색色 성聲 향香 미味 촉觸 법法(육경六境, 육진六塵)
  - 십팔계十八界
    - 안眼 이耳 비鼻 설舌 신身 의意(육근六根, 육문六門)
    - 색色 성聲 향香 미味 촉觸 법法(육경六境, 육진六塵)
    - 안眼 이耳 비鼻 설舌 신身 의意(육식六識)

42 혜능이 제자들에게 마지막 설법에서 36가지의 상대적 관념을 열거하였다. 곧 36대는 유有 / 무無, 색色 / 공空, 동動 / 정靜, 청淸 / 탁濁, 범凡 / 성聖, 승僧 / 속俗, 대大 / 소小, 장長 / 단短, 정正 / 사邪, 치痴 / 혜慧, 번뇌煩惱 / 보리菩提, 자비慈悲 / 악의惡意, 항상恒常 / 무상無常, 허虛 / 실實, 희喜 / 노怒, 진進 / 퇴退, 생生 / 사死, 화신化身 / 보신補身 18짝의 이항대립을 말한다(『단경』「법문대시」제9).

43 탄허, 『육조단경』 제9「법문대시」, 영은사, 1959, 219~221쪽.

> 또 말하되 곧은 도는 문자를 세우지 않는다不立文字 하지만, 곧 이 불립不立의 두 글자도 또한 문자의 형상임을 어찌하겠습니까? 이런 사람은 남이 말하는 것을 보고, 곧 비방하면서 문자에 집착했다 합니다. 여러분들은 반드시 알아야 합니다. 스스로 미혹한 것이 오히려 옳은 것이지, 어찌 부처님 경전을 비방할 것이겠습니까.

여기서 우리가 읽을 수 있는 것은 불립문자에 대한 6조의 견해입니다. 불립문자란 문자를 사용하지 않음이 아니라 문자에 대한 집착이 없어야 함이고 자성自性을 본 사람은 지혜를 완성한 사람이어서 모든 사물에 자연 응답을 하며, 또한 응답을 할 줄 안다고 말합니다.

6조는 『단경』「전향참회」에서

> 스스로 미망을 제거하여 안과 밖이 밝게 관철內外明徹되면 자성 가운데 만법이 모두 나타난다. 견성한 사람도 이와 같다.
>
> 自除迷妄 內外明徹 於自性中 萬法皆現 見性之人 亦復如是

그리고「남돈북점」제7에서는 견성한 사람은 자성을 여의지 않고 모든 일을 자성 위에서 행하며 또 정신의 자유로움이 만끽함을 설합니다.

곧 자성을 보지 못하면 결국 미망에 빠지고 견성을 하면 매사에 정신적 자유로움을 얻는다. 이런 사람에게 불립문자不立文字가 무슨 장애가 되겠는가 하며 외칩니다.

(2) 가르침 밖에 따로 전한다敎外別傳

가르침 밖에 특별히 전할 것이 있는가가 문제입니다. 사실 별로 다르게 전할 것이 없습니다. 바로 '이것'을 전할 뿐입니다. 이것을 아는 것이 선을 공부하고 선시를 이해하는데 절대로 필요한 명제입니다. 3조 승찬도 그의 「심신명」에서 "지극한 도는 어렵지 않다. 분별하고 선택하는 마음만 꺼릴 뿐이니 단지 미워하고 좋아하는 양변의 견해만 버리면 대낮처럼 뚜렷하고 환해진다至道無難 惟嫌揀擇 但莫憎愛 洞然明白"고 노래하듯이 있는 그대로 평상심을 벗어나지 않고 있을 뿐입니다. 그럼 이것을 입증할 수 있는 『단경』의 선화를 음미해봅시다.

5조가 노행자에게 비밀히 의발을 전했다는 것을 듣고 진혜명은 동지 수십 명을 데리고 대유 령에 이르러, 혜능을 먼저 발견하였다. 노행자는 혜명이 오는 것을 보고 의발을 돌 위에다 던지면서

"이 옷은 믿음을 표시하는 것, 어찌 힘으로 다투겠는가. 마음대로 가져가시오."

"저가 온 것은 법을 구하기 위한 것이오. 옷을 위한 것이 아니니 행자는 저에게 일러 주시오."

"그럼 모든 연緣을 다 버리고 한 생각도 내지 마시오. 내 말하리라. 선도 생각하지 않고 악도 생각하지 않는 바로 이러할 때, 어떤 것이 상좌의 본래 면목인가?不思善 不思惡 正與麽 時 那箇是明上座 本來面目" 이 말을 들은 혜명은 바로 크게 깨달았다. 그리고 몇 차례 절하고 물었다.

"그 외에 조사께서 보이신 비밀한 뜻이 있습니까?"

"내가 이제 말한 것은 비밀이 아니다. 스스로의 본래면목을 돌이켜 비쳐 보면 비밀함은 도리어 그대 자신에게 있습니다與汝說者 卽非密也 汝若返照密在汝邊."

"저가 비록 오래 동안 황매에 있었으나 사실은 아직도 자신의 본래면목을 살피지 못했습니다. 이 가르침을 받으니 마치 스스로 물을 마셔 보고 차고 더운 것을 아는 것과 같습니다."[44]

흔히 지식을 선가에서는 알음알이라 합니다. 머리 하나만 이해되고 통달되어 아는 기술적 지식과는 달리 선적체험은 정신적 지혜와 육체적 경험, 머리와 마음을 모두 통하여 증장增長시킴을 의미합니다. 이 선화에서 보는 바와 같이 사량분별思量分別하지 않는 평상심 그대로가 조사들의 입각처立脚處이며, 이것을 체득하는 것이 중요하고 전할 것이 없는 것을 전하니 교외별전敎外別傳이라 합니다.

(3) 사람의 마음을 곧 바로 가리킨다直指人心

혜능은 별 재주 없어	慧能沒技倆
온갖 생각이 끊이지 않네	不斷百思想
경계 마주함에 마음 자주 일어나	對境心數起
보리인들 어찌 자랄까	菩提作麽長

— 혜능

44 위의 책, 「오법전의」, 29~32쪽.; 『전등록』 권4, 동국역경원, 152~153쪽.

사실 혜능은 마음을 자성의 하수인이라 생각했습니다. 자성이 본체이고 마음을 응용으로 보았습니다. 자성과 관계없이 마음이 외경外境에 이끌리어 시시각각 변화하니 마음을 휘어잡는 것보다는 자성을 밝게 꿰뚫어 보는 것이 무엇보다 중요하다고 말합니다. 결국 수도 끝에 자아 완성을 실현하는 것도 응용인 마음이고, 패가망신 멸문지화를 당하는 것도 마음에 의해서입니다. 마음이 없는데, 마음에 의해 나타나는 천당/지옥, 보리/번뇌, 광명/암흑, 긍정/부정 등등의 이항대립적인 것이 있을 수 없습니다. 그러나 이런 마음들은 둘이 아니라 일심一心입니다. 이 마음은 정태적인 것이 아니라 항상 움직이고 끊임없이 변화하는 동태적인 것이며, 마치 흐르는 시냇물과 같아서 외부의 변화에 따라 맑기도 하고 고요하기도 하며 혼탁하기도 하고 시끄러운 소리도 냅니다.

위의 게송은 4행에서 보리수가 본체이고 마음이 작용이며 3행에서는 경계에 대해 마음이 일지 않으면 죽은 마음이니, 어찌 마음이라 할 수 있는가. 단지 무주無住로서 마음을 사용하는 것이 중요하지 않겠는가로 읽힙니다. 그리고 혜능은 "온갖 사물을 생각하지 않음으로써 항상 생각이 끊어지도록 하지 마시오. 이는 곧 법에 묶임이니 변견邊見이라고 합니다"[45]라고 말합니다. 곧 이것은 어떤 것에 고착됨이 없이 집착하지 않고 만물을 본다는 의미이지 생각을 끊어서 돌이나 나무가 되자는 것이 아님이 명백합니다. 이런 경지는 앞에서 보았듯이 견성만이 있을 뿐입니다.

---

45 퇴옹성철, 『돈황본단경』 18 「돈오」, 장경각, 1988, 180쪽. "莫百物不思 常令念絶 卽時法縛 卽名邊見"

"선지식아 마음을 깨끗이 하여 마하반야바라밀을 생각하시오."

잠시 후,

"보리자성은 본래 청정하니 단지 이 마음을 사용하시오. 바로 성불되어 질 것입니다."[46]

이 말은 혜능이 조계의 보림에 이르렀을 때, 대범사 강당에서 베푼 설법의 첫 마디며, 『단경』 모두의 글귀입니다. 돈오법문을 간결하게 나타낸 것이지요. '마음을 깨끗이 하시오.' 여기서 말하는 마음이 바로 선을 아는 요체입니다. 선은 앉아서 고요를 지키고 고요를 즐기는 것이 아니라, 마음의 본성 곧 자성을 보아야 하며, 자성을 봄이 견성이며, 견성은 혜능에겐 성불입니다. 바로 견성성불이 선의 궁극적인 목표이기 때문에 대중에게 총정심總淨心하라 한 것입니다. 이제 혜능은 '지혜의 완성만 생각 하십시오' 하고 대중에게 조용히 말합니다. 그리고 '지혜자성은 본래 맑고 깨끗합니다. 단지 이 자성의 응용인 이 마음만 사용하십시오. 이러면 성불해 마칠 것입니다.'

혜능은 좌선에 관해서도 앉아서 마음을 쉬고 고요를 즐기는 것이 아니라, 선은 마음을 완전히 자유롭게 하는 열망 그 자체임을 간파하였습니다. 『단경』「남돈북점」[47]분에 보면 '지성이라는 승려는 신수의 문도인데, 신수가 혜능에게 가서 가르침을 듣고 돌아와서 나에게 설해달라는 부탁을 받고 조계로 왔습니다. 이어 혜능이 지성에게서 신수가 "마음을 머무르고 고요함을 관하여 오래 동안 앉아서 눕지 말라"한다'

46 탄허, 『육조단경』「오법전의」 제1, 2쪽.
47 위의 책, 「남돈북점」 제7, 184~185쪽.

는 말을 듣고, 그는 다음과 같이 말하고 게송을 읊습니다.

마음을 머물게 하고 고요함을 봄은 병이지 선이 아니다. 오랫동안 앉아 몸을 구속한다는 것이 공부에 무슨 이익이 되겠습니까. 나의 게송을 들으시오.

살아서는 앉아 눕지 못하고 生來坐不臥
죽어서는 누워서 앉지 못하니 死去臥不坐
냄새나는 한 구의 뼈일 뿐이니 一具臭骨頭
어찌 삶의 기쁨을 얻을 수 있으랴 何爲立功課

혜능은 좌선을 하되, 그 목표는 견성에 있다는 것을 강조합니다. 자칫 방편에 몰입하다보면 본래의 목적을 잊을 수가 있음을 환기시킨 것입니다. 자성을 통견함이 깨달음이고 성불입니다. 일체 바깥의 경계에 집착하면 마음에 생멸生滅이 일고, 마음에 생멸이 일어나면 곧 행위로 이어지기 마련인 것이 우리들의 삶입니다. 모름지기 자성에 입각하여 마음을 분별없이 냄이 바깥경계에 집착하지 않는 것이고 생멸에서 벗어나는 것이라고 혜능은 말합니다.

(4) 자성을 보고 부처를 이룬다見性成佛

모든 법은 모두 자신의 마음 가운데 있습니다. 어찌하여 자기의 마음에 진여 본성을 단박 나타내지 못할까? 『보살계경』에 '나의 본래 근원이 자성이 맑고 깨끗하다'고 하였습니다. 마음을 알아 성품을 보면識心見性 스스로

부처의 도를 이루는 것입니다. 곧 확연히 깨쳐서 본래 마음을 도로 찾는 것입니다.[48]

위의 말은 『돈황본단경』「견성」분입니다. 마음을 알아 성품을 보면 부처이고 본래 마음眞心을 도로 찾는 것이라 명백히 선언합니다. 혜능에게는 자성이야말로 절체절명의 것입니다. 자성은 시간과 공간의 저쪽에 있으며, 우리의 말과 글이 표현할 수 있는 일체의 속성을 초월합니다. 우리의 언어는 단지 현상세계와 사물과 사물이 끝없이 대립하고 융화하는 사이에 가유假有해 있을 따름입니다. 가유해 있는 흔적을 우리는 자성 위에서 마음대로 사용할 뿐이지요. 견성한 사람은 언어로 유희하되 마음에 흔적이 남지 않습니다.

우리가 『단경』에서 읽을 수 있는 것은 초기경전에서 볼 수 있는 무아, 중도입니다. 석가세존의 깨달음은 중생에 대한 자비심의 발로였음을 앞장에서 충분히 살펴보았습니다. 무위적인 초월을 하여서 무엇을 하나? 무아, 중도 역시 그 이론에 있지 않고 바로 무아행, 중도행이야말로 석가세존의 핵심이란 것을 살펴보았습니다. 혜능 역시 자성을 돈오함으로 오는 자유로움, 상구보리 하화중생을 말합니다. 흔히 이것은 노장적老莊的이나, 마지막 고요에 빠지지 말고 고요에서 오는 환희에 안존하지 말고 혜능은 저자거리로 돌아오라 하는, 이것이야말로 실사구시의 공맹적孔孟的 사상인 인간 중심적 사유의 맛이 한껏 드러나는 대문인 동시에 초기경전에서 본 석가세존의 핵심 사상인 태胎 · 난卵 ·

48 퇴옹성철, 『돈황본단경』 17 「견성」, 장경각, 1988, 173쪽.

습濕·화化인 사생四生의 만유평등, 이 실행이 깨달음의 자체입니다. 그는 더욱 친절하고 인간적인 말로 우리에게 들려주고 있습니다.

> 그대들의 마음이 이미 선과 악의에서 벗어났다면, 깎은 듯한 공허에 떨어지지 말도록, 앞과 뒤가 끊기는 고요를 지키며 즐기는 경지에 빠지지 않도록 주의해야 합니다. 그대들은 오르지 학문을 넓히고 많은 견문을 쌓도록 애써야 합니다. 그러면 스스로의 본심을 깨달아, 모든 깨달은 이의 근본이치를 알게 될 것입니다. 그렇게 되면 다른 사람과의 사귐에 있어서 화합이 자연 이루어지고 나와 남이라는 생각이 없어지게 됩니다.[49]

우리는 혜능의 설법에서 인도의 명상적이고 난해하게만 느껴지던 불교교리가 매우 현실화되고 보편화되었으며, 또 한편으로는 생활 속으로 성큼 다가옴을 느낄 수 있습니다. 이와 마찬가지로 혜능의 가르침은 그와 그의 사상을 잇는 선사들에 의하여 더욱 심화되고 실증되어졌습니다.

4) 신수의 선 사상

혜능이 주연인 『육조단경』에 의해 조연 역할로 폄하되었던 신수에 대한 자료를 살피기로 하겠습니다. 13세에 출가한 신수는 속성이 이씨며 어려서부터 유학을 공부하여 경사에 능숙했고 특히 노장의 현지玄

49 탄허, 『육조단경』 제5 「전향참회」, 102~104쪽.

旨에 정통하였습니다. 46세에 오조 홍인의 문하에 들어가 수학하였습니다. 계정혜 삼학을 근수하여 홍인으로부터 '동산의 법이 모두 신수에게 있다'라고 칭찬을 받았습니다. 『육조단경』에도 신수가 동산법문의 교수사였으며, 인품이 고매한 선사였다고 기록되어 있습니다. 홍인이 찬탄하기를 "나는 신수와 더불어 『능가경』을 논하였는데, 그는 현묘한 이치에 통쾌했으며 많은 이익이 있었다"라고 하였습니다. 신수가 70세가 넘어서야 당양 옥천사 주지로 추천되어 도문사에 주석하게 되었습니다. "이곳이 바로 능가의 고봉이며 도문의 난야로다"라고 하며 동산법문의 전통인 산중 총림의 가풍을 이어갔습니다.

동문 사형제인 법여崇山法如가 임종시에 제자들에게 신수를 찾아가 배우라는 유촉을 하여 법여의 제자들이 몰려오자 그때에 도문사에서 개당하니, '찾아오는 학인들이 만리를 멀다하지 않고 법단에 귀의하니, 그들을 잘 인도하여 근기에 따라 널리 제도하므로, 천하에 도를 배우고자 하는 사람들이 오기를 바라지 않는 이가 없었다'고 전합니다. 신수는 스승의 동산법문의 계승자로서 '양경의 법주로서 삼제의 국사'[50]가 되어 왕공 귀족의 절대적 귀의 받았고 입적 후, 대통선사大通禪師로 추존되어 6조라 칭하였습니다.

신수의 선풍은 「관심론」과 「대승방편문」 「대승무생방편문」에 잘 나타납니다. 특히 관심간정觀心看淨을 강조하여 '오직 관심의 일법이 있으니 모든 법을 총섭하는 올바른 성요省要라'고 말하고 있습니다.

신수의 「대승방편문」은 돈오의 자내증을 밝히고 있습니다. 돈오에

50 양경은 장안과 낙양. 3제는 측천무후, 중종, 예종을 말한다.

대한 미혹함을 닦는 것으로 점수만을 고집한 것이 아니라 육근육진六根六塵을 버리지 않고 그 자체를 깨달음의 대상으로 하고 있음을 읽을 수 있습니다. 신수는 각 방편문마다 6진을 버리고서는 깨달음에 들 수 없으며 6근에 의하여 불사를 이룰 것을 주장합니다.[51]

또 돈오의 뜻이 보이는 「대승무생방편문」에는

> 불심은 청정하여 유도 무도 이별하지 않으며 몸과 마음이 일어나지 않게 늘 지키면 진심이 몰하면 이것이 진여다. 마음이 일어나지 않으면 이것이 진여다 마음이 진여인 까닭에 마음은 해탈되고 색이 진여인 까닭에 색이 해탈되며 마음과 색이 모두 떠나며 곧 일물도 없게 되니, 이것이 대보리수다.

하는 문장은 분명 돈오의 의미로 읽힘을 알 수 있습니다.

그리고 신수 저서인 「관심론」에도 '단지 섭심내조攝心內照하면 각관覺觀은 늘 밝으며, 삼독이 끊어져 영원히 소멸된다'는 문장을 읽을 수 있습니다. 그 외 많은 예가 있지만 이것으로 신수의 돈오적인 글귀를 살펴봄으로 신수가 오직 점오만을 주장한 것이 아니라는 것을 짐작할 수 있습니다. 따라서 북종 신수에 관계되는 문헌엔 점수나 점오만을 주장하지 않은 것은 물론 돈오점수 양면을 강조하면서 선은 돈오돈증頓悟頓證, 그 자체임을 밝히고 있습니다.

---

51 "보살은 육근이 본래 움직이지 않음을 알고 안으로는 분명히 비치고 밖으로는 자재함, 이것을 대승이라 하며 참과 일상이 본래 부동한다. 菩薩知六根本來不動 內照分明 外用自在 是大乘 眞常不動 청정하여 한물건도 없으면 이것을 법신불이며 분명히 보신불임을 요달해 깨닫고 또 지견이 자재함 이것이 화신불이다. 삼신이 동일체이니 하나가 다름을 갖추기도 갖추지 않기도 한다. 淸淨無一物 是名法身佛 覺了分明報身佛 知見自在是化身佛 三身同一體一異俱不俱"의 구절은 육근과 육진을 버리지 않은 채 삼신이 동체임을 명시하고 있다.

오직 돈오점수만 주장하고 있다는 느낌을 받는 것은 하택 신회荷澤神會, ?~760의 6조 혜능을 현양함과 그 후 혜능의 법손들의 발흥과 득세에 의해 정당한 평가를 받지 못한 것이라는 생각이 듭니다.

복종선을 점수선 혹은 이념선으로 정의됨은 『육조단경』의 게송, "때때로 부지런히 털고 닦아 티끌먼지 일어나지 않게 하라"는 말처럼 번뇌가 실로 있다고 집착하는 중생의 입장에서 경론에 의거, 입도入道의 방편에 의하므로 깨달음에 들게 하는 점수적 수증론을 강조하고 있기 때문입니다.

또 각체이념覺體離念의 종지에서 보듯이 망념을 여읜 깨달음의 당체인 본각本覺으로의 회귀를 주장하며 특히 "제불여래는 입도의 대방편이 있으니, 일념의 정심淨心을 이루면 단박에 불지佛智를 이룬다"라고 하여 점수돈오의 수증론을 주창하고 있습니다. 그러나 점수와 더불어 돈오적 입장도 잃지 않고 있음을 볼 수 있습니다.

질문 4. 한국의 선종

6조 혜능의 남종선이 선종의 주류로 자리 잡기 전, 중국의 초기 선불교 의 형성과 우리나라 선의 전래와 특히 정중 무상에 대하여 알고 싶습니다. 그리고 조계종의 종조로 받들어지는 도의에 대하여 같이 말해 주시기 바랍니다.

1) 무상의 사상과 한국 불교와 관계

무상淨衆無相, 684~762[52]은 신라 성덕왕의 3자로 멀리 중국 사천성 정중사에서 무억無憶, 무념無念, 막망莫忘의 3구와 인성염불引聲念佛[53]로 한 시대를 풍미한 선장입니다. 특히 오늘날까지 상당법문을 할 때 대중들의 정신집중을 위해 사용하는 인성염불의 유래는 무상의 대기대용의 한 방편법문이라 할 수 있습니다. 그 속내는 스스로의 소리를 자기가 듣는 반문문성反聞聞性함으로 무설시無說示되는, 곧 말하는 것도 듣는 것도 없고 설하는 것도 보는 것도 없는 깊은 삼매의 듦에 있습니다. 곧 인성염불이 내면의 소리와 바깥 소리에 집중하므로 이근원통耳根圓通[54]에 있으며, 무상이 대중제도를 위해 쓴 독창적인 법문입니

---

52 무상은 신라 성덕왕의 3자로 김선사, 김화상 혹은 무상존자로 불리어졌다. 중국 사천 정중사에서 20여 년을 주석하며 남종선도 아니고 북종선도 아닌 독특한 선문인 정중종을 이룬 선종의 맹주였다. 그의 제자로는 보당 무주, 홍주 마조, 정중 신회 등을 들 수 있다. 이들은 모두 오가칠종이 형성되기 전 선종의 원류라 할 수 있다. 특히 펠리오에 의해 발견된 돈황석굴의 자료 중, 『무상어록』과 『무상오갱전』이 발견되면서 무상학이 선불교의 화두로 떠오른다. 또 무상은 중국의 오백나한 중 455번째 나한인 무상공 조사가 바로 무상이다. 무상의 제자가 마조 도일이라는 사실은 곧 우리나라 9산선문과 연결된다. 규봉 종밀의 『원각경대소초』나 하북성 백림선사에 무상법맥을 기록한 비에는 무상과 마조가 사제관계임을 판각하므로 중국 불교에서 공식으로 인정한다. 곧 법계는 혜능-지선-처적-무상-(마조 · 무주 · 신회)로 이어지며 마조에 의해 우리나라 구산선문의 가지산문 도의, 실상산문 홍척, 동리산문 혜철, 사굴산문 범일, 성주사문 무염, 사자산문 도윤, 회양산문 진감, 봉리산문 현욱은 모두 마조의 조손이니 구산선문 중 석두희천의 법손인 수미산문을 제하고는 모두 무상-마조를 잇는 법맥임이 드러난다.

53 무상의 삼구三句는 중생제도를 위한 법문으로 무억無憶은 일체를 기억하지 않고 끊음이고, 무념無念은 일체의 생각을 끊음이고 막망莫忘의 허망한 생각을 없앰을 이른다.

54 이근원통耳根圓通은 『능엄경』에 이르는 25가지 수행법 중 한 방편문이다. 일근기반원一根旣返源 육근성해탈六根成解脫, 곧 한 기관이 이미 근원으로 돌아오면 육근六根이 해탈을 이룬다 하는 돈오적 사상이다. 이근耳根, 귀의 기관이 안으로 듣는 것과 밖에서 들리는 것이 원융하여지면 깨달음을 이룬다 함이니 소리의 삼매에 들면 무설시無說示가 되어 무억無憶 무념無念 막망莫忘이 됨, 이것이 무상의 사상체계이다.

다. 무상은 대중들로부터 김화상金和尙이라 존경받던 선장이었으며, 또 인접한 티베트에 선을 전파한 조사이기도 합니다.

현 시각으로 보면 중국 전통 법계에서 비켜있지만, 무상의 법계는 5조 홍인의 제자인 혜능과 사형제간인 자주 지선의 법제자인 처적의 법제자입니다. 무상의 고족으로는 정중 신회, 홍주종의 마조 도일, 보당종의 무주 등 많은 선의 종사들이 있습니다. 특히 선종의 양 뿌리라 할 수 있는 홍주종의 마조와 정중종의 신회 출생하니 오늘날 선종의 큰 뿌리라 할 것입니다.

우리나라 법계와 관계되는 부분을 살펴볼 것 같으면 마조 도일 아래에 서당 지장, 남전 보원, 백장 회해, 염관 제안, 불광 여만, 마곡 보철, 창주 신감 등은 우리나라 9산 선문의 뿌리가 됩니다. 그리고 하택 신회로 이어지는 규봉 종밀과 마조의 후손인 대혜 종고는 고려의 보조 지눌의 사상에 뿌리이기도 한 것을 보면 무상은 혈통적으로나 선사상적으로나 우리나라 조계선의 한 뿌리라 할 것입니다.[55]

무상은 신라 김씨金氏로서 구법을 위해 입당하였습니다. 무상은 자주 덕순사에 이르러 처적唐和尙, 648~734에게 참하였습니다. 무상은 처적의 휘하에서 2년 동안 공부하여 처적으로부터 친히 인가와 무상이라는 법호도 받게 됩니다. 그리고 정중사를 중심으로 선법을 크게

55 호적의 연구에 근거하여 민영규는 5조홍인–지선–처적–무상–마조–서당 · 염관 · 남전 · 장경 · 마곡–도의 · 범일 · 혜철 · 홍척 · 도윤 · 무염 · 현욱 등으로 법계가 이어짐을 주장한다. 또 정성본은 무상과 마조는 법형제이며, 무상의 법은 정중신회, 남인, 도원, 규봉종밀로 이어지고 중국 선종에 한 뿌리임을 말한다. 무상과 마조의 관계는 모두 지선에게 배웠으나 무상이 마조보다 25세나 많은 것을 보아 지선이 입적 후, 마조는 무상을 스승으로 하였다고 본다(『역대법보기』의 무상전, 규봉의 『원각경대소초』, 『중화전심지선선문사자승습도』, 『송고승전』에 기록됨).

펴서 그 선법을 정중종이라 하였습니다. 또한 무상은 두타행에 철저하여 많은 신이神異를 나타냈다고 전하고 있습니다(『송고승전』「감통편」). 무상이 맹수들과 함께 거주하였다는 이야기가 자주 등장하는데, 그 가운데는 티베트의 고사서인 『바세*sbabshed*』의 기록에는 티베트의 사신이 중국에 왔을 때 길에서 호랑이와 놀고 있는 무상을 만났다는 내용이 있습니다.

무상은 사천성 성도를 중심으로 정중사에서 펼친 독자적인 대중제도에 대하여 인성염불과 무억 · 무념 · 막망의 삼구법문을 기록하고 있습니다(『역대법보기』「무상전」; 규봉종밀, 『원각경대소초』 권삼지하). 그리고 이에 대하여 『역대법보기』에서는 다음과 같이 말합니다.

> 김화상(무상)은 매년 섣달과 정월에 사부대중 백천만인에게 수계를 하였다. 수계 때에는 먼저 도량을 장엄하고 나서 고좌에 올라 설법을 하였다. 설법을 할 때에는 우선 인성염불을 하였다. 인성염불은 한 호흡이 다하도록 염불을 하되 그 염불소리가 멈추어지면 염불을 멈추고 다음과 같이 말하였다. "일체 경계에 집착을 하지 말고無憶 일체의 망념을 갖지 말며無念 일체의 청정심을 잊지 말라莫忘. 무억은 계戒이고 무념은 정定이며 막망은 혜慧이니라. 이 삼구가 곧 총지문이니라."

이 인성염불引聲念佛은 오늘날에도 사용되고 있는데, 큰스님의 게송 한 구절 끝에 대중들이 나~무~아~미~타~불~하며 일성一聲이 다하여질 때 다음 소리로 이어 이어 가는 것입니다. 명칭은 염불이라 하지만 사실 염불이 아니라, 무억, 무념, 막망에 이르기 위한 방편법문인 것입니다.

망념이 일어나지 않는 것은 마치 거울의 앞면이 삼라만상을 있는 여시하게 비추어주는 것과 같으며, 망념이 일어나는 것은 마치 거울의 뒷면이 두두물물 일체를 비추지 못하는 것과 같습니다. 이 법문은 보리 달마로부터 전승된 것임을 말하고 있습니다. 또 『금강경』은 『열반경』과 함께 당시 특히 4조 도신 때부터 소의경전으로서 홍인 대에 이르러서는 보편화된 사상으로 전승되었다고 볼 수 있습니다. 무상의 선법은 『금강경』에 토대하고 있음을 보여주었다 할 것입니다.

이와 같은 무상의 선사상은 그의 제자 무주의 보당종과 마조도일의 홍주종으로 전해졌다는 기록이 있고, 마조가 원래 무상의 제자였다는 기록이 있습니다. 홍주종은 선종의 전통이 성립되기 이전에 육조의 방출이었습니다. '마조의 성이 마씨이고 이름이 도일이라는 사람이 있었는데 일찍이 검남산 김화상의 제자였다'고 종밀의 저 『중화전심지선문사자승습도』에 기록되어 있습니다. 어쨌든 무상은 법은 당대에서 끝나지 않고 계속되었다는 것은 무상의 전기 자료를 통하여 잘 알려져 있습니다. 신라의 왕자였던 무상은 귀국하지 못하고 중국에서 입적하였습니다.

2) 남종선의 전개 과정과 한국의 선종

원적 도의元寂道義는 신라 선덕왕 5년에 입당하여 마조의 제자인 서당西堂智藏, 735~814과 백장百丈懷海, 749~814에게 인가를 받은 후, 제

41대 헌덕왕 13년(821)에 귀국하여 남종선을 전하였습니다. 『전등록』에는 서당의 제자로 학림 도의가 실려 있습니다. 다음 기록에 의하면,

> 설악 진전사 원적선사는 서당의 법을 이었고, 명주(강릉)에서 살았다. 선사의 휘는 도의이고 속성은 왕씨였다. 북한군 사람이었다. 상서로 인하여 출가하여 법호를 명적이라 하였다. 건중 5년 갑자년에 사신인 한찬호・김양공을 따라 바다를 건너 입당하였다. 곧장 오대산으로 가서 문수를 친견하여 허공에서 종소리가 산을 울리는 소리를 듣고 신기한 새가 날아다 니는 것을 보았다. 이내 광부의 보단사에 가서 처음 구족계를 받았다. 이어 조계에 가서 조사당을 참배하려는데 문이 갑자기 저절로 열렸다. 세 번 예배하고 나오니 문이 역시 저절로 닫혔다. 다음에 강서의 홍주 개원사에 가서 서당지장에 참하여 스승으로 모셨다. 이에 의심을 해결하고 막힌 체증을 풀고 나니 서당지장은 마치 돌 가운데서 옥을 고른 듯 조개 속에서 진주를 채취한 듯이 기뻐하여 말했다.
>
> "진실로 법을 전한다면 이런 사람이 아니고 누구에게 전하랴." 그리고는 이름을 도의라 고쳐 주었다. 이어 두타행의 길을 떠나 백장 회해에게 가서 서당 지장과 같이 하니 백장이 말했다.
>
> "강서의 선맥이 몽땅 동국으로 돌아가는구나." 그 밖의 것은 비문과 같다.
>
> ―『조당집』 권17

도의는 당 덕종의 건중 5년(784) 갑자 즉 선덕왕 5년에 입당하여 서당・백장의 두 대노를 뵙고 재당 37년, 목종 장경 원년(821) 즉 헌덕왕 13년에 귀국합니다. 이후 도의는 남종 돈오선을 전하였지만 그때의

사람들은 경전에 의한 가르침인 교망敎網에 걸려 아직 직지直旨의 요체를 믿지 않았습니다. '지증대사적조탑비'에 다음과 같은 기록이 있습니다.

> 장경 초(821)에 도의가 서쪽으로 배를 타고 중국에 가서 서당지장의 깊은 법력을 보고 지혜의 광명을 서당지장에게서 배워 돌아왔으니 처음으로 선종을 전한 스님이다. 그러나 당시 신라 사람들은 원숭이처럼 속 좁은 이들의 분주한 망상에 얽매인 마음을 바로 잡고 감싸주었지만, 뱁새가 자기의 날개를 자랑해서 붕새가 남으로 길이 날아가려는 높은 의지를 비난하듯 하였다. 종래로 교종에 심취하여 선법을 마어魔語라 비방하였다. 이를 본 스님은 아직 선법의 시기가 오지 않았다고 생각하여 자기의 빛을 행랑채 마루 밑에 아래다 감추고, 자취를 깊은 곳에 옮겼다. 신라의 왕성에 나아가려고 생각하는 것을 포기하고 마침내 설악산 북쪽에 은둔하였다.

이것을 보면 도의는 선 법문이 대중들에게 전도되지 않았고, 외로 사람들은 마설魔說이라 하여 도리어 괴이하게 여겼습니다. 이에 대하여 신라 금영의 찬술한 도의의 법손인 보조 체징의 '보조선사창성탑비(무주 가지산 보림사)'에 다음과 같은 기록에도 잘 나타나 있습니다.

> 처음 도의선사가 서당에게서 심인을 전수받고 훗날 우리나라에 돌아와 그 선의 이치를 가르쳤다. 그러나 당시 사람들은 경의 가르침과 관법을 익혀 정신을 보존하는 법만을 숭상하여 무위임운無爲任運의 종宗에 모이지 아니하고 허탄한 것으로 여겨 높여 중히 여기지 않았다. 마치 달마 조사가 양

무제를 만났음에도 뜻이 통하지 못한 것과 같았다. 이로 말미암아 때가 아직 이르지 아니함을 알고 산림에 은거하여 법을 염거선사에게 부촉했다. 이에 염거선사가 설악산 억성사에 머물면서 조사의 마음을 전하고 스승의 가르침을 열었다.

그러면 도의는 어떤 선법을 폈는가. 도의의 사상을 엿볼 수 있는 자료는 매우 희박하지만 고려 천책天頙·眞靜國師 『선문보장록』 권중卷中에 다음과 같은 기록이 있습니다.

지원승통이 도의국사에게 물었다.

"화엄의 4종법계 이외에 또 어떤 법계가 있습니까. 55선지식의 항포법문 이외에 또 어떤 법문이 있습니까. 곧 교 이외에 이른바 조사선의 도를 말하는 자가 별도로 있습니까?"

도의국사가 답하였다.

"지원승통이 든 바와 같이 4종법계 이것은 곧 조사문하에서는 곧바로 이체에 계합하여 일체의 정리를 녹여 없애는 것이라서 경전 속의 법계상도 오히려 얻을 수 없습니다. 본래 행한 바 없는 조사심의 선에서는 문수와 보현의 상조차 오히려 볼 수 없어서 55선지식의 항포법문도 마치 물위에 떠있는 거품과 같을 뿐 아니라 사지에서의 깨달음 등도 또한 금속에 박혀 있는 이물질과 같은 것입니다. 이것은 곧 여러 경전의 가르침에 들어 있습니다. 그래서 당나라의 귀종화상이 일대장경에 대하여 그것이 무엇인가를 설명할 때에도 오직 주먹만 들어보였을 뿐입니다."

지원승통이 또 물었다.

"그렇다면 교리행과의 신 · 해 · 수 · 증을 어째서 그렇게 정해두었고, 또한 어떤 수행을 해야만 불과가 성취되겠습니까?"

도의국사가 답하였다.

"무념과 무수의 이치는 신 · 해 · 수 · 증의 성품입니다. 조사들의 설법에는 부처니 중생이니 하는 것들이 따로 없습니다. 다만 도의 성품이 곧바로 드러나 있을 뿐입니다. 때문에 오교 이외에 별도로 조사의 심인법을 전할 뿐입니다. 따라서 부처의 형상을 드러내는 것은 조사의 올바른 가르침을 잘 모르는 사람들을 위하여 방편으로 나타낸 것일 뿐입니다. 그래서 다년간 경전을 독송하여 심인법을 깨치고자 한다 해도 종겁도록 깨치지 못할 것입니다."

지원승통이 일어나 도의국사에게 예배하고 말했다.

"잠깐 동안 불장엄의 교훈을 들은 것만으로도 부처의 심인법은 본래 얻을 바 없다否得는 것을 알겠습니다."

이에 지원승통은 도의국사에게 예배하고 게송을 지어 보였다.

이로써 도의의 종풍은 마조에게서 직전直傳된 것으로 볼 수 있습니다. 곧 교가의 사법계四法界를 물으면 곧장 권두를 들고서 시심법계냐? 되묻고, 일대장교가 무엇을 설명하고 있느냐고 물으면 또한 권두를 들어서 대답하는 식의 수단을 취하였습니다. 경교經敎를 물리치고 문자를 세우지 않으며 별도로 심인을 전한다는 도의의 설은 곧 무념무수를 심요로 삼고 있는데 이것은 마조문하의 선법에 통의했음을 말해주는 것입니다.

도의의 '법을 이은法嗣' 염거染居, ?~844가 있습니다. 신라 금영의 찬

술인 무주(전남 광주) 가지산 보림사 '보조선사창성탑비'에 '처음 도의대사 (…중략…) 산림에 은거하여 염거에게 법을 부촉하다初道義大師 (…중략…) 隱於山林 付法於染居禪師'라 하였습니다. 염거는 설산(강원도) 억성사에서 연화하였으나 그 행실이 분명하지 않습니다. 그 탑은 강원도 원주군 지정면 안창리 흥법사지에 있던 것을 서울 탑공원으로 옮길 때 지판이 발견되었는데 지금 박물관에 소장되어 있습니다. 거기에 보면 염거는 당 무종 회창 4년에 입적했음을 알 수 있습니다. 도의와 염거로부터 체징普照體澄, 803~880에 이르러서 가지산문을 형성되었습니다. 고려시대 일연普覺一然, 1206~1289은 가지산문의 후손이고, 고려 말에 보우太古普愚, 1301~1382가 가지산문 광지선사를 이으니 그는 가지산문의 계보와 이후 중국 임제종 양기파 석옥 청공에게 전법을 받아 두 법계를 아우릅니다. 그의 법이 환암혼수-구곡각운-벽계정심-벽송지엄-부용영관-서산・부휴에 이르러 흥성하게 되니 우리나라 조계종단이 서산과 부휴의 법손으로 가득 차게 됩니다.

도의와 같은 때에 홍척證覺洪陟(『전등록』에는 홍직洪直)이 있어 함께 서당에게서 법을 받았다고 기록되어 있으며, 『조당집』 권17에는 '동국의 실상화상은 서당에게 법사하였으며 스님의 휘는 홍척이고 익호는 증각대사이며 묘탑은 응적東國 實相和尙 嗣西堂 師諱洪陟 謚號 證覺大師 應寂之塔'이라 하였습니다. '지증대사적조탑비'에는 다음과 같은 기록이 있습니다.

> 홍덕왕이 즉위함에 선강태자 충공이 감무가 되어 사를 제거하고 나라를 평안하게 하였으며, 선을 좋아하여 나라가 부유하였다. 이즈음 홍척대사가

> 당나라에 가서 서당지장에게서 법을 받고 신라에 돌아와서는 남악에 머물렀다. 임금이 국태민안을 위해 법문을 청하였고, 대궐에서는 그가 돌아온 것을 경하하였다. 선법을 보여서 아침의 범부가 저녁에 성인이 되게 하였는데 그 변함에 차제를 거치는 것이 아니라 범부가 성인으로 변함이 교문의 여러 점수의 단계를 거지치 않고 돈법으로 갑작스럽게 이루어졌다. 시험 삼아 그 종취를 비교해 본즉 닦되 닦을 것이 없는 것을 닦았으며 증득하되 증득할 것이 없는 것을 증득하니, 고요할 때는 산처럼 서 있음이요, 움직일 때는 산골에 메아리가 응하는 것 같도다. 선은 무위의 이익이며 다투지 않고 이기는 것이다. 이에 동방인들의 마음을 비우게 해주니 고요한 이익으로써 해외를 이롭게 하되, 그 이롭게 함을 자랑하지 않으니 참으로 위대하도다.

이와 같이 홍척이 흥덕왕 대에 선을 전하였음을 말하고, 다시 귀국해서는 앞서 설한 바처럼 '북산(설악산)에는 도의선사가 있고 남산(지리산)에는 홍척국사가 있다東歸勅 傳所 北山義 南山陟'라 하였습니다. 이리하여 도의와 홍척은 서로 전후하여 남북으로 따로따로 교화를 펴서 선을 한국에 전한 것입니다. 홍척의 법은 상전하여 실상산문을 이루어 선종구산의 하나가 되었습니다.

굴산선문의 개산조 범일通曉梵日, 810~889은 신라의 관족冠族으로서 도의가 귀국하고 나서 10년 뒤 입당하여 마조의 고족 염관 제안鹽官濟安, ?~842에게 사법하였습니다. 당시 제안과 나눈 선문답이 『조당집』에 실려 있습니다.

"어디서 왔는가?"

"동국에서 왔습니다."

"수로로 왔는가, 육로로 왔는가?"

"두 갈래의 길을 다 밟지 않고 왔습니다."

"그렇다면 그대는 어떻게 여기에 이르렀는가?"

"해와 달에게 동과 서가 무슨 장애가 되겠습니까?"

"진실로 동방의 보살이구나."

"어떻게 하여야 부처를 이룰 수 있습니까?"

"도의 본체는 닦지 않아도 그대로 도다. 다만 내 마음이 도를 더럽힌 부분을 닦으라. 부처라는 견해, 보살이라는 견해를 짓지 마라. 평상심이 도이니라."

이 말 끝에 범일은 할연계회豁然契會하고 6년 동안 염관을 시봉하였습니다. 범일이 오고 감에 끄달리지 않는 분별심을 내지 않는, 평상심이 도라는 마조의 선사상의 계승자임을 확인 할 수 있습니다. 그리고 『조당집』에는 유엄藥山惟儼, 751~834을 탐방하여 법거량한 선화가 실려 있습니다.

"어디서 왔는가?"

"강서성 염관에게서 왔습니다."

"무엇하려 왔는가?"

"화상을 찾아뵈려 왔습니다."

"여기는 길이 없는데 어떻게 찾아 왔는가?"

"화상께서 한 걸음만 더 나가시면 저는 뵙지도 못할 것입니다."

"기특하구나, 기특해 밖에서 들어온 맑은 바람이 사람을 얼어 죽이는구나."

847년 문성왕 9년에 귀국하여 사굴산 아래 당시 명주도독 김주원의 청으로 굴산사를 창건하였습니다.

굴산산문은 도의의 가지산문과 함께 9산선문에서 우리나라 선종의 가장 대표적인 가풍을 유지하며 뚜렷한 족적을 남기게 됩니다. 직전 제자인 행적朗空行寂, 831~916, 개청朗圓開淸, 854~931 대에 흥성하게 되니 행적의 상족으로는 신종, 주선, 임간 등이 있고 개청의 상족으로는 신경, 총정, 월정, 환언, 혜여, 명연, 홍림 등 많은 고승들이 배출됩니다. 이후 150여 년 뒤, 고려 예종 때 혜소光明慧炤 대에 이르러 다시 굴산산문이 크게 일어나게 됩니다. 그의 문하에 광지, 대감국사 탄연, 영보, 조응, 지엄 등과 이자현 거사를 배출합니다. 이후 굴산문중의 종휘의 제자로 보조 지눌과 지눌을 잇는 송광사의 진각혜심-전진몽여-진명혼원-원오천영-원감충지-자정묘광-자각도영-담당-혜감만항-자원묘엄-혜각묘구-각진복구-정혜복암-홍진-고봉법장 등 15국사와 고려 말에 나옹과 그의 문하에 조선 초 무학과 함허가 있고 16국사의 마지막 고봉은 나옹의 법제자입니다.

질문 5. 간화선과 묵조선의 관계

혜능과 신수의 돈·점의 논쟁 이후 혜능의 남종 돈오선이 조사선의 본줄기로 떠오르면서 혜능의 법손들에 의해 선의 황금시대를 맞이하게 됩니다. 선장들의 선풍에 따라 선종의 5가家가 형성되고 수선 방법에 따라 간화선과 묵조선의 번창, 발흥의 역사적 상황, 또 간화선의 임제종과 묵조선의 조동종의 수선방법을 알고 싶습니다.

1) 간화선과 묵조선의 발흥

선이 간화선看話禪과 묵조선默照禪으로 성립되기 까지는 달마서래 700년 뒤에 일이 됩니다. 달마 200년 뒤에 선의 대종장인 육조 혜능이 선법을 고양한 시절에도 공안화두, 간화, 묵조라는 말이 없었을 뿐 아니라, 그러한 어구도 쓰인 적이 없었고, 육조 후 약 300년간 당의 중엽부터 남송에 이르기까지의 서기 8세기 중엽에서 10세기 초에는 육조 문하에서 배출되는 대 종장들의 각 가풍이 진작되는 선학의 황금시대인 5가 7종을 형성하던 시대로서 중국에 있어서 선가의 대흥성기였음을 사서 및 어록에 의해서 알 수 있습니다. 선문이 크게 흥성함을 이 시절에 이루었지만, 이 시절에는 간화선이나 묵조선이라는 양식의 선법은 없었습니다. 다만 공안이라는 어구가 8세기 말경 황벽, 덕산, 진존숙 등의 선장들이 사용했음을 볼 수 있습니다. 이분들의 선풍도 역시 임기직시臨機直示 '그때 그때 곧 바로 보였'을 뿐, 공안에 의한 선을 고취한 것이 아님은 그들의 어록을 살펴도 분명히 나타납니다. 단순히 자가방편自家方便으로 썼던 것입니다.

간화선이란 수선에 대한 창의적인 수단이며, 막힌 것을 터뜨리는 활발발活潑潑한 공안을 참구하여 오경悟境에 들어가는 것이며, 지혜와 선정을 쌍수雙修하는 적극적 선풍이라 할 것입니다.

간화선은 대체로 10세기 초 대혜大慧宗杲, 1089~1163에 의해 임제종의 수선법으로 자리 잡게 됩니다. 10세기 초 계붕繼鵬은 처음 쌍천雙泉에게 〈파초주장자화芭蕉拄杖子話〉 화두話頭·公案를 제시 받았다 하며 같은 시대에 진여는 낭야 혜각琅琊慧覺의 제자로서 〈정전백수자화庭前栢樹子話〉를 참하였고(『오등회원』, 20) 오조 법연五祖法演은 〈조주의 무자화無字話〉 화두로 학인을 제접하였다고 합니다. 대혜의 법사인 원오 극근圜悟克勤도 〈정전백수자화〉를 투과하였습니다. 이렇게 싹튼 간화선은 대혜에 이르러 적극적으로 고취되고 선양됩니다. 대혜는 〈항다반무자화恒茶飯無字話〉로 학인들을 제접하였고, 혹은 〈마삼근麻三斤〉, 〈간시궐乾屎橛〉, 〈일귀하처화一歸何處話〉 화두도 제시하였습니다. 이로부터 간화선은 임제종의 공식선이 되었습니다.

선종이 각각의 가풍과 수단을 발휘함에 따라 혹 순리적으로 혹 역설적으로 혹은 동작으로 '그 슬기에 당면하여 물물을 제접應機接物' 하여 가는 도정에서 선풍을 더욱 진화적으로 그 본지풍광本地風光을 드러내게 되었고, 드디어 할喝, 주장자로 때리기柱打, 상을 두드리기鼓床, 눈썹 찡그리기揚眉, 눈 부릅뜨기怒目 같은 풍이 생기게 됩니다. 마조, 임제, 황벽 같은 늠름하고 살활殺活이 자재한 눈 푸른 종사가 나타나 선의 본지풍광本地風光을 유감없이 드러내었습니다. 학인들은 그 풍을 본받았고, 이것이 선가의 한 뿌리가 되어 이 일을 알든 모르든 상관하지 않고 할과 방을 날리는 풍이 유행하게 되어 혼란이 생기게 됩니다. 이런 행동은 학인의 알음알이나 슬기를 도적질賊機하므로 정신적 공황에 들게 하는 방편법문입니다. 이와 같은 선행禪行의 남발은 선의 품위와 위의, 절실함을 자연 떨어뜨리게 합니다. 따라서 똑바른 깨우침, 그 방편을 지키려는 어떤 일정한 방법과 양식이 요청되게 됩니다.

조사선에서는 반드시 깨달음의 소식을 제방 선장들을 찾아가 법거량法擧揚하고 인가를 받아야 된다고 강조합니다. 법거량은 깨달음 자체가 자기중심의 독선적인 것이어서 자칫하면 스스로 만족하는 독각獨覺에 빠질 위험을 배제코자 하는 설치된 기관인 것이지요. 여기서 중생들을 위한 선지식들의 할머니 같은 자비심절을 느끼게 합니다.

2) 대혜의 간화선과 천동의 묵조선

(1) 대혜의 간화선이란?

간화선은 한마디로 화두인 공안을 참구하는 선을 이릅니다. 화두는 나라에서 꼭 지켜야 할 비밀한 공문서와 같다하여 공안公案이라 부릅니다. 대체로 화두가 1,700[56]가지가 된다고 합니다. 진각 혜심의 『선

56 공안이 1,700이란 말은 『전등록』에 등장하는 선사들이 1,701명이어서 쓰게 된 것이라고 전해 온다.

문염송禪門拈頌』은 공안집이고, 원오 극근圜悟克勤, 1063~1135의 『벽암록』 역시 공안을 보여준 책입니다.

간화선을 주창한 대혜大慧宗杲, 1089~1163는 원오의 제자입니다. 임제의 10세 법손十世法孫[57]이고 원오의 법자로서 법명은 종고이고 시호는 보각普覺입니다. 혹은 경산 종고라고 부르기도 합니다. 벽력같은 늠늠한 임제가풍을 이어 진작하였고 선풍은 간명하고 예리한, 대 활동가로서 학인을 제접하고 속인을 제도하였습니다. 당시는 북송北宋, 960~1127 말이고 남송南宋, 1127~1279의 초기의 혼란기였습니다. 대혜가 살고 있던 송대의 불교는 당대唐代, 618~906의 불교와 완전히 다른 모습을 띠게 됩니다. 창조적이고 풍부한 활력으로 당대를 이끌었던 조사선은 북송 시대에 이르러 새로운 발전을 하지 못하고 이전의 형식만을 답습하기에 급급했습니다. 당대 말부터 총림의 타락과 세속화는 송대에 이르러서는 최극에 달했고, 남송에 들어와서는 총림은 부를 축적하는 하나의 수단이 되어갔습니다. 따라서 남송의 선원은 귀족화 부유화 되어 감으로 총림에 수도하는 선승들은 수행에 전념하지 않고 외로 나태해지고 세속화되어 갔습니다. 당대와 오대五代, 907~960를 지나 남송 때는 성리학이 시대적 주도권을 잡기 시작한 시대입니다. 주희朱熹, 1130~1200를 대표로 하는 이 시대의 성리학자들은 숭유억불崇儒抑佛의 태도를 견지하고 있었습니다. 이런 시대에 불교를 끌고 가는

57 임제종의 종조 임제 의현으로부터 10대이고 양기파 조사 양기방회로부터 4대에 속한다. 홍화존장-풍혈연소-수산성념-분양선소-석상초원-양기방회-백운수단-오조법연-원오극근-대혜종고이다. 고려 말 태고보우와 나옹혜근은 원오극근 법사法嗣이고 대혜종고와 사형제간인 호구소융으로부터 응암담화-밀암함걸-파암조선-무준사범-설암조흠-급신종신에 이르러 석옥 청공과 평산 처림을 두니, 태고 보우는 석옥 청공을 법사하고 나옹 혜근은 평산 처림을 법사하였다. 우리나라 선문의 법계는 여기서부터 시작하는 임제종 양기파이다.

대표적인 선장禪丈으로서 대혜는 대내외적으로 많은 어려운 일에 봉착하게 되고 이를 타개하기 위해 애씁니다. 외적으로는 성리학과 타협을 하고 내적으로는 더욱 활발한 선풍인 적극적인 간화선을 주창하게 됩니다. 그리고 정치에도 불가불 간여干與하여 요와 금나라의 침구를 받는 국가정국에 대하여 주전론을 부르짖습니다. 이로 인해 주화파 진회 등의 미움을 받아 그의 나이 53세(1141년) 승적을 박탈당하고 국사범으로 유배당합니다. 15년이라는 세월을 보낸 후, 진회가 죽은 후, 다시 승적을 되찾게 됩니다. 이런 것으로 보아 대혜는 재주와 지혜도 있고 학문도 갖춘 선사였고 정치에도 관심이 있는 선기활용禪機活用에 패기 있는 행동가라는 느낌을 받게 됩니다.

그의 게송 한 수를 읽어봄으로 그의 패기 찬 용모에 다가가 보겠습니다.

늙은이가 나자마자 분주히 굴어	老漢纔生便着忙
일곱 걸음 걸으니 미치광이 닮았네	周行七步似顚狂
무한한 어리석은 남녀를 속였으니	慊也無限癡男女
눈을 뜨고 의젓하게 끓는 가마에 들으리	開眼堂堂入鑊湯

— 대혜고

잠시 위의 게송을 읽고 풀며 넘어가고자 합니다. 쉬어 쉬어 가는 것도 한 방편이지요. 이 게송은 『선문염송』 「주행칠보周行七步」 공안에 대한 대혜 종고의 게송입니다. 본칙은 아래와 같습니다.

> 세존께서 태어나자마자 두루 일곱 걸음을 걷고 눈으로 사방을 둘러보고 한 손으로 하늘을 가리키며 다른 한 손으로 땅을 가리키면서 "하늘 위나 하늘 아래에 나만이 존귀하다" 하였다. 운문언이 염하기를 "내가 그때 이 꼴을 보았더라면 한 방망이로 때려 죽여 개나 배불리 먹게 하여 천하가 태평하게 했을 것이다" 하였다.[58]

큰일입니다. 아기 세존이 태어나자 말자 '천상천하에 내가 제일 존귀하다'란 말에 천하가 떠들썩하니 이게 웬일입니까? 그의 후손들이 2,000여 년을 두고 무려 17개의 게송을 붙였고 19개의 염을 들었습니다. 아니 현금도 멍텅구리 우리들이 왝왝 소리를 내지르고 있지요.

1행의 늙은이老漢[59] 태어나자 말자 그 순간부터 천태만양으로 횡설수설하며 우후죽순처럼 자발광自發光을 합니다. 이 모두 우리들 입장에서는 아이러니입니다. 반어적 기법인 동시에 표전의 세계가 아닌 이면의 세계를 이렇게 표현한 것입니다. 그렇다고 이면의 세계가 다른 먼 곳의 이야기가 아니니 살필 일입니다.

간화선과 대혜를 언급하자니 『벽암록碧巖錄』을 말하지 않을 수 없습니다. 『벽암록』은 오늘 날까지 간화선의 성전으로 널리 애송되는 것은 임제종을 중흥시킨 대혜와 그의 스승 원오가 편찬하였기 때문일 것입니다. 원래 『벽암록』은 운문종의 4대손인 설두 중현雪竇重顯, 980~1052이 지은 「송고백칙頌古百則」에다 원오가 수시垂示와 착어着語, 평창評唱

58 『선문염송』 권1, 2칙, 「주행칠보周行七步」 공안. "世尊 初生下時 周行七步 目顧四方 一手指天 一手地指云 天上天下 唯我獨尊. (雲門偃 拈 我當時若見 一棒打殺 與狗子喫却 愧圓天下太平)"

59 노한老漢, 즉 늙은이는 표전表全하면 석가를 지칭하지만 내적으로는 토끼뿔이나 돌여인, 혹은 유일물有一物, 무일물無一物로 지칭되는 본지풍광本地風光을 이른다.

을 더해 『벽암록』을 편찬한 것입니다. 『송고백칙』이란 말은 선화 100칙에다 게송을 덧붙인 것이고, 여기에 원오가 더한 수시는 전문에 해당하며, 착어는 활주闊註나 각주脚註에 해당하며 평창은 다소 긴 문장으로 된 총평에 해당합니다. 원오는 임제종 양기파의 적손이기 때문에 자연 『벽암록』은 임제종 계열에서 애송 열광하였고 조동종에는 천동 정각天童正覺, 1091~1157의 「송고백칙頌古百則」에 만송 행수萬松行秀, 1166~1246가 시중示衆과 착어 평창을 붙여 편찬한 『종용록從容錄』을 더 애송하였습니다. 이 두 권의 책에 힘인지 임제종과 조동종 크게 발전하고 오늘 날까지 그 법손들이 천하를 들먹이고 있습니다. 너무나 유명해져 선객들이 실참실수實參實修보다 『벽암록』을 오래 동안 암기하고 익혀서 공안을 투과한 것 같은 흉내를 내는 것을 본 대혜는 스승이 편찬한 『벽암록』을 태워버립니다. 확실치는 않지만 판본을 태운 시기는 천동과 간화・묵조 논쟁이 극성할 때로 봅니다. 마지막으로 대혜의 임종게를 읽으며 대혜의 장을 넘기고자 합니다.

삶이란 다만 이러하고	生也只任麽
죽음이 다만 이러할 뿐인데	死也只任麽
게송이 있고 없고가	有偈與無偈
그게 이 무슨 뜨거움인가	是甚麽熱大

(2) 천동의 묵조선이란?

천동산 굉지 정각宏智正覺, 1091~1157은 조동종의 단하 자순丹霞子淳, 1064~1117의 제자입니다. 조동종 종조 동산으로부터 10대에 해당합니다. 동산 양개-운거 도응-(동안상찰 · 동안도비)-동안관지-양산 연관-대양 경현-투자 의청-부용 도해-단하 자순에게 법사法嗣 하였습니다. 정각은 법명이고 굉지는 나라에서 받은 사호賜號입니다. 그의 깨달음은 『법화경』을 보다가 '부모로부터 태어날 때 지니고 있는 눈으로 삼천대천세계를 두루 다 본다'는 대목에 이르러 홀연히 자성에 계합합니다. 천동은 이 경구에서 '세상에 처음 출생할 때부터 지닌 각자의 성품 그대로가 진리의 모습이고 그대로가 세상에 드러나 있음'을 본 것입니다. 이것은 천성으로 법계의 두두물물을 여시하게 꿰뚫어 봄을 말합니다. 비롯함이 없는, 본래의 진면목 그대로가 무한실상 자체임을 드러난 것입니다. 이것이 천동의 묵조선 사상의 바탕을 형성하고 있다고 할 수 있습니다. 오랜 고행 끝에 39세에 천동산에서 30년 가까이 주석하므로 선가에서는 천동天童이라는 호로 부르게 됩니다.

그럼 이제 천동의 『묵조명默照銘』 한 부분 읽고 이 대문을 마치기로 하겠습니다.

> 묵묵히 일체의 언어를 끊고 좌선할 때 불성의 영묘한 작용이 분명히 깨달음의 세계가 그대로 드러난다. 비출 때는 확연하여 텅 비어있지만, 그 불성의 본체는 영묘히 작용하고 있다.
>
> 깨달음의 세계에 자취를 남기지 않는다. 묵묵히 좌선할 때가 바로 지극

히 뛰어난 언어를 표현하는 것이며 깨달음의 법계에 널리 비추고 있다. 묵묵히 좌선할 때에 삼라만상이 모두 광명을 놓아 설법하고 증명하여 잘 맞아 하나가 되어 상응할 때 깨달음으로 비춘 세계照에 선默이 없으면 곧 미혹하게 된다. 묵묵히 좌선하는 가운데 깨달음의 비춤이 없으면 모두 지나친 것이 된다. 묵조의 이치가 원만할 때에 연꽃이 피고 꿈에서 깨어나 그것은 마치 백천百千의 강이 바다로 흐르듯이 묵조일여默照一如의 세계를 체득하면 우리 종지宗旨 간신히 도착하는 것과 같다. 우리 종지인 묵묵히 비추는 깨달음의 세계는 하늘에서 지옥에 까지 비추고 있다라고 하여 묵은 언어나 분별을 떠난 세계 조照는 텅 비어 분명하여 스스로 비추니 애써 마음 쓸 일 아니고 생각으로 헤아릴 곳 아니니 의식과 망정으로 측량키 어렵다.

원래 이 묵조라는 말은 승조僧肇, 384~414가 쓴 『조론肇論』에 기록된 "성인은 깊은 마음으로 묵묵히 비춘다"라고 한 것을 보면 본래의 명상을 의미한다고 볼 수 있습니다. 따라서 묵조선은 오랜 세월을 이어 내려오는 정통선을 더 깊게 실참실수하는 본래의 명상이라는 생각이 듭니다.

67세에 묵조간화 논쟁의 대상이었던 대혜 종고에게 후사를 부탁하며 아래와 같은 임종게를 남기고 입적합니다.

몽환 같고 허공꽃 같은 육십 칠년	夢幻空華六十七年
백조 같은 안개 잦으니 가을물빛 하늘에 닿아라	白鳥煙沒秋水天連

3) 간화선과 묵조선의 차이점과 유사점

간화선은 화두를 참구하는 선수행입니다. 일반적으로 선의 스승이 수행자에게 화두를 주어 화두를 보고 깨치게 하는 수선법입니다. 스승이 준 화두가 순일하게 발전되면 스승에게 참문하여 제일명제인 화두란 의심덩어리를 터뜨리게 하는, 혹은 적기賊機되어 더 이상 들어갈 수도 나갈 수도 없는 마지막 순간, 줄탁동시啐啄同時의 계합, 이것은 선가에서는 견성, 증오라는 말로서 가볍게 말합니다. 선사에겐 화두는 제자를 제접하는 방편적인 도구이고 시설이지만 수선자로서는 지상 최대의 공안으로 마음자리에 고심덩어리로 가라앉게 됩니다. 이러한 스승과 제자 사이에 서로 다른 입장은 상호간에 가르침과 배움이 서로 동시에 의문과 편달은 선수행의 발전을 보게 됩니다. 송대에 이르러 가르치는 선장에 따라 깨달음을 성취하는 수선 방법에 있어서 다른 대표적인 두 선사가 바로 대혜 종고와 천동 정각입니다.

대혜가 간화선을 주장하게 된 그 이유는 여려가지가 있지만, 사상적으로 당대唐代에서부터 선의 황금시대를 맞은 선종이 점차 세속화되어 가고 청렴가풍이 무너짐에 따라 새로운 방법을 제시해야 살아남을 수 있다는 절박감과 또 사상계의 흐름이 성리학으로 바뀌어 감에 따라 선종이 사회의 리더로 자리가 허물어짐 등을 고려할 때 선불교에선 자구책으로 방법의 변화가 필요했던 것입니다. 침체되고 나태해진 선풍을 시대에 알맞게 개선해야 할 절대적 필요에 의해 적극적인 간화에 의해 총림을 바로 세우느냐 하는 시대적 사명감, 이것이 간화선을 주장하게 된 배경이라 생각되어집니다. 반면에 청동은 좌선을 더욱 면밀하고 깊고 명백하게 함으로 무사선無事禪에서 벗어나 순수선을 추구함으로 선풍을 진작시키고자 하였습니다. 대혜는 적극적으로 깨침을 강조하지 않고 그저 묵묵히 앉아 좌선만을 고집하는 무사선의 수행법을 부정하였습니다. 화두를 들어 망상을 제거하므로 견성을 하고자 하는 적극적인 참구로 해이해진 선풍을 세우고자 한 것입니다. 기강을 잡음으로 시대의 위기를 극복하고자 했던 대혜에게는 화두를 참구하지 않고 묵묵히 앉아 있는 것이야 말로 모든 번뇌와 망상의 근원이 된다는 생각이었습니다. 대혜에게는 좌선이 깨침 자체라는 묵조선의 수선법을 받아드릴 수 없었던 것입니다.

따라서 송대에 간화선이 등장한 근거는 올곧은 수행을 진행시키기 위한 모색에서 찾을 수 있습니다. 곧 수행에서 겪는 망상으로 인한 산란심과 적적공무寂寂空無에 떨어지는 혼침昏沈을 다스리고 화두일념의 상태를 유지하는 것이 그 첫째 이유였습니다. 화두일념이란 화두를 들어 통째로 간파하여 추호의 의심 없이 그 전체를 체험하여 자신이 화두 자체가 되는 과정을 말합니다. 이런 까닭에 고봉高峯原妙, 1238~1295은 그의 저술 『선요禪要』에 간화선 수행은 대신심大信心 · 대의심大疑心 · 대분심大憤心을 세 가지 필수 요건으로 언급했습니다.

우리나라 서산 휴정淸虛休靜, 1520~1610은 임제선의 가풍을 '알몸에다 단도를 들고 부처님도 용서 없고 조사라도 죽인다 (…중략…) 임제선을 알려는가? 푸른 하늘 벼락치고 평지에 물결인다'라고 노래했습니다. 이러한 것은 보조에서 시작되는 대혜의 간화선의 선양과 그의 제자 혜심의 공안집 『선문염송』 안착에 기인한 것이라 할 수 있습니다.

그리고 간화선자인 성철의 임종게[60]에도 단도직입單刀直入적이고 활발발活潑潑함이 여지없이 드러납니다. 그럼 활발발지活潑潑地란 무엇일까요?

일생 동안 남녀의 무리를 속여서	生平欺狂男女群
죄업은 하늘에 넘치고 수미산을 지나치네	彌天罪業過須彌
산채로 아비지옥에 떨어져 한이 만 갈래나 되니	活陷阿鼻恨萬端
붉음을 토하는 수레바퀴 하나 푸른 산에 걸렸네	一輪吐紅掛碧山

성철의 임종게에서도 이르는 "붉음을 토하는 수레바퀴 하나 푸른 산에 걸렸네一輪吐紅掛碧山" 하는 이 풍광입니다. 대자유인大自由人 무사한인無事閑人 무위진인無爲眞人의 본지本地를 이르는 것입니다. 그렇다고 그리 되는 것이 아니라 오직 그렇다는 것입니다.

임제선은 주로 화두를 생명으로 여기고 화두를 타파하는데 아무래도 묵조선은 천동의 어록에도 보이듯이 "고요하고 고요해서 말을 잊은 것이 묵默이고, 신령스럽게 일체가 드러나는 것을 조照라 한다. 이것이야 말로 본래면목이며 이 밖에 무얼 따로 구한단 말인가" 하는 말에도 잘 들어납니다. 간화선은 주로 화두를 들고 고칙을 투과하는 수선修禪을 하며, 돈오돈수와 같은 활발발한 선풍을 지내는데 반하여, 조동선

60 1행, 2행, 3행은 본래면목은 언어나 문자로 표현되어지는 곳이 아니므로, 우리의 느낌, 인식, 표상, 알음알이에서 벗어나는, 아니 안이비설신의로 잡을 수 없기에 문학적인 역설이나 부정적인 표현을 하여 그 뜻을 드러내려 한다. 즉 적기수사법賊機修辭法을 적기란 상대방의 슬기가 되는 기틀을 빼앗으므로 정신적 공황에 들게 하여 본래면목을 스스로 보게 하는 비유법을 쓴다. 마지막 4행은 성철의 안목이 그대로 들어나는 행입니다. '일륜토홍괘벽산一輪吐紅掛碧山' 한 수레바퀴가 붉음을 토하며 푸른 산에 걸렸다'로 직역되지만, 실은 바로 우리가 이고 있는 우리가 살고 있는 절대현재의 이 찰나를 그대로 표현한 것이다. 간화선자 다운 기걸氣傑차고 호호탕탕浩浩蕩蕩함이 충분히 드러난다고 할까.

인 묵조선은 화두마저 버리고 묵조를 강조하였습니다. 묵조默照한다는 말은 앞의 청동의 어록에 말과 같이 적멸에 들어 면벽좌선에 든다는 것입니다. 이를 테면 호수가 흐려져 하늘에 뜬 달이 보이지 않을 때는 흙탕물이 고요해지면 가라앉자 달이 잘 보이듯이 마음이 어지러울 때는 적멸에 들면 마음자리인 본래면목이 드러난다는 것입니다. 이 선풍은 『화엄경』의 이사무애理事無碍 사사무애事事無碍와 같은 원융한 사상과 선이 접목된 것이라 생각이 듭니다. 곧 이 수선은 화두를 보아서 깨달음에 든다는 것 자체가 화두에 도리어 걸리는 어리석음을 짓는 것일 수 있다는 가르침일 것입니다. 오직 염염무심念念無心으로 본래의 우리의 면목을 봄으로 자타불이自他不二의 심심미묘甚深微妙한 자리에 이룸을 주장합니다. 이런 종풍은 그의 「송고백칙」 게송인 『종용록』 57칙의 게송에도 잘 드러납니다.

해묵은 뱃사공	三老暗轉柂
외로운 배는 밤머리를 돌리네	孤舟夜回頭
갈대꽃 핀 비온 언덕에 눈 내리고	蘆花雨岸雪
안개 낀 강은 시름에 젖네	煙水一江愁
바람은 돛 밀어 노 젓지 안 해도 가네	風力扶帆行不棹
젓대소리 달 불러 창주로 내려간다	笛聲喚月下滄洲

이런 주장을 펴는 천동의 묵조선에 대하여 대혜는 이런 선은 현실도피에 불과하며, 그저 앉아 있는 고목무심枯木無心의 사선邪禪으로 질타하였습니다. 천동산에 주석하고 있던 굉지 정각은 임제종의 간화선

이야 말로 화두를 드는 선, 깨달음을 기다리는 선이므로 제일의第一義의 선이 아니라고 대응하며 나섰습니다. 이로써 묵조 간화의 대논쟁이 벌어졌습니다. 이 논쟁의 발단, 그 제공자는 대혜였습니다. 어떻게 보면 대혜는 조동선을 공박하며 돌아다녔고 정각은 천동산에 조용히 앉아 묵조의 법만 펴나가고 있었습니다.

몸 있기 전이나 후나 홀로 신령함이라	身前身後獨靈靈
모든 여래가 이 말씀에서 나왔네	一切如來出次經
미친마음 쉬어 다하면 몰록 모양 보려니	歇盡狂心便相見
물에 어린 가을하늘 맑아 달이 머물러라	水秋天淨月亭亭

— 굉지 정각

위의 게송에도 보이듯이 '바깥 모든 인연을 쉬고 안으로는 헐떡거림이 없어 마음이 장벽과 같아야 가히 도에 들 수 있다'라는 달마의 선지禪旨와 다르지 않습니다.

곧 '묵묵히 좌선하는 가운데 영묘한 마음의 작용이 있다' 하는 것이 묵조선의 종요宗要입니다. 이런 조동종의 묵조선은 석가세존으로부터 전래되는 여래선이자 상수멸정想受滅定의 대원경지大圓鏡智이며 무여열반無餘涅槃인 정통선이라 할 수 있습니다.

그리고 당대 말기부터 300여 년 형성되어온 조동종의 수선법에다 묵조선이라는 새로운 수행법을 가미한 참선으로서, 임제종 양기파의 대혜에 의하여 형성된 간화선과 같은 시대에 출생하여 선종의 역사에 큰 기여를 했습니다. 이때 조동종의 전통적인 천동 정각 선풍은 도원

(도오겐)에 의하여 일본으로 건너갔습니다. 묵조선은 오직 묵묵히 오래 앉아 있는 지관타좌只管打坐, 곧 올바른 좌선, 늘 깨어있는 좌선, 지속적인 좌선, 오직 깨침의 자세로 좌선을 말합니다. 묵묵히 좌선에 임하는 것이 묵조선의 종요이면서 동시에 특징이기도 합니다. 이 좌선은 본증자각本證自覺이라는 본래성불해 있다는 사상을 바탕으로 하고 있습니다. 현성공안現成公案이란 스스로가 알고 모르고가 상관없이 이미 하나의 실증이며 그 실증이 그대로 노출되어 있음을 말합니다. 현성되었다는 것은 이미 노출되어 있다는 것으로 우리의 본래면목이 애초부터 드러나 갖추어져 있다는 것이 전제되어 있습니다. 오직 이러함을 자기의 것으로 알아차림 이것이 자각입니다. 곧 스스로의 자自와 깨달음의 각覺이 동시성으로 구현되어있음이 현성공안입니다. 또 스스로가 바로 현성공안된 당사자란 것입니다. 그래서 자신이 당초부터 진리와 하나가 되어 있는 경우를 말합니다. 이와 같이 우리가 현성공안이게끔 만들어 가는 행위가 좌선이라는 신체 행위이고, 그것을 자기의 것으로 만드는 것을 자각이라는 인식행위이며, 곧 현성공안이라는 집착을 벗어나 탈락된 공안으로 되돌아오는 신심탈락身心脫落의 경험입니다. 이렇게 될 때는 몸과 마음, 집착이 전무全無하다는 의미이고, 육체적 신체와 정신적인 자각과 실제적인 경험이 바로 이 자리에 일어나고 있음을 자각하는 것이 현성공안 원리라 하겠습니다.

간추리면 당초부터 좌선은 선 수련의 전부이며 좌선은 깨달음을 드러내는 행위이기 때문에 좌선은 바로 깨침이며 깨침으로 좌선이 되는 것입니다.

4) 대혜와 청동의 교우와 『벽암록』의 중요성

대혜가 천동보다 2살 손위라는 것을 보아 서로 선풍은 달라도 무척 심적으로 통하는 도반으로 여겨집니다. 당시 임제선과 조동선을 대표하는 선장으로서 수선방법으로 논쟁을 했더라도, 대혜가 15년간의 유배에 풀려 나왔을 때, 천동이 솔선하여 조정에 추천해서 광리사의 주지가 되게 하였고 식량도 미리 비축하여 두었다가 보내 주었습니다. 이에 대혜는 크게 감동하여 천동산에 가서 사례를 하고 두 사람이 서로 후사를 부탁하기까지 하였습니다.

1157년 천동이 입적하매, 서로의 약속에 따라 대혜는 천동산 주지를 있습니다. 이런 사실들로 보아 대혜는 명쾌한 성품에다 활발한 기지를 타고 났다는 생각이 들고, 청동은 세심하여 매사를 긍정적으로 살피는 명안종사明眼宗師였다는 생각이 듭니다. 앞의 『벽암록』을 태워버린 이유는 대혜의 타고난 천성과 또 하나는 수행자의 희론戱論들에 의해 불태워졌다는 것입니다. 구판 『벽암록』에 후서를 쓴 경산 희릉徑山希陵, 1247~1322의 기록에 의하면 선수행자들이 『벽암록』을 반복하여 읽고 암기하고 참구함으로, 스스로 깨달았다는 착각을 하여 스스로 깨쳤다는 생각에 빠져들고, 빠질 수 있습니다. 그리하여 그들의 공부를 거량해보면 실참이 아닌 『벽암록』에 원인[61]이 있다는 것을 알게 됩니다.

61 희릉의 후서-원오 선사께서 설두 스님의 「송고백칙」을 평창해주셨다. “(…중략…) 수정 같은 태양이 솟으니 현묘한 문빗장이 훤하고 둥그런 달이 뜨니 어두운 실내가 밝아진다. 어찌 옅은 지식으로 이렇게 할 수 있으리오. 뒷 날 대혜 선사가 학인들이 입실하여 하는 말들이 자못 괴이하다고 의심하였다. 그래서 잠깐 검사를 해보니 삿된 칼이 저절로 꺾어지고 다시 한 번 족치니 항복하여 말하기를 “저는 『벽암집』에 있는 말을 외운 것이지 실은 제가 깨달은 게 아닙니다”라고 대답했다. 후학들이 그 근본을 밝히지 못하고 그저 말 잘할 것을 헤아리

곧 간화선이 구두선口頭禪으로 떨어지는 큰 낭패를 보게 되고, 묵조선과 논쟁에서도 묵조를 비난할 동기를 잃어버리게 됩니다.

그러나 이러한 사실은 『벽암록』이 비록 언어문자로 쓰여 있지만 얼마나 깨달음에 근사한가를 되돌아 생각하게 하는 반증이 되기도 합니다. 그 후 원나라 대덕년 간1297~1307 장명원 거사가 사본과 판본을 찾아내어 『종문제일서 원오벽암집』으로 간행한 것이 오늘날 우리가 보는 『벽암록』입니다. 근래의 평론가이며 학승인 김운학이 다음과 같이 『벽암록』을 해제하고 있습니다. 그러나 아래의 문장에서 저는 단지 상징이란 말 대신 실상이란 말이 정당하다고 생각됩니다. 바로 나타나는 두두물물은 정신적 측면과 현현하는 실물 모두 실상일 뿐이고 상징이란 말은 물심이원론에 의해 만들어진 말이기 때문입니다. 천하에 들어나는 일체의 실실허허實實虛虛의 상은 모두 실상實相이고 불이不二이기 때문입니다.

> 『벽암록』은 불교의 진수인 불립문자 교외별전의 뜻을 문자로 가장 정확하게 나타내고 있으며, 심오한 명상적 세계를 최고의 문학적 **상징**과 뉘앙스로 잘 드러내고 있다. 표현할 수 없는 그 최고의 철학과 **상징**을 직접 느끼고 짐작할 수 있는 유일한 화두집이 『벽암록』이 며 불교 철학에서나 문학적 가치로도 최상의 명저라고 평가되고 있다.
>
> — 안동림 역주, 『벽암록』 「해설」, 현암사, 1978

므로 불을 질러 이 폐단에서 구하려 했다. 그러나 이 책을 만든 것이나 이 책을 불 지른 것이나 그 마음은 한가지이니 어찌 서로 다르겠는가?"

질문 6. 돈오돈수와 돈오점수 / 보조와 성철의 사상 전개와 선문염송

초기불교에서 수행인의 근기에 따라 돈오적인 법문과 점오적인 법문이 상존해 왔음이 『아함경』 등에서 보입니다. 그러나 중국으로 전파된 불교는 격의시대를 거치면서 선불교로 중국에서 자리매김 후, 6조 혜능과 신수 대에 이르러 돈오돈수와 돈오점수의 논쟁을 거치면서 송대에 이르러는 대혜의 간화선과 청동의 묵조선의 논쟁에 의해 임제종은 간화선 조동종은 묵조선으로 천하가 나누어 졌음을 보았습니다. 후대에 이르러 특히, 근래의 우리나라 대선장인 성철이 조계종 종조인 보조에 대해 강한 비판을 하였습니다. 이 문제를 상세히 말씀해 주세요.

1) 보조와 성철의 돈 · 점의 사상 전개와 문제점

(1) 보조선의 이해

보조普照知訥, 1158~1210는 신라 9산선문의 굴산산문[62]의 종휘의 제자입니다. 보조가 산 12~13세기는 고려의 혼란 시대입니다. 무신들은

62 굴산선문은 개산조 범일梵日, 810~889이 세운 신라 구산선문의 하나. 범일은 마조의 법자 염관 제안의 법을 받고 847년 귀국하여 강원도 명주에 사굴산(굴산)에 굴산사를 세우며 선문을 개창하였다(『조당집』 권17 「명주 굴산 통효대사전」; 『삼국유사』 권3 「낙산이대성관음조」 참조).

1170~1270년까지 100년간 정권을 잡았습니다. 인종 때 일어난 이자겸의 난과 묘청의 난은 왕권의 약화를 가져왔고 뒤이어 정중부의 난과 최충헌의 무신정치로 인한 지방에는 민란이 끊어질지 몰랐습니다. 이 혼란기에 보조는 고려의 불교를 안고 고민한 또 그 문제를 풀기위해 평생 쉬지 않고 진력을 다한 선사입니다. 그의 가르침과 저술은 바로 이 문제를 풀기위한 고뇌와 실천을 떠나 보조의 대한 논의는 불가합니다.

보조가 돈오점수설을 왜, 주장했는가를 미리 알아보는 것은, 보조에 대한 성철의 비판을 읽기 전에 살펴봄이 타당하다는 생각입니다. 고려 불교는 건국 초부터 왕실과 불가분의 관계를 맺어 왔습니다. 1126년 이자겸의 난 1135년 묘청의 난 1170년 정중부의 난 1196년 최충헌의 난 등 100여 년의 무신정권으로 말미암아 고려조정은 약화되어 혼란 속으로 빠져들었고, 더욱이 무신의 난 와중에 승려들이 직접 난을 일으키기도 하는 과정에 불교는 점점 본연을 벗어나 타락과 불안정한 혼란기로 빠져들었습니다. 깊이 통탄한 보조는 기강을 바로잡고자 보제사 담선법회에서 정혜결사를 주도하였고 선승으로서 보조는 보문사에서 3년 동안이나 대장경을 열람하였으며 수선사결사 등은 현실참여의 보살정신을 보여준 선사였습니다.

보조의 법문을 듣는 사람은 수선이 극처에 달한 수행자가 아니고 불교나 선에 관심을 갖는 일반신도나 처음 발심한 사람들이라 할 수 있습니다. 돈오점수설을 보조가 발명한 독창적인 학설이 아니라 보조가 종밀宗密, 780~842의 학설을 빌려 부패와 혼란에 빠진 고려불교를 일으키고자 하는 방편법문입니다. 보조가 스스로 증득한 경지를 말한 것이 아님을 우선 알아야 할 것입니다. 방편법문이라 하면 언어문자로 표현할 수 없는 깨침의 증처證處가 아니고 주지적 사상체계를 방편 상 에둘러 설법한 것입니다. 따라서 보조의 저서인 「정혜결사문定慧結社文」이나 「수심결修心訣」, 「진심직설眞心直說」은 모두 하나같이 말법시대에 태어난 이들을 정혜의 문으로 들어설 것을 권하는 법문으로 되어 있습니다. 법문은 중생들이 초발심을 일으키기를 기원하는 노파심절을 보이고 있습니다.

「정혜결사문」은 보조의 나이 33세 되던 해에 당시 승려들의 명예나 이욕에 끄달린 타락상을 개탄하고 진실한 수행자들과 더불어 새로운 수도결사를 하자는 선언사라 할 수 있습니다. 무려 1만 자나 가까이 되는 이 글은 선종의 선과에 합격하던 25세 때 만나 뜻을 같이 나누었던 10여 인의 동지와 더불어 결사할 때 지은 것입니다.

> 우리들이 말법시대에 태어나서 품성이 둔하고 어리석으나 만일 스스로 퇴굴하여 모양에 집착해 도를 구하매 앞으로 좇아 배워 얻은 '선정과 지혜定慧'의 묘한 법문을 어떤 이가 행동 할 것인가. 행하기 어려운 까닭에 버리고 닦지 않고 익히지 않는 까닭에 수많은 겁을 지내면 더욱 어려움이 있으니 …….
>
> — 탄허, 『보조법어』 「정혜결사문」, 교림, 1982, 8쪽

「정혜결사문」의 원제原題는 「근수정혜결사문勸修定慧結社文」입니다. 원제에서 보듯이 부지런하게 정과 혜를 닦는다는 결사문입니다. 정定·혜慧는 선정이 있고 지혜가 따로 있음이 아니라 바로 불이不二의 일심법입니다.

「정혜결사문」의 주 내용은 정과 혜를 이원적인 입장이 아니라 선·

교가 둘이 아니듯이 정혜쌍수定慧雙修의 실참실수實參實修 통하여 혼탁한 사회를 정화하고자 하는 권선문이고 서원서라 할 것입니다. 앞의 인용문에서도 나타나듯이 청년 보조의 보살정신이 배어 있음을 읽을 수 있습니다.

다음은 보조의 「수심결」을 살펴볼까 합니다.

> 슬프다! 이제 사람이 미迷해 옴이 오래인지라 자심이 이 진불인줄 알지 못하고 자성이 진법인지 알지 못해서 법을 구하고자 하되 멀리 성인에게 미루며 불을 구하고자 하되 자심의 마음을 관하지 않는다. 만일 마음 밖에 부처가 있고 자성 밖에 법이 있다하여 이 정에 굳게 집착 하여 불도를 구하고자하는 자이면 비록 진건을 지나도록 몸을 태우고 팔을 태우며 골을 뚜두리고 골수를 내어 피를 내어 경을 써도…….
>
> — 탄허, 『보조법어』「수심결」, 1982, 76~77쪽

> 도에 들어감에 문이 많으나 긴요히 말하건대 돈오와 점수 양문에 지나지 않으니 비록 돈오 돈수가 최상근기의 얻어 들어감이라 말하지만 과거를 미루건대 이미 다생의 깨달음에 의지 해 닦아서 점점 훈습해 온지라 금생에 이르러 듣자마자 깨침이 피어나서 일시에 몰록 마침 이니 실로 논하건대 이것 또한 먼저 깨닫고 뒤에 닦는 근기이다. 곧 돈과 점, 양문이 천성의 궤철軌轍이니 곧 위로 좇아 모든 성인이 먼저 깨달은 뒤에 닦아서 닦음에 의하여 증득하지 않음이 없음이다.
>
> — 위의 책, 83쪽

「수심결」의 종요는 몰록 깨닫고 점차 수행하는 돈오점수의 수선법을 기본으로 한 요결을 설한 법문입니다. 또 본문 중에 자성정혜自性定慧와 수상정혜隨上定慧란 문구가 나오는데 자성정혜란 자성에는 본래 번뇌 망상이 없고 본래 공적하여 부처와 다르지 않는 본래자리를 깨달아 무위無爲의 경지에서 무공지공無功之功으로 스스로 자성을 닦아서 스스로 불도佛道를 이루는 상근기인의 길을 말함입니다. 수상정혜는 깨치지 못하는 하근기의 수행인이 점차 닦아 나가는 것인데, 깨닫고 나는 수행하는 이 가운데도 근기가 빼어나지 못한 사람은 수상정혜를 겸하여 닦아 나가야 된다고 했습니다.

「진심직설眞心直說」의 모든 법문은 신심을 일으키게 하는 또 신심을 일으킨 자를 더욱 신심을 굳게 하기 위해 진심을 밝혀나가고 있습니다. 「진심직설」의 소제목만 열거해 봐도 짐작이 가지요. 이를테면 '진심의 바로 믿음眞心正信, 진심의 다른 이름眞心異名, 진심의 묘한 본체眞心妙體, 진심의 묘한 작용眞心妙用, 진심의 본체와 작용을 같은가 다른가眞心體用一異, 진심이 미혹함 속에 있다眞心在迷, 진심의 네 가지 거동, 위의眞心四儀, 진심의 소재眞心所在, 진심의 생사에 벗어남眞心出死, 진심을 드러내는 바름 공부와 보조공부, 즉 무심히 망념을 쉼으로써 바름으로 삼고 선善함을 익힘으로 도움助을 삼음眞心正助, 진심의 공능功能을 시험하며, 진심의 앎이 본래 없음을 알며, 진심의 갈 바를 알며眞心功德' 이렇게 15분으로 구분지어 진심을 직설합니다. 깨닫지 못한 중생을 위한 설법이니 보조의 입적 후, 유고로 밝혀진 원돈교의 성불하는 논論인 「원돈성불론」이나 공안을 참구하는데 의심을 터지게決하는 논인 「간화결의론」과는 다른 면을 볼 수 있습니다.

「정혜결사문」과 「수심결」 그리고 「진심직설」은 모두 수선에 힘쓰며 중생을 제도하고자 하는 조사의 간절노파심절을 읽게 됩니다. 이 법문은 방편법문입니다. 보조 자신의 증처證處를 내 보임이 아니고 대중들에게 선도하고 권선하는 사상 전개임을 읽을 수 있습니다. 이 점수의 길은 바로 범인이 수행하므로 성인이 되는 길임을 주장합니다.

「간화결의론」에 의하면 보조는 십종선병十種禪病[63]이 화엄의 법계연기설보다 간화선을 통한 깨달음이 수승함을 지적하며 대혜大慧宗杲의 말을 빌려서 경책을 하고 있습니다.

> "옛날 지견이 많으므로 증오를 구하는 마음 앞에 있어 장애를 짓는 까닭에 자기의 정지견正知見 이 앞에 나타나지 못함이니, 이 장애가 밖에서 옴도 아니고 또 특별한 일도 아닌데 어찌 간택함이 있으리오" 하였습니다. 이것은 십종병十種病이 증오를 구하는 마음으로써 근본이 되었기에 이미 이 장애 또한 밖에서 옴이 아닐 터인데, 이것이 어느 곳으로 좇아오는 또 별다른 일이 아니다. 그럼 이 무슨 일인가. 이것은 온전히 진성연기眞性緣起의 공덕

63 화두話頭를 참구하는데, 유의할 점을 제방 선원에서는 십종병十種病이라 하여 참선하는 납자들이 간직해야 하는 금과옥조로 여깁니다. 참선을 하다가 공부가 멈추었을 때, 나태해져 더 이상 정진이 없을 때, 스스로 회광반조廻光返照하여 점검해야 하는 비방이며, 선지식들의 낙초자비의 결정체입니다. 화두 십종병통은 보조 선사가 가려 놓은 것입니다.
① 유와 무의 견해를 내지 말아야 한다不得有無會.
② 진짜 없는 眞無의 무로 헤아리지 말라不得眞琺之無卜度.
③ 이치로 따져서 알려 하지 말라不得作道理會.
④ 단지 알음알이로 이러하고 저러하다 측정하지 말라不得向意根下思量卜度.
⑤ 눈을 껌벅이는 이놈이 바로 이것이로구나 하는 생각을 말라不得向揚眉瞬目處朶根.
⑥ 말재주만 부리며 아는 체 하지 말라不得向語路上作活計.
⑦ 공공적적空空寂寂한 가운데 공을 지키지 말라不得已在無事甲裡.
⑧ 공안을 생각할 줄 알고 공안을 들 줄 아는 이놈이라 하지 말라不得向擧起處承當.
⑨ 문자로 인증하거나 인용하지 말라不得文字中引證.
⑩ 산란과 어리석음으로 깨칠 때를 기다리지 말라不得將來迷待悟.

을 밝힘이니, 경중에 말씀하시되 일체 장애가 곧 구경각이니 득념得念과 실념失念이 해탈 아님이 없다는 등이 이것입니다. 이 의리義理가 비록 가장 뚜렷하고 묘하나 모두 이 아름알이識情로 듣고 이해함과 사상변思想邊의 양量인 까닭에 선문에 화두話頭를 세밀히 참하여, 바로 꺾어 경절오입徑截悟入의 문門에는 낱낱이 전체를 간택하는 불법지해佛法知解의 병인 것입니다.

— 탄허, 『보조법어』「간화결의론」, 242쪽

위의 인용문은 「간화결의론」에서 전개되는 4가지 질문 중,

"첫 번째 문답은 '참선 시 생기는 10가지 병에 대한 것을 대혜의 말을 인용하여 대답하고 있습니다. 곧 이 병은 깨달음을 구하려는 마음에서 생겨나는데, 그것을 병으로 알고 있다는 것이 병임을 말합니다. 두 번째 내용에서는 말을 떠나고 생각이 끊긴 것을 진리라고 하는데, 그것을 몰록 깨달아야만 진실한 법의 모습을 볼 수 있고 깨달은 자는 모든 덕을 갖추게 됨을 강조합니다. 세 번째 내용은 교종의 원교도 돈교보다 선종의 경절문徑截門이 더 빼어남을 주장합니다. 네 번째 내용은 참의參意와 참구參句의 차이점에 관한 것인데, 참의는 이해를 통하여 깨달음을 얻으려는 태도이나 참구는 그러한 태도를 넘어선 수행법임을 강조하고 선사상은 경절문 화두를 참구하는데 있으며 간화선 법이 교학 최고 교설인 돈교와 원교보다 위에 있음을 주장하였습니다."

보조의 입적 후, 유고로 발견된 「간화결의론」이나 「원돈성불론」은 보조의 증득처가 보이는 논입니다.

「간화결의론」은 보조의 나이 41세 되던 때, 지리산 상무주암에서, 『대혜어록』을 읽고 간화선을 긍정적으로 받아들여서 그 취지를 크게

선양하므로 우리나라에 간화선이 유통되고 자리를 잡게 한 논으로 평가를 받고 있습니다. 내용을 살펴보면 '말을 여의고 끊어진離言絶慮 생각이 끊어진 자리本源自性을 실증하는 최상의 깨달음의 지혜를 남김없이 천명한 바다인 간화선은 조동종의 묵조선에 비해 이것은 활구선活句禪이며 북종 신수의 점수선漸修禪에 대하여 이것은 돈오선頓悟禪이며 천태 화엄교관의 의리선義理禪에 대하여 이것은 격외선格外禪임을 주장합니다.

「원돈성불론」은 보조 나이 58세 때, 통현通玄居士, 646~740의 『화엄론』 40권을 3권으로 절요節要하여 쓰고, 다시 이 3권의 종지를 작은 논으로 요약한 것이 「원돈성불론」입니다. 곧 '초발심에서 무명분별無明分別의 중생심衆生心이 곧 제불諸佛의 부동지불不動智佛임을 모두 깨닫고 십신초위十信初位에 들어가서 만행을 닦아 마침내 부처를 이룬 지위成佛位에 이른다'는 주 내용입니다.

특히 보조가 이통현의 원돈수증圓頓修證 관문은 신라의 원효·의상이나 중국의 현수·청량보다 더 뛰어난 바가 있고 역대의 어느 화엄종사보다 더 절품으로 평가되어진다고 말했습니다.

보조는 저작을 통해 성적등지문惺寂等持門, 원돈신해문圓頓信解門, 경절문徑截門 등 3종의 사상체계를 완성했습니다. 그 외에 보조의 저술로는 「화엄론절요華嚴論節要」와 「법집별행록절요병입사기法集別行錄節要竝入私記」, 「염불요문念佛要門」이 있습니다.

(2) 성철선의 이해

성철의 『선문정로禪門正路』는 1981년 출판되었습니다. 이 책은 돈오점수설의 피해가 얼마나 무서운 것인가? 를 참선하는 수자에게 알리기 위해서 만들어진 책입니다. 불교의 수행이론이라 할 수 있는 돈오점수란 무엇인가? 깨달음悟은 일시에 이루어지지만 닦음은 일시에 이루어지 않는 것이므로 참선인들은 먼저 깨치고 나서 그 다음에 오랜 세월을 두고 점차적인 수행을 해야 한다는 것이 돈오점수설의 요지입니다. 이러한 주장은 성철退翁性徹, 1912~1993에 의하면 똑 바로 깨치지 못한 선수행자들이 아무런 증처證處도 없이 지해知解, 즉 알음알이인 지식적인 이해에 의한 잘못된 수행이론이라는 것입니다. 지해는 근본적으로 돈오를 담을 수 없으며, 외로 지해는 깨침의 길을 막는 장애물이 될 뿐이라는 것입니다.

성철의 역저 『선문정로』에 의하면 그의 주장은 네 가지로 요약됩니다.

첫째, 구경묘각이란 견성은 진여자성을 꿰뚫어 봄으로 미세 망념인 아뢰야식까지도 끊어진 자리며 이것이 돈오다.

둘째, 이 돈오는 돈오돈수이므로 오후보림悟後保任이란 것은 삿된 깨달음인 돈오점수에 해당한다. 돈오점수는 해오점수解悟漸修일 뿐이다. 따라서 해오란 이해이니까, 오悟란 말이 잘못 사용된 것이다.

셋째, 견성의 지름길은 공안참구만이 있다. 해오점수로 선가에 잘못 들어서면, 그 근본이 틀린 까닭에, 오의 착각에 있는 한 깨달음은 없다.

넷째, 깨달음을 이룬 후, 오후보림을 통한 수련인 돈오점수는 선이 아닌 교가의 수행에 해당하며 이단사설異端邪說이고, 그런 논리를 따르는 자들은 지해종도知解從徒다.

따라서 지해종도인 하택이나 규봉 같이 잘못된 길로 들어서지 말라는 당부입니다.

그럼 성철이 이르는 구경각에 스스로가 들었는지 점검하는 방법은 『선요禪要』의 동정일여動靜一如, 몽중일여夢中一如, 오매일여寤寐一如란 관문을 제시하면 동정과 몽중을 통과하고 마지막 오매일여에도 화두를 잘 들고 있느냐 하는 질문과 함께 이때에 나는 어디에 있는가를 물어올 때, 내외명철內外明徹한 나가 '나'임을 명백히 이르고 점검을 받아야 합니다. 곧 돈오란, 깊은 잠속에 잠도 없고 나도 없음의 경지인 오매일여를 투과하므로 오는 8식인 아뢰야식의 미세한 망념까지도 영단永斷한 경지입니다. 이러한 경지에 오르지 못했을 때는 돈오가 아니며, 반드시 돈오라야 돈수이고, 또 돈수는 돈오와 동시의 몰록, 깨달음 이것이 성철의 지론[64]일 뿐 아니라 필자 역시 이 문제에 대해 서옹西翁尙純, 1912~2003 스승께 7년이란 햇수를 더하며 경을 친 적이 있습니다.

앞에서 간추린 4가지 지론 중, 첫째, 둘째, 셋째의 항목은 『선문정로』에서 주장한 성철의 입각지입니다. 그런데 보조가 입적 후 그의 수제자 혜심에 의해 간행된 「간화결의론」의 내용과 일치한다는 점입니다. 보조야 말로 간화선의 맹장인 대혜의 어록을 읽고, 간화선을 우리나라에 최초로 소개한 선장입니다. 그러나 보조는 다양한 수행과 공부를 하며 간화선에만 몰두하지는 않습니다. 그건 불제자로서 석가세존이 근기에 따라 대기설법을 하였듯이 자타를 불구하고 근기에 알맞은

64 퇴옹 성철, 『선문정로』, 불광출판사, 1981, 104쪽 참조.

길이 보살의 길이라는 것을 알았기 때문이라는 생각이 듭니다. 한편 성철의 이 지론은 우리나라 불교의 병폐를 지적한 것입니다. 깨치지 못한 수행자들이 해오를 돈오로 알고, 혹은 해오를 돈오로 둔갑시키고 있음을 보았기 때문입니다. 우리나라 선은 마조와 임제의 적통이라 흔히 말들을 합니다. 마조와 임제는 혜능의 적손들입니다. 신라시대의 9산선문은 모두 혜능과 그의 법손인 마조의 법자들에게 법을 이은 선문들입니다. 구산선문 중 사굴산문의 문손인 보조 지눌의 불일중휘佛日重輝, 이후에는 우리나라 불교가 조계종이란 명칭으로 불리게 된, 선을 우선으로 하는 통불교가 됩니다.

그리고 고려 말엽 조계종 가지산문의 태고太古普愚, 1302~1382가 임제종 양기파의 급암及庵宗信의 법자인 석옥石屋淸珙, 1272~1352의 법을 받았고, 또 임제종 급안 종신의 법자인 평산平山處林, 1279~1361의 법을 이은 사굴산문의 나옹懶翁慧勤, 1320~1376, 그리고 석옥의 법자인 백운白雲景閑, 1299~1375의 법손들로 형성되어 있습니다. 따라서 성철의 입장에서는 혜능과 마조와 대혜의 법손으로 돈오에 의한 공안선이 한국 선불교의 뿌리인 것입니다. 그런데 문제는 신회나 규봉 종밀과 보조 이어지는 해오인 점오선과 화엄선 사상이 근본이 되고, 밖으로는 조사선인 임제선을 표명함으로 선문이 무너지고 있다는 것을 성철은 보았기 때문에 이것을 바로 잡겠다는 신념의 발로라 할 것입니다. 속과 겉이 다른 선문, 이론과 실행이 다른 불교를 본래 상태로 돌리겠다는 성철의 노력은 한국 불교의 한 공부를 던진 것은 분명합니다.

(3) 보조선과 성철선의 차이점과 유사점

그런데 과연 보조의 점오적인 대중 교화가 그의 증득처를 보여준 것인가, 아니면 방편법문인가를 가름해 보는 것이 또 입적 후 발견된 「간화결의론」과 「원돈성불론」을 철저히 탐구함으로 보조의 사상적 깊이와 넓이와 그의 지론이 나타날 것이라 생각 듭니다. 이것이 보조가 돈오돈수가 무엇인지도 모르며 돈오점수만 정도라고 주장하는 것인지? 「정혜결사문」이나 「수심결」, 「진심직설」 같은 저술이 과연 보조의 궁극적인 증처를 기술한 것인지? 중생을 위한 방편문인지? 혹은 보조의 공부가 돈오돈수와 돈오점수를 구분할 수 없는 선장인지? 오직 화엄사상 만을 신봉하는 원돈신해문만 주장하는 것인지를 밝혀줄 것이라 생각이 듭니다. 이러한 것은 보조가 세운 삼종문三種門의 상호관계에서 잘 이해되어진다고 봅니다. 보조의 정혜쌍수와 돈오점수는 성적등지문惺寂等持門에 관계가 지워지며, 육조 혜능으로부터 받아들인 정혜자성문의 사상에서 형성되었다고 봅니다. 이후의 원돈신해문과 경절문은 젊은 날로부터 일관된 사상이 정혜쌍수의 응용으로 확산된 것이라 생각이 듭니다. 이 삼종문은 상즉상입相卽相入하며 이루어진 것이기 때문입니다.

다음은 박성배의 「『선문정로』의 문제점」[65]에서 발췌한 것입니다. 성철의 저술 『선문정로』의 문제점을 밝히고 성철스님과 보조국사를 그 시대 배경과 학술적 방법과 등을 논함이 필자의 미리 쓴 스스로의 성

---

65 박성배, 「성철스님의 돈오점수설 비판에 대하여」·「III. 선문정로의 문제점」·「VI. 성철스님과 보조국사」, 『깨달음, 돈오점수인가 돈오돈수인가』, 민족사, 1992 참조 및 발췌.

근 글을 뒷받침하고 있으므로 발췌하여 옮기고자 합니다.

① 선종의 역사는 거짓된 깨침을 고발하고 참된 깨침을 드러내는 파사현정의 역사라고 말할 수 있다.

②『선문정로』가 어떤 점이 학자들의 저항을 불러일으키는가? 강한 종파주의다. 돈오점수를 주장하면 이단이고 돈오돈수를 주장하1며 정통이다. 또는 돈오점수설은 교가의 주장이고 돈오돈수설은 선문의 정설이다.

③ 정통과 이단이란 말을 원래 파사현정의 현장에서 생겨난 의로운 말이다. 우리의 종교사는 이 말을 무수히 악 이용하였다, 곧 정통과 이단이라는 말은 자기들의 반대파를 제거하기 위한 구실로 썼다.

④ 불교의 장점은 자기들과 의견이 다른 사람들과 함께 살 줄 알고 이단적인 주장을 수용할 줄 알고 마침내 이단에게 승리를 안겨주는 대승적인 포용성에 있다.

⑤ 보조는 한 번도 자기의 깨침을 궁극적인 깨침이라고 주장한 적이 없다. 다른 사람들의 깨침에 대해서도 마찬가지다. 당신들 깨침은 해오에 불과하니 자만심 갖지 말고 계속 닦으라고 권했을 뿐이다.

⑥ 성철은 정사正邪라는 기준 이외의 금사불분金沙不分 옥석혼동玉石混同 천양지판天壤之判이라는 지극히 양변적인 논리로 따지고 있다. 과연 누가 정이고 사인가?

⑦ 성철은 현 사회와 명석한 체험에서 우러나오는 만인이 수긍할 분명한 무엇을 가지고 판별함이 아니라, 옛 조사들의 명구나 오직 돈오돈수설에 관계되는 글만 인용할 뿐이다. 경전에 보이는 무수한 돈오점수설은 전혀 언급이 없이, 그러나 선불교에서는 경전의 절대 권위를 부여하지 않는 기

본정신이 있다.

⑧ 보조가 살았던 12~13세기의 고려 불교사회를 분석해 하고, 종밀이 살은 8~9세 기의 당나라의 현실을 문제 삼아야 옳을 것이다.

필자가 밝히고 싶은 문제는 다음과 같습니다. 점오가 해오일까? 해오는 지해知解이며 지해는 교학이다? 그럼 보조는 교종의 스님이다? 무언가 석연치 않는 삼단논법 같다? 그럼 지해인 지적인 이해가 과연 해오인가? 해오는 이해에 가까운가, 돈오에 가까운가?

보조와 성철은 우리나라 선가에서 대조적인 두 분의 사상가입니다. 이 역시 박성배의 「성철스님과 보조국사」의 항을 발췌하여 가름할까 합니다.

① 성철은 20세기 후반 밀물처럼 밀어닥친 서구의 반불교적인 것의 도전에 간화선을 지키기 사상적 본의를 옛 조사들의 어록과 고불의 언구에서 찾고자 합니다. 그러나 보조의 경우에는 불교의 권위가 절대적이던 12~13기의 고려시대에 살았습니다. 보조는 무신정권이 100년간 세습적인 정권이 유지되는 속에 불교신도를 화합하기 위해 보편적인 불교의 수행이론을 제시하고자 하였습니다.

② 성철이 산 20세기는 각종 서양사상과 각종 종교가 혼합된 시기여서 불교적인 선과 교가 그리 중요시하지 않는 시대에 살았다고 보며, 보조가 살았던 시대는 오직 불교의 교냐 선이냐 하는 갈림길에 있었습니다. 곧 선과 교의 이론적인 갈등의 시대이며 양자택일을 강요받던 시대였습니다.

③ 두 분의 선장이 살았던 시대는 같은 혼란기에 살았지만 그 혼란의 성격은 서로 판이하게 달랐다 할 수 있습니다. 따라서 민족의 지도자로서 내

놓는 처방이 아주 달랐습니다. 성철은 가령 '돈오돈수냐 돈오점수냐? 둘 중에 하나는 확실하게 버려라'라고 가르쳤으나, 보조는 양자택일적인 경직된 주문을 버리고 교를 보고 교에서 선을 보라고 강조하는 이론적인 갈등기였습니다.

성철은 확고한 의지로 강하게 정正인 돈오돈수를 주창하고 사邪인 돈오점수를 따라는 학인은 꾸짖었지만, 보조는 분쟁을 합치는데 노력하였습니다.

④ 성철은 선종 중에서도 오직 간화선인 임제정맥과 조계적자만 선양하였고 불교의 다른 종파에는 거의 관심이 없었습니다. 따라서 성철은 파사현정의 표준을 세우고 적서의 구별을 분명히 했지만, 보조는 그와는 반대였습니다. 하택 신회를 세상이 어떻게 평하던 그런 것엔 관심을 두지 않고 오직 자신의 판단이 옳다고 생각되면 무조건 받아들였던 것입니다. 무척 폭이 넓었고 높은 지성의 소유자로 판단됩니다.

⑤ 앞에서도 언급한 것 같이 지해知解에도 서로 다른 판단을 하였던 것입니다. 성철은 간화선의 입장에서 지해를 적극 배척한 반면, 보조는 초종파적인 입장에서 지해가 불교 수행상 담당하는 역할을 인정하였습니다.

⑥ 성철은 선의 구경각을 역설한 반면 보조는 공부의 기본이 되는 지해적인 해오解悟를 더 중요시 했습니다.

두 선장의 근본적인 스타일의 차이를 염두에 두고 두 분을 비교하는 것이 올바름에 가깝다는 느낌을 받습니다. 박성배는 두 선장을 판단하는데 다음 상황을 중시해야 한다고 말합니다.

① 교리적 해석뿐 아니라 역사적 해석을 함께 시도해야 합니다. 보조는

마조 등의 선장들이 각광 받던 '평상심이 도'와 같은 '반문자즉반지해反文字即反知解'운동이 '멸문자 즉멸지혜滅文字即滅知解'운동으로 보조는 규정합니다. 곧 암중선사暗中禪師들을 양산하는 폐단을 지나칠 수 없었던 것입니다. 공안에 의해 학인을 적기함으로 정신적 공황에 듦으로 깨침의 초발심 단계로 진입시키고자하는 선장들의 방편법문인 약이 오히려 병이 되어버린 현실 속에 신음하는 환자들을 소생시키기 위해 응급적인 구조작업의 일환이라 할 것입니다. 이것으로 보아 보조는 보살로서 중생을 위한 살핌活用이라 볼 수 있습니다.

② 보조의 비판정신은 관습적인 정당성을 떠나 현실적으로 올바름에 있었습니다.

특히 보조는 정통적인 것보다 이단적인 것에 많은 것을 얻게 됩니다. 앞에서도 언급한 반문자즉반지해反文字即反知解운동에 반기도 들었고, 선수행자로 적통인 마조보다도 지해종사인 하택 신회를 따랐습니다. 이런 종파주의는 사람들로 하여금 맹목적인 쏠림에 길들여지게 하고 민중을 눈멀게 하는 가장 비불교적인 것임을 간파한 보조의 결단이라 할 수 있습니다. 이것은 종파주의자들의 기득권적인 것에 대한 비판과 일생동안 초종파주의적인 외길을 걷게 한 것은, 바로 지해를 올바르게 아는 높은 지성에 있다할 것입니다.

③ 보조가 불교교육에 보편성 문제를 들고 나왔음을 깊이 새겨봐야 할 것입니다. 이것은 세상이 체體와 용用에서 체인 본질에 쏠려 있을 때, 보조는 현상인 응용, 즉 사용에 중요성을 들고 나왔습니다. 종파주의자의 본질 문제는 늘 특수한 장소와 시기, 그리고 특수한 사람들에 한해서만 성립되는 것입니다. 누구든 상관없이 일률적으로 해당되는 것은 아닙니다. 이것은

언제나 문자와 지해를 긍정적으로 보지 않고는 불가능한 것입니다.

④ 보조의 교육문제는 마지막 구경각에 관심을 두기 보다는 초발심자들의 입문과정을 더 크게 보았다는 사실에 주의를 기울어야 합니다. '문자와 지해'가 아무리 폐단이 있다고 하드라도 초보자를 위한 불교교육의 시작은 역시 '문자와 지해' 를 통해서 할 수 밖에 없다는 보조의 일생을 일관한 정신이었습니다.

보조의 사유에 필자인 저는 동조하면서도 성철의 길을 걷고 있습니다. 그러나 보조 역시 겉보기에는 서로 다른 방법의 길을 가지만 결국 깨달음이 달라서가 아니고, 시대적 상황이 다르고 보는 각도가 다르기 때문이라고 봅니다. 그렇다고 보조, 성철 두 분 역시 시대의 불합리성과 시대의 병을 안고 고민하고 직관했을 때 서로가 내린 판단에 의해 행위로 이어졌을 것입니다. 가령 돈오돈수를 부르짖는 경우에는 수선납자들이 불립문자와 직지인심인 반지해의 영향아래 지해 자체의 유용성을 오해한 나머지 문자와 지해의 장점을 이용할 수 없었고, 자기 자신의 생각을 정리하므로 오는 편리성과 선명성을 이용하지 못했다고 볼 수 있습니다. 둘째는 돈오 다음에, 즉 그 돈오는 바로 해오의 축약된 에너지인 줄 모르고, 이 힘을 계속 모두며 이 힘을 활용하는데, 계속 수도 즉, 점수하지 않는데 큰 병으로 본 것입니다.

그러나 성철이 본 요즘 수선납자들의 병은 그 반대쪽에 있다고 보았습니다. 지해가 아무리 좋고 훌륭하다고 하여도 진실로 깨달음이 아닌 까닭에 지해에 의존할 수 없으며, 나아가 지해를 돈오로 본다면 그 수행자는 절대로 깨칠 수 없다는 것을 모른다는 것입니다. 그 결과 수선납자들은 충분한 수행도 없이 돈오했다고 생각하며 점차적인 수행은 교만으로 인해 사라지고 만다는 것입니다. 이와 같이 두 선장들이 보는 사람들의 수행하지 않는 병을 고쳐보려고 애썼다는 공통점을 가지고 있었습니다. 보조는 지해의 힘을 차용하려 했고, 성철은 지해를 버림으로 이 문제를 해결하려 하였습니다.

그리고 보조와 성철의 닦음, '수修'에 대한 생각이 달랐습니다. 보조는 해오 이전의 닦음修은 닦음이 아니라 했습니다. 해오 다음의 닦음이 증오인 구경각에 이르는 과정이라 본 것입니다. 곧 닦음은 구경각이라는 목적에 이르기 위한 '수'라고 보았습니다. 이것은 지해가 낳은 틀에 의한 닦음이라 보았습니다. 성철은 목적을 위한 닦음을 가지고 있는 한, 또 지해의 틀 속에 구경각이 진행되는 한, 과거의 업장으로부터 벗어날 수 없고, 오매일여의 경지에서 벗어날 수 없으며 오매일여의 경지에 들어갈 수 없다는 것입니다. 그런데 보조는 돈오돈수란 말 자체를 인정하지 않았습니다. 그의 저술 「수심결」에서는 돈오돈수를 돈오점수의 일종으로 보았습니다. 앞에서 인용한 「수심결」을 다시 한 번 살펴보겠습니다.

> 비록 돈오돈수라 말하지만 이것은 최상근기의 사람들이나 들어갈 수 있는 일이다
>
> 雖曰頓悟頓修 是最上根機得入也
>
> 과거를 미루건대 이미 다생의 깨달음에 의지해 닦아서 점점 훈습해 온지라
>
> 若推過去 已是多生 依悟而修 漸熏而來
>
> 금생에 이르러 듣자마자 깨침이 피어나서 일시에 몰록 마침이다

至於今生 聞卽發悟 一時頓畢

실로 논하건대 이것 또한 먼저 깨닫고 뒤에 닦는 근기이다.

以實而論 是亦先悟後修之機也

— 탄허, 『보조법어』 「수심결」, 1982, 83쪽.

이 대문에서 보듯이 보조는 돈오돈수와 돈오점수는 사람의 태어난 근기에 따라 이루어지는 것으로 다루고 있습니다. 그리고 그의 저작 「절요」[66]를 살피면 보조의 사상이 더욱 뚜렷하게 들어납니다.

이제 내 가슴 새긴 오후점수의 길을 선양하노라.

今刻意 宣揚悟後漸修之門爾

깨친 다음 오래 닦는 길은 비록 더럽혀지지 않는 공부일 뿐만 아니라,

此悟後修門 非唯不汚染

또한 만행을 다 함께 닦는 것이니, 이는 자기와 남을 함께 제도함이 아닌가.

亦有萬行兼修 自他兼濟矣

이즘 참선하는 사람은 모두 말하기를 불성만 명료하게 본 후면, 이타행원이 자연 성취된다.

今時禪者 皆云但明見佛性然後 利他行願

나 목우자는 그렇지 않다고 말하겠노라.

牧牛子以謂非然也

66 『절요』의 본 이름은 『법집별행록절요병입사기』로 보조 지눌이 펴낸 책. 당나라 종밀의 『법집별행록』을 말하며, 신회의 설법을 알리고자 종밀이 펴낸 책이다. 보조가 중요한 것을 간추린 절요와 자신의 견해인 사기를 덧붙여 성종 17년(1486) 펴냈다. 불교강원에서 사집四集(도서, 절요, 서장, 선요)의 하나로 공부하는 필수 교재다.

여기서 특이한 것은 닦음修의 의미를 만행겸수萬行兼修로 확대시킴을 읽을 수 있습니다. 보조는 그저 수행함 자체가, 우리의 오만 가지의 삶 자체가, 닦음이라는 것입니다. 수선자가 견성을 하면 저절로 원만한 행위가 완성된다는 말 자체를 말도 안 된다고 결단코 거부하고 있습니다. 이 말은 일반적인 선장禪丈들의 말씀을 벗어나고 있다고 생각됩니다. 보조의 행리를 더듬어 볼 때, 선사이지만 화엄학에도 조예가 깊은 보원행원의 행자이며, 보살행을 하는 대승보살로 생각되어 지는 것은 보조 선사에 대한 욕인지 모르겠습니다. 아무튼 보조의 닦음修에는 그저 수행한다는 의미를 벗어나고 있다는 느낌입니다, 몰록頓은 갑자기, 별안간, 몽땅으로 미혹에서 깨달음으로 가는 적기賊機, 텅 빈 정신적 공황입니다. 닦음修은 범인에서 성인으로 가는 수양이며 도행입니다. 일반적으로 선문에서 견성을 이루기 위해 닦는 수도란 범위를 벗어나고 있다는 생각이 듭니다. 그는 보살입니다. 따라서 보조를 간화선자라든가 묵조선자란 말을 쓰지 않고 여러 깊이의 학문과 수행으로 형성된 보조의 수선修禪을 우리는 보조선이라고 부르는 이유입니다.

일반적으로 간화선자들은 지해인 해오解悟에 의지해서는 깨달음證悟을 이룰 수 없다고 단언합니다. 그러나 닦음을 중히 여기는 사람들은 '먼저 해오 없이 어찌 구경각에 도달할 수 있는가'라고 되묻습니다. 『보조전서』를 살펴 보건대 보조는 해오가 증오라 말 한 적은 한 번도 없습니다. 외로 해오가 깨달음 자체가 아니다 지견의 병통을 덜어내기 위해 화두를 들고 용맹정진할 것을 권합니다. 이러할 때, 과연 보조가 돈오돈수를 주장하는 간화선자들이 해오를 가지고 돈오로 착각하고 더 이상 수선에 힘쓰지 않음이 보조의 돈오점수설이 책임져야 할 부분이 아니고, 똑바로 알지 못하고 해이해서 수선을 안 하는 자들에게 돌아가야 할 부분이라는 생각이 듭니다. 사실 돈오돈수와 돈오점수가 어쩌란 말입니까?

돈오의 돈頓은 몰록,[67] 곧 시간적으로 갑자기와 공간적으로 몽땅의 뜻을 같이 포함하고 있는 글자입니다. 그러니까 시간과 공간을 동시에 둘러빠졌다는 의미인 것입니다. 곧 시간적인 것과 공간적인 것이 동시성적으로 둘러빠지듯이 통째로 깨달았다는 의미입니다. 돈수는 돈오와 동시에 선후 차례 없이 수행을 끝마쳤다는 의미로 읽힙니다. 점수는 깨달음을 이룬 후, 깨닫기 전에 훈습이 있으므로 점차적인 수행을 통하여 돈오에 계합시킴을 말합니다.

그런데 필자의 소견으로는 돈오돈수는 언어문자가 끊어진 자리 격외格外의 당처이고, 돈오점수든 해오점수든 이것은 우리 사회의 정신적 사상체계란 것입니다. 때문에 돈오돈수를 입으로도 글로도 댈 수 없는 증득처 그곳을 역대 조사들은 '모르오不識'이나 '몰라不知'라 하며 우리를 적기賊機시킬 뿐이었습니다. 또 돈오돈수와 돈오점수를 놓고 그 의미를 새기기 전에 이미 틀린 것입니다. 이것을 구지 다시 말하면 돈오돈수의 법문과 돈오점수의 법문을 듣는 이가 같은, 근기가 같은 상황의 청법자가 아니라는 것. 바꾸어 말하면 돈오돈수란 문자와 돈오

67 몰록—중세고어, 공간적으로 몽땅의 몰쇽과 시간적으로 별안간 갑자기의 모로기가 합성된 단어다(심재룡 밝힘). 필자 역시 탄허 문하에서 수업할 때 "몰록 깨닫기나 해라" 하는 말씀을 자주 들었다.
예) 몰쇽—만법이 자성에 있음이니 어찌 자성 가운데로 쫓아 **몰록** 진여본성을 보지 못하는고萬法盡在自心 何不從自心中 頓見眞如本性. 탄허, 『육조단경』「오법전의」, 영은사, 55쪽.
예) 다생에 깨달음을 의지해 닦아서 점차 훈습해 온지라 금생에 이르러서 듣자 곧 발오하여 일시에 **몰록** 마침이다已是多生 依悟而修 漸熏而來 至於今生 聞卽發悟 一時頓畢. 탄허, 『보조어록』「수심결」, 교림, 82~83쪽.

점수라는 문자가 서로 틀리며, 그 두 법문을 듣는 마음은 돈오돈수든 돈오점수든 한 마음이라는 것입니다. 따라서 돈오돈수는 돈오돈수대로 돈오점수는 돈오점수대로 여시하게 받아들이면 아무런 논란의 여지가 없다고 말하고 싶습니다. 마치 네모난 기둥으로 둥근 구멍을 막을 수 없듯이.

어느 날 필자에게 남대문이 보이는 시청 앞 찻집에서 한 시인이 돈오돈수와 돈오점수에 대하여 물은 적이 있습니다. 망설임 끝에, 필자는 문득 불로 꽃단장을 한 남대문을 가리키며 남대문이 보입니까? 보인다. 저 남대문을 향해 가는 것을 돈오점수라 한다면, 저 남대문을 향해 가는 발자국 발자국마다 팡팡 섬광이 터지고 섬광이 터질 때마다 환희에 넘친다면 무어라 부르면 좋겠습니까? 그야…….

2) 혜심의 『선문염송』이 조계선에 끼친 영향

스승 보조 지눌은 선과 교의 합일을 주장하였으나, 혜심眞覺慧諶, 1178~1234은 오직 간화선만이 수행의 핵심으로 보았습니다. 혜심은 법명이며 호는 무의자無衣子이고 진각眞覺은 나라에서 내린 사호입니다. 전남 화순에서 태어났고 성은 최 씨입니다. 출가하기 전 사마시에 급제하고 태학관에 들어가 유학에 힘썼습니다. 출가를 말리던 어머니가 돌아가시자 25세에 조계산 수선사에 찾아가 보조를 뵙고 제자가 되었습니다. 스승 보조가 존경하던 6조 혜능의 돈오선과 대혜의 간화선을 주창하면서 간경看經과 염불念佛을 수선과 회통시키는 동시에 간화선을 우리나라에 뿌리를 내리게 한 선장입니다. 또 우리나라 선시의 초조라 할 만큼 공적이 큰 스님입니다. 수행의 종요는 보조의 사상인 정혜쌍수를 발전시켜 일체의 분별로부터 쉼인 지止, 일체법이 공함을 비추어 보는 관觀, 일체 경계에 대해 움직임이 없는 정定과 일체의 성을 보아 미혹하지 않음을 혜慧라고 보았습니다. 곧 화두참구 만이 깨달음의 지름길이며 이 길이 지관정혜止觀定慧라 보았습니다. 이 지관정혜는 스승 보조의 정혜쌍수 주장을 한층 발전시킨 것으로 사계에선 평가를 하고 있습니다. 그리고 혜심은 오직 공안 참구만이 수행자의 살길임을 주창하며 "망상을 버리고자 하면 간화만 한 것이 없다" 하며 묵조선을 극력배척 하였습니다.

혜심이 산 시대는 100년간의 무신의 난에 의한 무신정권의 난립과 원의 침입에 의한 대몽항쟁 등 혼란기였습니다. 무신정권 때 개경 중심에 있던 교종의 승려들이 문벌귀족들과 결탁하여 당시 집권자였던 이의방을 물리치려고 하다 격퇴되기도 합니다. 그리고 고려 왕실 및 문신 귀족과 결탁한 세속적으로 변해가는, 또 불경의 가르침에 의한 공덕을 쌓음으로써 현실세계에서 사적 이익을 추구하는 교종의 행태에 식상하게 되었습니다. 이런 과정에서 오는 민심의 이반은 교종의 사원들은 점차적으로 약화됩니다. 이로 인하여 선종이 일어나게 되고, 보조에 의해 선종의 9산 선문에서 조계종이 성립하게 됩니다.

> 하루는 보조께서 헤어진 한 짝의 짚신을 보고 혜심에게 물었다.
>
> "신발이 이 모양일 때 신발을 신던 사람은 어느 곳에 있을까?"
>
> 혜심이 즉각 대답했다.

"그때에 어찌 만나지 않을 수 있겠습니까?"

보조 이 말을 듣고 아주 흔쾌했다.

뒷날 보조가 혜심에게 심인을 전하고 수선사의 법석을 권하였으나, 지리산 단속사로 들어가 수년간 나오지 않았다.

1210년 보조가 입적 후, 문도들과 임금의 청에 따라 제 2세의 수선사 법주가 되니 혜심의 나이 33세 때였습니다. 혜심은 중앙정부와 밀접한 관계를 유지하며 권력자 최우의 옹호를 받으며 보조를 이은 혜심의 조계종이 크게 발전을 보게 됩니다. 특히 최우(崔怡로 개명)의 아들 만종萬宗과 만전萬全(최항)을 혜심문하로 출가를 하게 합니다. 이와 같이 혼잡하고 어려운 시기에 조계종이 크게 융성한 것은 혜심의 지혜와 선기의 활용에 있다 하겠습니다. 1세 보조 2세 혜심을 포함하여 수선사(현 송광사)는 16국사를 배출하며 우리나라 불교의 뿌리가 됩니다. 그럼 그의 게송 한 수를 음미하기로 하겠습니다.

시자 부르는 소리 송라의 안개 속에 울러퍼지고	呼兒響落松蘿霧
차 달이는 향기 바람결에 돌길을 따라 내려오네	煮茗香傳石徑風
흰 구름 드리운 산 아랫길에 접어들었을 뿐인데	才入白雲山下路
이미 암자 안의 노스님을 뵈었네	已參庵內老師翁

— 혜심, 「친견」

1연과 2연, 3연, 4연 모두 현대시의 형상화된 묘사시로도 충분히 우리의 정서를 충동하고도 남음이 있습니다. 아스라이 들리는 스승의 시자를 부르는 소리가 서서히 저며 들고, 절에선 차 달이는 향기가 눈에 보일 듯이 돌길에 깔려 코끝을 만지듯 한다. '앗, 절이다. 아니, 백운이 드리운 절 아랫길에서도 이미 우린 노스님을 뵙고도 남는다고 하는 이 게송은 혜심의 심신心身을 보는 듯합니다. 부드러움 속에 투명한 시적 표현을 넘는 작가의 내면이 뭉뚱그려져 있습니다. 날카로움이 비치는 선취시로 당송의 대가들의 시와 버금가고도 남는다는 느낌이, 몸을 떨게 합니다. 이 선게는 포항 오어사 주련으로 매달려 있습니다.

특히 오늘날 까지 우리 글쟁이들이 혜심의 공덕을 받고 사는 것은 『선문염송禪門拈頌』의 편찬입니다. 『선문염송』은 세계 어느 나라에도 없는 선시의 백과사전입니다. 중국에 전등사로 선화 산문집인 『전등록傳燈錄』[68]있다면 우리나라엔 염과 게송으로 된 『선문염송』이 있다고 말할 정도의 자긍심을 불러일으키는 저술입니다. 혜심의 『선문염송』 서문에도 『전등록』과 짝을 이루게 한다는 글귀가 있습니다. 그리고 현금까지 혜심의 선시가 400여 수가 남아 있지만, 우리 국문학사에 소개도 연구도 미흡하니 두고두고 생각해 볼 문제입니다.

『선문염송』서문의 편저자가 무의자, 곧 혜심으로 되어 있습니다. 그런데 그 서문은 현존본의 서문이 아니라, 혜심이 그의 제자인 진훈 등을 데리고 1,125칙 고칙을 모우고 그에 따른 염拈, 송頌, 대代, 징徵, 별別, 가歌[69] 등을 함께 엮어 고종 13년, 1226년에 펴낸 초조본 서문이며,

68 원래 이름은 『경덕전등록』의 경덕 1년(1004)은 북송 진종 8년의 연호이다. 저자 도원이 경덕 원년에 이 책을 황제인 진종에게 바쳤기 때문이 경덕이라는 연호가 붙었다. 『전등록』은 모두 30권으로 구성되어 있고, 52세 1,701명의 선승들의 이름이 들어 그 어구를 수록하였기 때문에 일반적으로 1,700 공안이란 말이 생겼다.

69 염拈은 남의 말을 들추어내어 사람들에게 보이는 형식, 송頌은 게송, 시를 말함, 대代는 남의 대답을 대신 하는 말. 문답에서 대답이 막힐 경우 '나라면 이렇게 대답한다'는 식. 징徵은 질

지금 이 초조본은 전해지지 않고 있습니다. 그러나 초조본 서문에 의하면 혜심은 "다하지 못한 부분은 훗날 현명한 분에게 기대를 거노라" 한 것으로 보아 초조본을 잃기 전에 347칙이 보완되고 있었으며, 천도로 초조본을 잃게 되어 더욱 가속하여 재조본을 만들어졌기 때문에 초조본의 서문이 그대로 썼다는 추축이 가능해집니다. 초조본에 1125칙에 347칙을 더하여 만든 제조본도 초조본과 같은 30권 그대로 편집된 것으로 보아 347칙을 초조본 편집순서에 끼어 넣어다는 것을 알 수 있습니다.

이 방대한 책자의 소개를 필자는 제1칙과 마지막 1463칙의 본칙과 게송 두어 수를 옮기며 우리나라 선시 초조의 저술『선문염송』을 본 은혜에 감당할까 합니다.

一, 兜率來儀

世尊 未離兜率 已降王宮 未出母胎 度人已畢

1. 도솔래의

세존께서 도솔천을 여의기 전에 이미 왕궁에 태어나셨으며 어머님의 태에서 나오시기 전에 이미 사람들을 다 제도하셨다.

崑山元 頌

未離兜率境	도솔천을 여의기 전에

문, '이 문제를 어떻게 생각하는가?' 따위. 별別은 남의 말과 다르게 말하는 형식, '다른 사람은 이렇게 말하지만 나는 다르게 말한다'는 식. 가歌는 게송이 운문으로 된 시이지만, 가는 불규칙하게 긴 노래의 형식.

已降父王宮	벌써 부왕의 궁전에 강탄하셨고
雖度衆生畢	중생을 다 제도하셨어도
猶居母腹中	오히려 어머니 배속에 계신다 하니
良由非妙用	참으로 묘한 재주가 아니요
亦不是神通	또 신통이 아니니
勿自立規矩	공연히 법도 세우지 말고
承言須會宗	말 속의 종지를 알도록 하라

— 곤산원

圜悟勤 頌

大象本無形	큰 형상은 본래로 형체가 없어
至虛包萬有	지극히 빈곳에 만물을 포함한다
末後已大過	꼴찌가 그대로 앞장을 서고
面南看北斗	남으로 얼굴을 돌려 북두칠성을 보네
王宮兜率度生出胎	왕궁과 도솔천과 중생제도와 출태가
始終一貫初無去來	시종일관하여 애초에 가고옴이 없으니
掃蹤滅跡除根帶	자취를 쓸어 없애고 뿌리를 뽑아야
火裡蓮花處處開	불 속의 연꽃이 곳곳에 피어나리

— 원오근

大慧杲 頌

利刃有蜜不須舐	비수 끝에 발린 꿀을 핥지 말고
蠱毒之家水莫嘗	비상 파는 집에 물맛을 보지 말라

不舐不嘗俱不犯　　　핥지 않고 맛보지 않아 다 범치 않으면
端然衣錦自還鄉　　　분명 비단옷 입고 고향으로 돌아가리

— 대혜고

죽암규의 게송과 천의회, 취암열, 해인신, 승천회, 장영탁, 송원의 염을 생략합니다.

一四六三, 枯木

昔有婆子 供養一庵主 經二十年 常令女子 送飯給侍 一日 令女子抱定云 正伊麽如何 庵主云 枯木 倚寒嵓 三冬 無暖氣 女子歸擧似婆 婆云 我二十年 只供養得箇俗漢 遂發起燒却庵

1463, 마른나무

옛날 어떤 노파가 한 암주를 공양하기 20년 동안, 항상 딸에게 밥을 보내 시봉을 했다. 어느 날, 딸을 시켜서 꽉 껴안고 "이럴 때, 어떠하십니까?" 하고 묻게 했더니, 암주가 말하기를 "마른나무가 찬 바위에 기대었으니, 삼동에 따사로운 기운이 없도다" 하였다. 딸이 돌아와 노파에 말했더니, "내가 이십년 동안 겨우 속한을 공양했구나!" 하고 벌떡 일어나 암자를 불질러버렸다.

介庵朋 頌

撿盡三千條貫　　　삼천조항의 법규를 다 뒤져도
更無情罪可斷　　　정과 죄를 판단할 길 없네
除非法外凌遲　　　그릇된 법 능지를 제외하고는

不用差官定驗　　관리 보내 조사하지 않는다

— 개암붕

蜜庵傑 擧此話云 這箇公案 叢林中 少有拈提者 傑上座 裂破面皮 不免納敗一上 也要諸方撿 點 乃召大衆云 這婆子 洞房 深遠 水洗不通 便向枯木上糝花 寒嵓中發焰 箇僧 孤身逈逈 慣 入洪波 等閑坐斷潑天潮 到底身無涓滴水 子細點撿將來 敲枷打鎖 卽不無二人 若是佛法 未夢 見在 烏巨伊麽提持 意歸何處 良久云 一把柳條 收不得 和風搭在至玉欄干

밀암걸이 이 이야기를 들고는 말하였다. "이 공안을 총림에서 제창하는 이가 없다. 걸상좌가 얼굴의 가죽을 찢어 일그러뜨리고 한 바탕의 허물을 드러내어 제방의 점검을 바란다" 하고 대중을 부르면서 말하되 "그 노파의 안방이 깊고 멀어서 물 샐 틈 없더니 마른나무에 꽃이 피고, 싸늘한 바위틈에 불꽃이 솟았다. 그중은 외로운 몸 훨훨 날려, 예사로이 넓은 파도에 들어가서 하늘을 치솟는 물결을 천천히 억눌렀으나 마침내 몸에는 한 방울의 물도 묻지 않았다. 자세히 점검해 보건대 항쇄項鎖를 부수고 족쇄를 깨뜨린 일은 곧 두 사람에게 없지 않거니와 불법에 관해서는 꿈에도 보지 못했도다. 오거의 이런 이끌음이 뜻이 어디에 있는가?" 하고, 양구했다가 말하되 "한 줌의 버들가지를 거둘 수 없어서 바람과 함께 옥난간에 달아 두노라" 하였다.

위의 『선문염송』은 세계 어디에서도 볼 수 없는 선시백과사전입니다. 이 책은 우리나라 불교를 간화선으로 안착하는 근본이 되어, 오늘날 우리나라 불교가 아니 선이 간화선이 됩니다. 스승 보조가 송나라 상선商船을 통해서 구입한 『대혜어록』 30권을 통해서 간화선을 접하게 됩니다. 대혜가 입적한 때가 1163년이고, 보조 지눌이 태어난 때가 1158년이고, 지눌이 『대혜어록』을 본 것은 1198년 지리산 상무주암이라고 합니다. 이렇게 년대를 헤아려 볼 때 대혜 입적 후 약 35년의 차이란, 고려시대라는 시대적 여건과 인쇄술의 발달 정도를 생각해 볼 때 거의 같은 시대라 볼 수도 있을 것 같습니다. 대혜의 간화선은 고려의 보조 지눌에게로 전해져 현재의 한국 간화선의 기초가 되었고, 또 그의 의발제자 진각 혜심은 간화선 공안을 총 정리하여 『선문염송』을 편찬하므로, 이후 공안은 선종의 수행에 있어서 중요한 수단으로 쓰이게 되었습니다. 우리나라의 간화선 가풍은 여기로부터 기인하게 됩니다.

오늘날 한국불교의 골간은 신라와 고려 초에 이루어진 9산선문 중, 남종선의 선맥을 가장 먼저 가지고 귀국한 원적 도의와 그의 문손들인 가지산문과 9산선문 중 가장 홍성했던 사굴산문의 통효 범일의 문손들에 의해 우리나라 조계종의 근간을 이루었음을 읽을 수 있습니다. 보조는 고려 중엽 이후 무신의 난과 무신세습정권시대에 승려의 기강이 극도로 문란하고 선과 교가 갈등에 의한 불안하고 혼란한 시대에 불교를 바로 잡으려고 치열하게 삶을 산 선승이었습니다. 보조의 돈오니 점오니 따지기 전에 조계종헌 1조를 읽으면서 보조가 오늘날 한국불교에 끼친 공로를 가름하면서 이 장을 마치고자 합니다.

> 본종은 신라 도의국사가 창수創樹한 가지산문에서 기원하여 고려 보조국사의 중천重闡을 거쳐 태고보우국사의 제종포섭諸宗包攝으로 조계종이라 공칭하여 이후 그 종맥이 면면부절綿綿不絶한 것이다.

제2부

선과 포스트모더니즘의 회통

제1장_선과 쟈크 데리다 해체론에 대한 현대적 탐색

제2장_『십현담』과 주해시 읽기

제1장

선과 쟈크 데리다 해체론에 대한 현대적 탐색

· 논쟁 1

주제 : 선과 쟈크 데리다 · 새로운 격의 불교의 모색 – 이만식[1]

논변 : 프리즈나prajna의 현대적 탐색 – 송준영

일시 : 2007년 4월 2일

장소 : 강릉시 정동진 등명락가사 큰 법당 발표

게재 : 2007년 『시와세계』 가을호

1 이 논문에 대한 논쟁은 이미 『禪, 언어로 읽다』(송준영, 소명출판, 2010)에 발표된 것이다. 그러나 이만식 교수와 2차 논쟁으로 이어지는 관계로, 또 논지가 2차 논쟁의 앞 단계에 해당하므로 약간의 수정을 거쳐 다시 싣게 되었다.

· 프리즈나prajna의 현대적 탐색

— 이만식의 「선과 쟈크 데리다 · 새로운 격의 불교의 모색」에 대한 논변

이만식 교수[2]의 「선과 쟈크 데리다 · 새로운 격의 불교의 모색」은 동서의 문화가 쌍전하고 교차되는 혼동의 시점에서, 매우 유익하고 반상합도의 원동력이 될 새로운 세계를 선험적으로 제시하는 가치 있는 논문으로 사료된다.

인도의 사변적이고 명상적인 불교와 다른 세계인 중국의 실용적이고 현실적인 문화와 충돌내지 격의格義됨으로 새로운 수승된 문화가 탄생되었음을 여러 선학들은 문헌을 통하여 제시하였다. 적절한 실례로 판단된다. 서로 다른 대륙의 문명과 문화가 상호 충돌하여 상호 포용하여 새로운 세계를 펼쳐짐은 충분히 역사상 증명된다. 예컨대 인도라는 세계에서 탄생된 선나禪那와 중국이라는 세계에서 자생된 노장사상老莊思想과 유가儒家적 삶으로 대표되는 서로 다른 문화가 부딪쳐 이루어진 격의불교(논문－1차 격의불교)는 찬란한 당唐 송宋 원元 명明 사대의 세계적인 중심국가를 형성하는데 원동력이 되었다. 이들은 당시 역사상 가장 찬란한 문화를 꽃 피웠고, 경제적으로는 세계에서 제일 잘 사는 나라였으며 군사적으로도 강병의 중심국가였다.

사상적 측면에서 격의불교를 딛고 일어선 선종禪宗이 오늘날 다시 서구사상과 반상합도됨으로 서로 원융한 세계가 탄생(이만식－2차 격의

2 시인 · 경원대 영문학 교수

佛教)됨이, 오늘날 서구의 물질문명과 기계문명의 팽배로 오는 세기말적인 불안과 새천년에도 여전히 이어지는 인류의 불안을 극복할 수 있음을 예견, 새로운 패러다임을 제시하는 이 교수는 탁월한 지견을 보이고 있다. 그리고 2차 격의불교의 준동으로 쟈크 데리다의 해체론이 선불교를 현대적 언어로 읽음으로, 새로운 격의불교의 검색엔진이 될 수 있다는 것을 예시함은 본 토론자도 긍정하는 명제적 제시라 본다. 일단 모든 물리와 지혜는 고정되지 않는다는 견해로 토론자는 보기 때문이다.

1. 긍정적인 성과에 대한 견해 – 선과 쟈크 데리다(본문)

1) 해체론에 의한 상구보리 연구

(1) 해체론에 의거한 불립문자의 연구

선을 현대 언어로 정립하는 데 있어 동서의 반상합도에 의한 2차 격의불교格義佛敎, 구체적인 방안으로 쟈크 데리다와 선의 현대에 알맞은 새로운 세계의 모색은, 이런 명제적 제시는 실로 놀라운 탁견이다.

데리다의 신어 '흔적痕迹'은 불교에서 '실상實相', 곧 구체적으로 '유일물有一物' 등과 같이 읽힌다. 곧 표현되어 지지 않은 '흔적'을 선장들은 이렇게 곤혹스럽게 불렀다. 언어란 시간과 공간이 차연되고 이것을 선장들은 가차하여 쓰고 버리곤 했다.

(2) 해체론에 의한 연기관 연구

연기설은 선 자체의 강종綱宗이며 종지宗旨다.

① **언어적 현기증**은 우리는 이원적인 논리적 경계와 함께, 논리적 명료성에 의해 심적 만족을 느끼며 살아왔기 때문에 양변의 견해를 통견하는 차조동시遮照同時적 봄에 의하여 현기증이 생기고, 곧 '이 현기증은 사라지고 새로운 지혜, 새로운 세계 그 진실에 대한 새로운 인식에 다다를 것'이라는 말, 이것은 데리다Jacques Derrida, 1930~2004의 난경難境, 즉 **아포리아**aporia라는 용어로 제시 된다.

곧 차조동시遮照同時의 봄에 의한 '정신적 현기증'을 데리다는 난경, 아포리아라 명명하였다. 선에 있어서 적기상태賊機狀態에 배대된다. '적기'란 선장들이 차조동시 시킴으로 오는 **'뺑뚫림'**, 정신적 공황을 말한다. 선문답에서 오는 곧 진기한 일화逸話, 엉뚱한 사건들, 신비하고 은밀한 발언들, 모순당착, 부정이나 역설, 아이러니나 돌발적인 언행, 어긋남에 오는 위트와 유머의 사태沙汰, 알고도 시치미 떼는 것 같은 천연덕스러움, 비논리적인 횡설수설과 같은 일상의 논리로서는 도저히 생각할 수 없는 이러함은 진리의 근원인 우리의 실상본지를 안내하기 위한 선장들의 자비의 간절노파심절이다. 이만식 교수가 차용하여 설명하는 차조遮照의 설은 『화엄경』의 도리로서, 동시에 막고 동시에 비치니, 이항대립적인 우리의 관습화된 양변의 견해를 회감융통回感融通

하는 자성이 무자성인 도리를 말한다. 이것은 데리다의 '유령성幽靈性'과 관계가 지워진다.

② 모든 존재는 시간을 공유한다. 곧 나(시간)와 송준영(존재)는 인대靭帯되어진다. 곧 시간이 감에 따라 나는 없어지고 이름은 생과 사에 관계없이 존재되어 진다. 이런 명제는 나가르주나Nāgārjuna · 龍樹, 약 150~250 추정의 '이이일異而一', 곧 서로 다르면 동시에 같다. 一의 입장, 내적인 입장에서 보면 시간과 존재는 영원하며, 이異의 입장에서 시간과 존재는 다르다. 곧 송준영은 이름으로 남는다.

> 과거에 관습과 합리에 의해 결정 지워진, 각종의 논의에 대한 책임에 있어 진실에 대한 새로운 인식이 시작되어야 한다는 주장이다. 이런 극점의 아포리아에 의해 새로운 논의, 곧 새로 운 지혜에, 새로운 경험에, 진실에 대한 새로운 인식이 시작될 수 있다.
>
> 데리다가 아포리아에서 말하는 것처럼, 아포리아는 외형상으로는 쌍차쌍조雙遮雙照, 즉 차조 동시遮照同時와 유사한 부정의 형식으로 나타난다고 하지만, 토론자가 선적입장으로 볼 때는, 안으로 모든 것이 내통되어 회감융섭回感融攝하는 절대 긍정의 세계다.

그리고 이 교수는 '언어적 현기증으로 인해 아포리아라는 난경難境에 도달한다면, 난경이 된 언어의 새로운 이름은 흔적이다.' 곧 아포리아는 라즈니쉬Rajneesh, 1931~1990가 말하는 '진실에 도달하는 새로운 길'이고 아포리아에 봉착해 불립문자식 '흔적'은 '적기賊機'상태인 바. '이것은 진실에 대한 새로운 인식이다(라즈니쉬)' 하는 것은 '실재와 비실재 존재와 비존재등과 같이 대립되는 양변의 견해에 대한 비대립非對立, 곧 회감융섭을 말한다. 이것은 현실성에 대한 유령성幽靈性인데, 바로 '진실에 대한 새로운 인식' 자체다. 이 교수는 유령성이라는 단어가 『금강경』의 제상諸相에 대한 비상非相의 현대적 해석의 용어가 된다고 말한다. 이 유령성이야말로 새로운 현실, 곧 실상이다.

또 이 교수는 격의불교의 현대적 해석을 위해 나가르주나의 '이이일異而一'을 연기관의 설명을 가져온다. 존재와 시간은 서로 인대하여 이이일異而一인데, 이異의 입장에서 보면 둘은 서로 다르고, 일一의 입장에서 보면 존재와 시간은 서로 구별이 없다. 연기설 첫 행 "이것이 있음으로 저것이 있고 이것이 일어나므로 저것이 일어난다" 함은 서로 의지하여 생멸한다는 의미이니 연기설의 전문의 구절이다. 곧 연기란 서로 의지하여 생멸한다는 뜻, 곧 실상연기를 말한다. 이것은 생사윤회의 교설이 아니라 강종인 실상설의 다른 표현이다.

이 교수는 이어 나가르주나의 '이이일'은 데리다의 차연差延개념에 의해 현대적 해석으로 가능하다고 말한다.

2) 해체론에 의한 이타利他, 하화중생下化衆生 연구

(1) 해체론에 의한 사성제四聖諦 연구

사성제는 근본불교의 핵심 교설이다. 사제四諦는 고苦 집集 멸滅 도道니, 곧 괴로움苦, 괴로움의 원인集은 순관順觀이고, 괴로운 소멸滅, 괴로움에 벗어나는 길道은 역관逆觀이다. 사제는 십이연기의 정리이다. 곧 고와 집의 순관찰에 의하여 무명無明, 행行, 식識, 무색名色, 육처六處, 촉觸, 수受, 애愛, 취取, 유有, 생生으로 이어져 노사老死에 이르는 것을 괴로움과 괴로움의 원인을 보였고, 멸과 도는 노사, 생, 유로 거꾸로 내려가 무명에 이르는 역관찰의 표현이다.

나가르주나는 여래는 적멸상이므로 존재한다고 해서는 안 되며, 속세 즐거움, 세간락世間樂은 있는 것으로 존재하지 않는다고 하면 안 된다고 『중론』에서 노래하고 있다.

데리다는 끊임없이 자기 거부에서 오는 확신에 의해 선불교와 만나는데, 이 교수는 '데리다의 논리에 힘입어 선이 격의에 의한 현대적 해설은, 사성제는 12연기와 같은 것이라 주장한다. 여래가 존재하기도 하고 존재하지 않기도 한다는 애매모호한, 추론적 표현은 단순하고 선명한 표현이 아니다. 세속적 삶과 '다른 방향'을 제시하면서 우리의 사고 체계 자체에 대한 총체적인 반성을 요구한다. 현재의 세속적 삶이 서구 계몽주의에 바탕을 두고 있다는 점을 감안한다면, 데리다 논리가 "계몽적 가치 속에서의 새로운 혁명뿐만 아니라 혁명과 계몽이라는 그 개념의 혁명의 필요성을 생각하도록 요구한다."(이만식의 논문 「선과 쟈크 데리다 · 새로운 격의 불교의 모색」 본문 중)

이것은 데리다가 생각하는 우리의 사고 체계 자체에 대한 총체적 반성의 방안, 즉 서구 계몽주의 개념 자체의 혁명을 위한 논리는 차연이다.

차연差延, différance은 데리다에 의하면 "모든 존재론적이며 신학적인, 즉 존재신학적인 것으로 재전유再專有 않으며 존재신학, 즉 철학이 자신의 체계와 자신의 역사를 산출해내는 바로 그 장소의 비밀을 밝혀

낸다. 그리하여 차연은 존재신학, 즉 철학을 감싸고 되돌릴 수 없게 넘어가버린다." 곧 해체론은 존재신학을 포함하면서 초월超越, 포월包越한다는 것이 차연의 기본논리임을 이 교수는 명징하게 말한다.

여기서 이 교수는 초월은 여래의 적멸상인 역관을 위한 현대적 해석 논리이며, 포함은 여래의 세간락인 순관을 위한 현대적 해석 논리가 된다고 말한다. 따라서 사성제와 십이연기가 별개의 도리가 아니고, 적멸상 / 역관, 세간락 / 순관을 포함하는 포월의 논리에서 만난다는 근거가 확보된다고 말한다. 다시 말하면 여래는 초월하므로 존재하는 것이 아니라, 포월하므로 존재한다는 존재하면서도 포월하는 과정에서만 여래가 존재함을 볼 수 있다고 말하고 있다.

이만식 교수는 '이것은 데리다의 존재신학의 본질적 포월작업은 존재신학과 불교를 위한 본격적인 대화 국면을 열어 놓는다고 볼 수 있다'고 논문에 적고 있다. 이 교수는 데리다에 의거하면 '근대 개인주의의 문제점은 사람이 아니라 역할만 중시하는 데에서 기인한다'고 갈파하고 있다. 이러한 사람은 즉 핵심인 수련을 하지 않고 교수사라는 역할에 매달리어 본질을 놓친 선사로 신수를 지칭하고 있다.

(2) 해체론에 의한 자비慈悲 연구

소승불교에서 우리의 삶을 아공법유我空法有로 보았다. 곧 일체의 사물은 고정되어 있음이 아니라, 끊임없이 생성과 소멸을 거듭한다고 보면서도, 어떤 법칙이 존재한다고 믿었다. 그러나 대승불교에서는 아공법공我空法空으로 보는데, 이것은 우주만물의 실상은 법칙조차 성주괴

공成住壞空한다고 보았다. 이 실상을 그대로 보는 것이 공관空觀이다. 이 공관을 통하여 반야지般若智가 완성된다고 보았다.

사실 중도에 양변을 여읜다는 부정의 면으로 보이지만 사실 대긍정이니 양변을 살린다는 것이다. 상구보리上求菩提 = 하화중생下化衆生, 진공眞空 = 묘유妙有, 자리自利 = 이타利他와 저 십우도에서 근원으로 돌아가는 반본환원返本還元한 다음은 삶 속으로 포월됨은 입전수수入廛手垂이니, 곧 반본환원 = 입전수수이다. 이렇게 범부가 보살로 말미암아 바꾸어짐이 아니라, 자연이 지혜가 생하니 이것이 정견이다.

이와 같은 도리를 이 교수는 현대적 언어로 다시 설명하고 있다. 곧 '불교계가 여래의 적멸상인 역관의 추론, 즉 초월의 논리에는 쉽게 동의하지만, 여래의 세간락인 순관의 추론, 즉 포함의 논리는 받아들이기 어려워한다는 것이다. 사제와 12연기는 본래 다른 도리가 아닌데 두 개의 도리가 초월의 논리(적멸상寂滅相 / 역관逆觀)와 포함의 논리(세간락世間樂 / 순관順觀)를 통합하는 포월의 논리에서 만난다고 주장한다. 곧 여래는 초월로 존재함이 아니라, 세간에 포함되어 있기 때문에 존재한다. 여래는 존재하면서도 초월하는 포월의 과정에서만 볼 수 있다'고 해설하고 있다. 곧 '적멸상 / 역관' = '세간락 / 순관'이니, 이 도식은 'A는 A가 아니므로 A이다'라는 도식인 A = Ā로 존재한다.

데리다는 적멸상과 세간락의 포월 상황을 현실 속에서 아래와 같이 구체적으로 제시한다.

> 사건은 불가능한 것에 의해서 시작되며, 경제를 넘어선 **선물**, 법을 넘어선 **정의**, 소유권을 넘어선 **환대**, 앙갚음을 넘어선 **용서**, 동일한 것의 도래를

넘어선 **전혀 다른 것**의 도래, 신플라톤주의 형이상학을 포기한다면 왕국의 연인들이 사용할 수 있는 사랑스러운 생각이면서 왕국과 거의 아무런 관련이 없으며 나사렛 예수의 말문을 막히게 했을 존재를 넘어선 **선**善의 과다過多라고 레비나스가 고대 전통에서 알아내어 명명했던 것을 위한 욕망에 의해서 움직여지고 몰려나간다.

— Caputo 479

라즈니쉬는 배경의 일부가 되어 개별성을 상실하는 주체와 대상이 아름답다고 다음과 같이 설명한다. "배경에서 따로 떨어진 형태는 존재하지 않는다. 그것은 그것으로서의 개별성을 상실한다. 그러면 그것들은 이미 대상이 아니다. 왜냐하면 거기에서 그대는 이미 주체가 아니기 때문이다. 크리슈나무르티가 정말 아름다운 말을 하고 있다. 그것은 깊은 명상 속에서 보는 자는 관찰당하는 자가 된다는 말이다. 이것은 진실이다"(라즈니쉬 179). 환대의 윤리는 자신의 소유권에 대한 고려를 포월하는 것이다. "보는 자는 관찰당하는 자가 된다"는 말은 주체성의 포월 논리의 표현이다. 따라서 라즈니쉬의 추론과 데리다의 추론은 행복하게 만난다고 말할 수 있다.

불교적 자비는 환대의 윤리의 궁극적 양상이다. 라즈니쉬는 선의 3조 승찬을 다음과 같이 정말 아름답게 묘사한다.

승찬과 같은 사람 역시 사랑하지만, 그 사랑은 착취가 아니다. 그가 사랑하는 이유는 너무 많은 것을 갖고 있어 흘러넘치기 때문이다. 그는 어느 누구의 주위에도 꿈을 흩뿌리지 않는다. 길에서 만나는 누구와도 나누어 갖는다. 그 나누어 주는 행위는 아무 조건도 없다.

그는 상대한테서 무엇 하나 기대하지 않는다. 사랑을 기대한다면 있는 것은 실망뿐이다. 사랑을 기대한다면 결코 충족되는 일이 없다. 사랑을 기대한다면 모든 것은 참담하고 광기뿐이다.

"아니다"라고 승찬은 말한다. "사랑도 미움도 아니다. 그저 상대의 진실을 보도록 하라"고. 이것이 붓다의 사랑이다. 상대의 진실을 보는 것이다. 상대를 있는 그대로 보는 것, 오로지 참된 그 모습을 보는 것이다. 투영하는 것도 아니고, 꿈을 꾸는 것도 아니고, 이미지를 만드는 것도 아니고, 그 이미지에 맞춰서 상대를 고정시키려는 것도 아니다.

라즈니쉬의 추론이 아름답기는 하지만, 현실 속에서의 실천을 위해서는 현대적 해석이 요구된다. 이 지점에서 데리다의 해체론은 아주 유용한 도구가 된다.

타자와의 관계 외부에 본래의 개인은 없다. 그래서 모든 개인적 인간이나 사물은 언제나 이미 내부에서부터 분열되어 있다. 개인이란 특성은 현존이 아니라 차이에서 시작된다. 그러므로 개인에 관해 정당하게 말하려면 '자기 자신의' 개인적 특성을 포함하여 개인에게 부적절한 것과 불가능한 것을 인정하는 것이 필요하다. 이는 데리다가 '자신과 하나가 되는 것의 불가능성'(「빌라노바 원탁회의 14」)이라고 명명한 것을 해명하는 책임('윤리적이며 정치적인 의무')을 함의含意한다. 이러한 불가능성 또는 이러한 부적절성이야말로 타자와의 관계의 기반이다.

— Lucy 105

그리고 데리다는 기독교와 이슬람을 포월하는 종교적 대안으로 환대歡待를 제시한다.

> 미래란 타자가 발생하는[찾아오는] 열린 곳이기 때문이다. 그리고 그것이 궁극적으로 정당화의 근거가 될 것인 타자 혹은 타자성의 가치인 것이다. 궁극적으로 이것이 구세주의적 구조를 해석하는 나의 방식이다. 타자가 올 수도 있고 또는 오지 않을 수도 있다. 나는 그를 프로그램화하고 싶지 않고, 차라리 그가 온다면 그가 올 수 있는 장소를 남겨놓고 싶다. 이것이 환대의 윤리다.
>
> — Derrida and Ferraris

불교를 포함한 모든 종교가 언어에 속해 있어 구세주의적 구조를 갖고 있기 때문에, 데리다의 존재신학의 포월 작업은 존재신학과 불교의 본격적인 대화 국면을 열어놓는다. 데리다의 환대의 윤리는 불교적 자비의 현대적 해석으로 읽을 수 있다. 라즈니쉬는 "배경에서 따로 떨어진 형태는 존재하지 않는다. 그것은 그것으로서의 개별성을 상실한다. 그러면 그것들은 이미 대상이 아니다. 왜냐하면 거기에서 그대는 이미 주체가 아니기 때문이다. 크리슈나무르티가 정말 아름다운 말을 하고 있다. 그것은 깊은 명상 속에서 보는 자는 관찰당하는 자가 된다는 말이다. 이것은 진실이다" 환대의 윤리는 자신의 소유권에 대한 고려를 포월하는 것이다. "보는 자는 관찰당하는 자가 된다"는 말은 주체성의 포월 논리의 표현이다. 따라서 라즈니쉬의 추론과 데리다의 추론은 행복하게 만난다고 말할 수 있다.

불교적 자비는 **환대의 윤리**의 궁극적 양상이다.

2. 토론자의 부정적 질의

세부적인 문제에서 몇 가지 질의를 하고자 한다. 특히 언어문제에서 동양의 학자들은 개념을 정확히 논증하지 못함을 질타하고 있다. 이것은 동서양 문화의 차이에서도 잘 들어나며, 특히 분석적이고 논증적이 못한 동양 학자들에게 호된 질책임이 틀림없다.

그렇지만 이런 문제는 동서양의 사유와 언어를 다루는 표현의 차이로 사료된다. (이러한 것도 점차 같음과 다름 속에 다름과 같음 속에 원융하게 향상 되겠지만) 특히 선에서는 불립문자 직지인심 교외별전 견성성불이라는 4구게를 종지로 삼고 있다. 이와 같이 역사적이나 사회적으로 상호 같은 맥락에서 발달된 동양적인 사상 표현체계와 서양의 논증적 언어 표현체계와 극심한 차이를 보이고 있음도 사실이다.

예컨대, 서구에서 발달되어 오늘날 우리시대의 글쓰기의 잣대로 삼고 있는 논설문은 분명 연구와 실험 논증을 대상을 체계적으로 논리적으로 쓰고 있다. 이러한 것은 서구의 이원적 사유의 결과물이 아닌가 생각된다. 그러나 동양, 특히 오늘 주제로 다루고 있는 선禪에서 말하는 둘이 아닌 불이不二의 사유 자체는 논설문 스타일로 쓰기는 부적절하다. 과거 논, 논문이라는 같은 언어가 사용되었다 해도 그것은 오늘날 논설문과는 다르다. 특히 선에서는 선어록, 혹은 법어란 형태로 선장들의 사상이 전달되고 있다. 이것은 한 사유가 있으면 한 글쓰기가 생기듯이 마지막을 추구하는 인류의 오랜 방법상 자연스럽게 두 글쓰기가 오늘날 실재實在로 존재하는 것이라 생각된다.

앞에서도 예문을 들은 유有·무無·중中 어느 한 자를 통증함으로 모두 철증徹證되는 이런 도道를 무슨 분석과 논증으로 확연히 보여줄 수 있을까? 우리들은 그저 최선을 다해 언어로 쓸 뿐이고, 그런 위치에 올라온 자만이 불 보듯이 아는 게 아닌가. 마치 간장인지 콜라인지 찍어 먹어야 확신하듯이.

토론자의 논변 역시 서로 둥근 구멍에 모난 막대기로 막을 뿐이다. 아니라 하여도 할 수 없다. 그렇지만 몇 곳을 예들어, 특히 토론자 졸저 『현대 언어로 읽는 선시의 세계』(푸른사상, 2006)에 대한 편달을 겸허하게 받아들이며 논변하는 바이다.

1) 이만식 교수의 본 논문 4쪽에 대한 질의

> 희철의 유·무·중 3구를 통하여 3구를 설명하려고 시도한 다음 "유·무·중 3구는 꼭두각시와 같은 것이니 이것을 가차한 것일 뿐 진실이라 할 것이 없다"(희철 78)는 주장은 독자의 입장에서 무책임하다고 비난할 수 있다. 진실과 가차라는 정반대되는 입장의 차이가 세심하게 고려되지 않은 채 동일한 단어가 사용되고 있기 때문이다.

·논변: 우선 이 교수의 진실과 가차를 정반대되는 입장의 차이가 세심하게 고려되지 않았다 하는 것은 문제가 있다고 생각된다.

이것은 본체적 입장이 아닌 분석적 입장에서 진실과 가차라는 단어를 보았을 때는 정반대라는 말이 성립되겠지만, 실제 유·무·중 어느 것 하나 실상이 아닌 것이 없다는 궁극적인 선적으로 통증 되는 근본지인 반야 속에서 볼 때, 가차가 진실이며 진실 역시 가차이다. 그렇지만 "유・무・중 삼구는 꼭두각시와 같은 것이니 이것을 가차한 것일 뿐 진실이라 할 것이 없다"는 이 말은 반야지인 실상지實相地의 입장에서 아지랑이와 같이, 부초와 같이 쓰임만을 가지고 설명되어질 때는 위의 말이 성립된다 할 것이다.

그럼 이것을 어떻게 써야 독자가 속 시원하게 알 것인가? 아무리 언어로 옮겨놓아도 시원하지 않을 것은 분명한 사실일 것이다. 이것은 실참실수에 의해 스스로 알 일이 아닌가. 불립문자不立文字를 부르짖지만 바로 불리문자不離文字로 볼 수밖에 없는 부분이다.

2) 이어 **송준영은 지智를 설명하면서 아무런 개념 설명 없이 자신의 입장을 다음과 같이 세 번이나 바꾼다**(송준영, 『현대언어로 읽는 선시의 세계』, 푸른사상사, 33・41・44쪽) **하고 아래 (1) (2) (3)을 같이 묶어 지智에 대한 설명**으로 적고 있다.

> (1) "무지역무득"은 『반야심경』 가운데 가장 핵심이 된다. 여기서 지智란 산스크리트어로 jnana인데, 이것은 주관과 객관이 대립에서 벗어나 사물을 투시할 수 있는 직관지直觀智다.((1)-①) 반야般若・prajna는 지智에서 한층 심화된 근본지根本智를 말한다. 주관과 객관이 완전히 허물어진, '자/타', '능/소', '주/객'이 미분화되기 전의 둘이 아닌 절대경지, 최상의 경지를 말한다.((1)-②) (『현대언어로 읽는 선시의 세계』, 33쪽)

(2) 흔히 지식을 선가에서는 알음알이라 한다. 머리 하나만 이해되고 통달되어 아는 지식과는 달리 선적체험은 정신적 지혜와 육체적 경험, 머리와 마음을 모두 통하여 증장增長시킴을 의미한다. (『현대언어로 읽는 선시의 세계』, 41쪽)

(3) 이를테면 knowledge는 경험을 갖지 않고 얻어진다면, wisdom은 삶의 경험을 통하여 얻어진다. 그러나 prajna는 존재 자체의 자발광으로 '본질에서 솟는 근원적인 예지'다. 곧 분별함이 없는 상태에서 솟는 지혜인 무분별지無分別智다. (『현대언어로 읽는 선시의 세계』, 44쪽)

송준영 개인의 문제가 아니다. 간화선 언어체계 자체, 즉 불립문자 자체에서 개념의 혼란이 발생한다.

이만식 교수의 본문 ((1)-①)

"무지역무득無智亦無得"은 『반야심경』 가운데 가장 핵심이 된다. 여기서 지智란 산스크리트어로 jnana인데, 이것은 주관과 객관이 대립에서 벗어나 사물을 투시할 수 있는 직관지直觀智다. 반야般若 · prajna는 지智에서 한층 심화된 근본지根本智를 말한다.

· **논변** : 예문 (1), (2), (3)을 들기 전에 "송준영은 지智를 설명하면서 아무런 개념 설명 없이 자신의 입장을 다음과 같이 세 번이나 바꾼다"고 지적하고 있다.

그러나 예문 (1), (2), (3)은 모두 필자인 송준영은 다른 문맥으로 사용하고 있다.

(1)의 지智는 반야를 설하기 위해 이미 격의적인 입장의 지를 전초단

위로 쓰고 있을 뿐이다. 반야심경의 핵심인 '무지역무득'의 지는 직관지인 산스크리트어 jnana의 번역이다. 이것은 반야 실상본지를 꿰뚫어 볼 수 있는 지혜다. 근본지인 반야와 붙어 있는 용用의 지智라할까?

'무지역무득'이란 말은 종래는 반야지도 없고 반야깨달음도 없다로 읽히지만, 결국 반야지는 미분화되기 전 불이不二의 아욕다라삼막삼보리Anuttara-sammak-sambodhi · 無上正等正覺의 다른 표현이다. 여기서는 지智를 설명하기 위해, 지를 사용한 것이 아니라 반야지를 설하고 있다.

위와 같은 것은 독자의 근기에 따라 시원하게 읽을 수도 있고, 그렇지 못하게 읽을 수도 있다. 분석하고 논증으로 될 문제가 아니라 본다.

이만식 교수의 본문((1)-②)

(반야지는) 주관과 객관이 완전히 허물어진, '자 / 타', '능 / 소', '주 / 객'이 미분화되기 전의 둘이 아닌 절대경지, 최상의 경지를 말한다.

· **논변** : 반야지에 대한 종속 구절로서, 서로 배대되는 '정靜 / 동動'과 같은 양변견적인 견해가 함몰되는, 서로 관통되고 허물어진 환지본처還至本處된 본래실상지가 반야임을 설하고 있다. 곧 지에 대한 설명이 아니다.

이만식 교수의 본문 (2)

흔히 지식을 선가에서는 알음알이라 한다. 머리 하나만 이해되고 통달되어 아는 지식과는 달리 선적체험은 정신적 지혜와 육체적 경험, 머리와 마음을 모두 통하여 증장시킴을 의미한다.

· **논변** : 본문 (2)의 문장은 모두 지식, 즉 이해와 반복으로 이루어진 알음알이, 아는 습관에 의해 쌓여진 앎과 실참실수된 선적체험은 근본적으로 다름을 말하고 있다. 이원적 사유에 의해 대상은 참구하고 연구하여 알게 된 식견과 우리의 본래자리인 실상지로 환지본처하였을 때 얻어지는, 곧 본래자리인 반야실상지를 증장되었을 때를 구분하는 문장으로 쓰이고 있다.

곧 이 교수가 말하는 지智를 개념을 정하지 않은 채 바꾸고 있다는 말과는 거리가 있다.

이만식 교수의 본문 (3)

이를테면 knowledge는 경험을 갖지 않고 얻어진다면, wisdom은 삶의 경험을 통하여 얻어진다. 그러나 prajna는 존재 자체의 자발광으로 '본질에서 솟는 근원적인 예지'다. 곧 분별함이 없는 상태에서 솟는 지혜인 무분별지無分別智다.

· **논변** : 여기서는 따로 변은 필요 없고 이글의 텍스트인 졸저 『**현대언어로 읽는 선시의 세계**』를 옮기면 자연 드러나니 원전의 앞부분을 옮기고자 한다.

"선지식아 마음을 깨끗이 하여 마하반야바라밀을 생각하시오."

잠시 후,

"보리자성은 본래 청정하니 단지 이 마음을 사용하시오. 바로 성불되어질 것입니다."

善知識 總淨心 念摩訶般若波羅密 大師良久 復告衆曰 善知識 菩提自性 本來淸淨 但用此心 直了成佛

— 탄허, 『육조단경』「오법전의」, 제1, 2쪽

이 말은 혜능이 조계의 보림에 이르렀을 때, 대범사 강당에서 베푼 설법의 첫 마디며, 『단경』 모두의 글귀다. 돈오법문을 간결하게 나타낸 것이다. '마음을 깨끗이 하시오.' 여기서 말하는 마음이 바로 선을 아는 요체이다. 선은 앉아서 고요를 지키고 고요를 즐기는 것이 아니라, 마음의 본성 곧 자성을 보아야 하며, 자성을 봄이 견성이며, 견성은 혜능에겐 성불이다. 바로 견성성불이 선의 궁극적인 목표이기 때문에 대중에게 총정심總淨心하라한 것이다. "염마하반야바라밀念摩訶般若波羅密"을 해석하면 '마하'는 '크다, 많다, 뛰어나다'의 의미를 가진 산스크리트어고 '반야'는 프리즈나란 산스크리트어를 음사한 말인데, '근원적 지혜'를 말한다. 이를테면 knowledge는 경험을 갖지 않고 얻어진다면, wisdom은 삶의 경험을 통하여 얻어진다. 그러나 prajñā는 존재 자체의 자발광自發光으로 '본질에서 솟는 근원적인 예지'다. 곧 분별함이 없는 상태에서 솟는 지혜인 무분별지無分別智다. 이제 혜능은 '지혜의 완성만 생각 하십시오' 하고 대중에게 조용히 말한다. 그리고 '지혜자성은 본래 맑고 깨끗합니다. 단지 이 자성의 응용인 이 마음만 사용하십시오. 이러면 성불해 마칠 것입니다.'

— 송준영, 『현대 언어로 읽는 선시의 세계』, 43~44쪽

곧 육조 혜능의 자성은 반야이고 참 마음은 반야다. 참 마음 나쁜 마음이 없다. 위의 '지혜자성은 본래 맑고 깨끗합니다' 한 것 자체가 온통 반야의 자발광이다. 이렇게 볼 때 智는 반야의 다른 말인 동시에 반야를 볼 수 있는 직관지이다. 그러나 종내 반야지가 바로 반야이다.

3) 이 교수의 제2의 격의불교운동 - 토론자 견해

아마 그렇게 둥굴둥굴 굴러가는 구球에 발동을 거는 제2의 격의불교운동을 찬성하면서, 『금강경』 제5 「여래실견분」의 4구게를 푸는데 있어(5. 선과 쟈크 데리다, (1) 해체론에 의한 불립문자의 연구) 김태완의 의역을 빌려 "제상諸相을 비상非相 즉 성性으로 보는 것이 바로 여래를 보는 것 즉 견성이라는 뜻이다"를 받아들인다 (…중략…) 또한 라즈니쉬는 제상이 비상이거나 비상이 아닌 두 가지 경우 밖에 없다고 한다. 그러나 여래를 본다면 제상이 비상이면서 동시에 성이기 때문에, 제상을 비상이라고 성의 입장에서 볼 수 있어야 여래를 볼 수 있다고 정의된 것이다. 라즈니쉬가 피할 수 없었던 이분법적 논리를 피하기 위하여, 데리다의 언어로 대신하는 '흔적痕迹'이라는 개념을 소개한다.

· **논변** : 우선 『금강경』 4구게 凡所有相 / 皆是虛妄 / 若見諸相非相 / 卽見如來(무릇 모든 상이 다 허망한 것이다 / 만약 모든 상이 상 아님을 보면 / 곧 여래를 보는 것이다—구마라집 본) 그리고 이기영교수는 산스크리트어 번역을 "특징이 있다고 하는 것과, 특징이 없다고 하는 그 양쪽에서 여래

를 보지 않으면 안된다"고 번역하고 있다. 토론자가 보기에는 발표자 이 교수가 수용한 김태완의 의역 "제상諸相을 비상非相 즉 성性으로 보는 것이 바로 여래를 보는 것 즉 견성이라는 뜻이다"에 이어 '여래를 본다면 제상이 비상이면서 동시에 성이기 때문에, 제상을 비상이라고 성의 입장에서 볼 수 있어야 여래를 볼 수 있다고 정의 된 것이다'라고 볼 때에는 '흔적'이 분명히 읽히지 않는다.

토론자는 '제상이 비상이면서 동시에 성이며, 성인 동시에 제상이어서 '본질 / 현상'이 아니라 '본질 = 현상'으로 '제상 = 비상'으로 논증될 문제가 아니라 철증되어야 될 문제다. 그것은 마치 여기 계신 '부처님이 부처님이 아닐 때 부처님이다'라는 말이니, 이것은 일체만상이 자성을 가지고 있지 않다는 데 있다. 내가 잡고 있는 연필이 상황에 따라 흉기일 수도 있고, 불쏘시개가 될 수도 있다. 제상의 자성이 무자성이어서 책상이 의자이고 장작일 수 있고 장작은 필기도구이고 구름이고 여자이고 모든 것을 태우는 불일 수 있고 반딧불일 수 있고 반딧불은 비로자나불인 것이다. 그래서 "바다 밑 진흙소가 달리고 나무까치가 하늘을 뚫는다"로 이어질 수 있다.

4) **이 교수**는 표현되어지지 않는 것의 언어를 데리다의 '**흔적**'이라는 언어 사용으로 대치함을 말하면서 '본질 / 물질', '제상 / 비상'에 대한 혼란을 피할 수 있다고 하였다. 그 이유는 "제상과 비상은 관찰할 수 있는 사물의 형상인 현상으로 나타나거나 자신의 존재 자체만으로 드러내 보여줄 수 없는 흔적일 뿐이기 때문이다." 그리고 라즈니쉬의 말

을 빌려 라즈니쉬가 '**흔적**'의 개념 없이 '언어'가 흔적임을 설명하려고 노력하고 있다'고 논박한 후, '흔적' 동양사상을 현대적으로 해석할 수 있게 해주는 유용한 도구라고 말한다.

· **논변** : 선승들이 실참實參에 의해 통증철견通證徹見하는 부분을 언어로 표현하지 못할 바는 아니나, 확연하게 표현하지 못하는 그 부분을 과거 선장에 따라 '반야' '자성' '유일물有一物' '무영수無影樹' '이것' '그것' '무위진인無位眞人' '판치생모板齒生毛' '끽다거喫茶去' 등 많은 말을 하였고, 그때마다 이런 표현지칭이 모두 한 겹 막힌 것이지, '그것'이라 하지 않았다. 이것은 초기 선종사에는 성性(6조혜능), 지知(하택신해), 평상심시도平常心是道(마조도일), 정전백수자庭前栢樹子(조주종심) 무위진인無位眞人(임제의현) 할喝, 방棒과 같이 정체적인 것에서 동태적인 것으로 변하여 갔고, 극단적이 할이나 방을 사용하여 '흔적痕迹'을 흔적이 아닌 구체적인 것으로 표현한 바 있다. 또 조주 같은 선사는 세치의 혓바닥과 입술로서 반어적인 기법으로 당처를 바로 찌름(조주의 구순피선口脣皮禪)으로서 '적기賊機'의 대선장 면목을 잘 보여주었다.

5) 이어 **이 교수**는 '청원에게 한 학인이 불법의 대의는 무엇입니까? 하고 물으니 청원이 대답하되, 여릉의 쌀값은 어떻던가? 하는 대답을 함으로, 질문자를 '텅비임'으로 몰아넣는 반어적인 적기는, "인간의 관념과 개념, 관습으로 뒤덮여 있는 두꺼운 벽을 깨는 줄탁동시의 비범하고 매혹적인 수법"(송준영, 『현대언어로 읽는 선시의 세계』, 푸른사상, 2006, 88

쪽)인데, 이것은 현대적 데리다의 고명古名에 의해 모색해 볼 필요가 있다. 그리고 이어 지를 설명하면서 아무런 개념 설명 없이 자신의 입장을 세 번이나 바꾸는 문제점을 해결할 수 있다. 결국 고명론에 의해 지가 새로운 개념을 진수眞髓시키기 위해 예비적으로 유지되는 예전의 고명이라는 점을 지적하면 될 것이라 하였다.

· **논변** : 우리에게 현실적으로 좀 더 구체적으로 다가옴을 현대적이라는 언어를 쓰고 있다고 짐작이 되지만, 서구적 개념에서 발상되는 언어인지? 어쨌든 여태 2,500여 년의 계통적 뿌리를 가지고 발달되어 온 동양의 유구한 사유 및 방편상 자연적으로 만들어진 소위 '흔적'의 '그것', '이뭣꼬'를 선장들은 많은 낯설기 표현을 행주좌와 어묵동정行住坐臥 語默動靜으로 보여 왔다. 이것은 각자覺者의 간절노파심절懇切老婆心切이라 볼 수 있다.

그리고 "지智를 설명하면서 아무런 개념 설명 없이 자신의 입장을 바꾸었다" 함도 앞의 2)에서 논변하듯이 프리즈냐반야 본지에 대한 설이었지 지智를 설명하고자 한 것이 아니다. 지의 개념이 캄캄하면 지를 더 살펴보면 된다. 곧 반야에 대한 개념을 설한 것이다. 더 이상 논변할 필요가 느끼지 않는다.

결국 데리다의 '흔적痕迹'이나 '고명古名'을 사용하여 제2의 격의불교에 의한 새로운 세계가 열리는 것, 이런 빼어나고 뛰어난 세계에 장관은 누구나 바라는 바이지만, 이것이 과연 데리다만이 주장한 독창적인 새로움인지, 혹은 창망한 선적사유에서 이미 다른 이름과 개념으로 사용되어 왔던, 단지 새로운 언어의 보탬인지, 더 넓고 깊게 참구해봐야 할 것 같다. 곧 지智는 고명이나 현 명칭이거나 지일뿐이다.

'흔적' '고명'이 모두 무엇라고 말하던지 간에 '흔적'은 역시 흔적일 뿐이다. 흔적이라고 보는 이해에 도달할 수는 있지만, 이것 역시 명징한 실상일 수 없다. 흔적이란 단어가 하나 더 늘어서, 그것도 개념적 추상어가 하나 더 늘어난다하여 무엇이 어떻게 될 수 없다. 더 더욱 반야지般若智를 눈 뜰 수 없다. 그래서 선장들은 언하言下에 대오大悟나 조고각하照顧脚下나 방하착放下着하라고 외친다. 돈오돈수頓悟頓修 없이 결국 천변논지千變論旨는 허공꽃이라 이들은 말한다.

3. 결론

앞 절에서도 살펴본 것 같이 이만식 교수의 제2의 격의불교운동은 동양정신의 정수인 선과 서구의 모더니즘과 반상합도되는 새롭고 수승된 세계의 출현이야 말로 인류가 지향하고 첨가해야 할 새로운 대륙임이 분명하다. 이만식 교수는 우선 이러한 실머리를 쟈크 데리다의 해체론과 선불교를 현대적 언어로 읽음으로, 새로운 격의불교의 검색엔진이 될 수 있다고 제시하고 있다. 물론 이런 문제제기는 봉착된 정신문화를 푸는 한 발단임은 틀림없다. 그러나 선에서 이루고자 하는 불립문자는 우리가 일상적이고 학문적인 범주에서 누적된 표현의 문자가 아니라, 내적으로 통증된 문자를 의식적인 문자로 표현하므로 어떻게 보면 문자가 아닌 문자를 의미한다고 보아야 한다.

또 하나는 이 교수의 현대적 언어로 선을 읽는다는 문제제기는 정지되고 굳어져 있는 선불교의 정상적定相的인 사유를 흔들고 비틀어 가일층 발전시킨다는 것에 대하여는 반론할 여지가 없겠지만, 또 다른 면에서 말한다면, 역사상 1,500년 동안 선을 수선修禪하는 집단에 의해 면면히 발전되어온 언어들이 서구의 몇몇 사상가들에 의한 그들의 언어로 읽어져야 한다는 점에는 문제가 있다고 본다. 오늘날 역사상 선의 본류인 선종의 특수 언어가 현대 사상가들에 의한 언어로 읽혀 져야한다는 것은 본말이 전도된 느낌을 받는다. 이론적으로는 오늘날 지성들에 의해 선이 해부되고 좀 더 가까이 다가가므로 동서양이 합도되는 빼어나고 뛰어난 세계에 대한 열망이 구체화되므로, 곧 제2의 격의불교가 탄생하기를 소망하고 상상할 수 있지만, 토론자의 입장에서는 세계화된 현대 언어로 선의 언어를 하나하나 점검하고 밝히므로 결국 제2의 격의불교가 펼치는 정신세계를 첨가한다는 것이 석연하지 않다는 생각이 든다. '이것'은 바로 프리즈냐 곧 반야의 겉과 속을 꿰뚫어 통증하므로 일체만물의 본래 실상자리를 확연하게 계회契會함을 말하는 것이다. 곧 반야의 지혜를 회광반조廻光返照함이 바로 허수아비 같은 우리의 문자의 실상을 바로 아는 것에서부터 시작되는 것이라는 생각에 미친다.

이만식 교수의 새롭고 번뜩이는 예지를 읽고 토론을 하게 됨을 매우 고맙게 생각하고 토론자 역시 앞으로 더욱 매진하겠다는 결심이 섬을 쓴다.

제2장

『십현담』과 주해시 읽기

· 논쟁 2

주제 : 고전선시와 현대선시 — 십현담을 중심으로 — 이만식

논변 : 『십현담』과 그 주해시 갖추어 읽기 (1), (2), (3) — 송준영

일시 : 2011년 8월 11일

장소 : 2011년 만해축전 — 만해마을 실라벌성 대강당 발표

게재 : 2011년 만해축전 논문집

1. 선시의 백미, 『십현담』과 그 주해시 갖추어 읽기 (1)

1) 들어가며 – 상찰의 『십현담』 선시에 대한 고찰

『십현담十玄談』은 조동종의 3조 동안 상찰同安常察, ?~961 선사의 소작이다. 『십현담』은 '담談'이라는 이름이 붙여진, 선화 10편의 편제에 7언율로 된 선시 80구로 이루어져 있다. 『십현담』이 만들어 진 시기의 정확한 기록은 없고 그 시대에 상호 관계 지어졌던 주위를 살펴본 결과 대략 10세기 초라고 추측되어 진다.

『십현담』의 저자 상찰의 법계는 두 가지 이설이 있지만 필자는 고려의 진각국사 혜심眞覺慧諶, 1178~1234의 편집인 『선문염송』의 기록을 따라 동산양개(조동종 개조)–운거도응–동안상찰–양산연관–대양경현으로 이어지는 법계를 취하였다. 이 법계에 의하면 상찰은 오늘날 까지 사자상승되는 조동종 법계 한 가운데 위치한 적통 종사로 본다.[3] 『십

3 상찰의 법계에 대해서는 문헌상 이설이 있다.
① 상찰은 『조당집』이나 『전등록』에 의하면 청원행사 아래 6대이다.
-② 운암담성-동산양개-운거도응-동안상찰-양산연관-대양경현-투자의청-
-부용도해-단하자순-천동정각 …….
청원-석두휘천-약산유엄-
-① 도오종지-석상경제-구봉도건-동안상찰
② 상찰은 『선문염송』의 기록에 의하면 조동종 선승으로 청원 하 6대이다
필자가 보는 ②의 법계가 동안 상찰의 법계이며 양산 연관은 상찰의 법자이고, 대양 경현은 양산의 법자이며, 오늘날까지 법계가 사자상승되는 조동종 적통이다. 만약 ①의 법계로 본다면 조동종 먼 조상의 약산 유엄의 원손일 수는 있지만, 조동종과는 직접적인 관계가 없어진다.
※ 두 법계에 대하여 일반적으로 선종역사서로 권위 있는 『조당집』(952)이나 『전등록』(1004)을 따르고 있으나, 필자가 고찰한 바로는 상찰은 조동종의 선승이며, 특히 중국 조동종 선종사에 나타나는 동산양개-운거도응-동안상찰로 이어지는 법계이다.
고려의 진각 혜심1178~1234이 지은 『선문염송』(1226)에 의하면 동안도비와 동안상찰은 모

현담』은 조동종의 종지인 「조동오위정편」을 활성화하고 생활화 하는 데 있어서 무엇보다도 요긴한 지남이 되는 10가지 현담을 게송화 한 것이다.

선문을 통털어 5가 7종이라 일컫는다. 그중 조동종은 임제종과 함께 오늘날 까지 법맥이 사자상승師資相承되는 양대 선문이다. 우리나라는 임제종이 현금까지 크게 융성하고 있고, 조동종 역시 조선 초기까지 면면히 이어오고 있음을 더듬어 알 수 있다.

신라의 구산선문 가운데 수미산문 개창조 진철 이엄眞澈利嚴, 870~936은 27세에 입당하여 조동종 2세 운거 도응雲居 道膺, ?~902에게 심인을 받고 귀국하여 경순왕 6년(932) 지금 황해도 해주 수미산록에서 광조사를 창건하고 9산선문의 마지막 수미산문을 개창한다(이지관, 『한국불교소의경전연구』 서울 보련각, 1969, 436~437쪽). 이것이 한국의 최초의 조동종 선문이며 이엄은 『십현담』의 저자 동안 상찰과 동문 사형제가 된다. 그리고 고려의 보각국사 일연一然見明, 1206~1289은 가지산문 후손이나, 『중편조동오위』 2권을 저작 하였고, 조선 초 청한 설잠淸寒雪岑·金時習, 1435~1493이 『십현담』의 최초의 주해자 청량 문익淸凉文益, 885~958의 주해본인 『십현담주해』를 읽고 『십현담요해』를 저술 것으로 보아도 조동종 선풍이 제방에 흐르고 있음을 알 수 있다. 더욱이 설잠의 『십현담요해』를 읽다보면 이본의 예를 들고 있다. 이것을

두다 운거도응의 상족들이다. 우리가 살펴야 하는 부분은 동안상찰이나 동안도비의 법명 위에 붙은 동안은 동안원이라는 절 이름이니, 곧 동안원의 상찰, 동안원의 도비라는 의미다. 동안원은 당시의 홍주, 현재 강소성 남창시에 있는 봉서산 동안원이다. 상찰과 도비는 사형제의 관계임을 보아 당시 이절은 조동종 선찰이라는 추측이 가능하다. 동안 상찰의 『십현담』은 「조동오위정편」을 의미 중심으로 게송을 만든 것이다. 이런 것이 조동종 선승 상찰로 보는 『선문염송』의 기록을 따르는 이유다.

보아도 당시에 『십현담』의 이본들이 선문에 퍼져 전해오고 있었음을 알 수 있다. 그리고 다시 15세기에 김시습이 그랬듯이 400여 년 후, 오세암 한 방에서 만해龍雲奉玩, 1879~1944가 설잠 김시습이 『십현담요해』를 읽게 되고, 이어 만해의 『십현담주해』에 독창적인 비批와 주註를 남기게 된다. 이러한 것은 조동종의 선풍이 우리나라 제방 선원에 면면히 이어오고 있음을 짐작하게 한다.

조동종 종풍을 조선의 큰 스님 서산대사淸虛休靜, 1520~1604는 다음과 같이 노래했다.

권도로써 오위를 열어 상 · 중 · 하 근기를 잘 다루고 權開五位 善接三根
보검을 빼어들고 모든 견해의 빽빽한 숲을 고르네 橫抽寶劍 斬諸見稠林
넓고 고루 통하여 천만 슬기 절단해 버리니 妙協弘通 截萬機穿鑿
위음왕불 나기 전 가득 찬 그 빛의 세계이며 威音那畔 滿目煙光
하늘과 땅 생기기 전, 한 병 안의 세계이네 空劫已前 一壺風月
조동종을 알려하느냐 要識曹同宗麼
부처님도 안 나시고 아무것도 없던 그 전 佛祖未生空劫外
정 / 편 유 / 무 어떤 것에도 떨어지지 않네 正偏不落有無機

— 청허, 용담 역, 『선가구감』, 인물연구소, 1982, 201쪽.

조동종을 충실히 이해하는 데는 서산대사가 "부처님도 안 나시고 아무것도 없던 그전佛祖未生空劫外 / 정과 편, 유와 무 어떤 것에도 떨어지지 않네正偏不落有無機"라고 노래하였듯이, 조동종 개창조 동산 양개洞山良价, 807~869가 지은 「오위정편五位正偏」의 낌새를 알아채는 것이 무엇보다도 중요하다. 특히 『십현담』은 조동종의 「오위정편」을 의미 중심으로 게송을 만든 것이다.[4] 『십현담』의 저자 동안 상찰은 동산의 전법제자 운거의 직전 제자로 「오위정편」을 『십현담』이라는 이름으로 송화한다. 이것을 첫 주해자 문익이 '조동오위설'의 뜻과 어구표현으로 주석하였고, 500년 즈음에, 설잠 김시습이 상찰의 본문과 문익의 주해를 묶어 『십현담요해』를 탈고하게 된다. 만해는 이 『십현담』을 주해한 동기를 그의 『십현담주해』에서 잘 밝혀주고 있다.

이번 '만해축전세미나'에 이만식이 발표한 논문 「고전선시와 현대선시―십현담을 중심으로」의 논문 모두는 다음과 같이 시작된다.[5]

> **만해는 십현담을 "동안 상찰 선사가 지은 선화"라고 정의**하고 있는데, 서문에서 이런 정의를 제시한 만해의 『십현담주해』를 포함한 한용운작품선집을 편역한 서준섭은 **다음과 같이 십현담을 선시라고 정의**한다.
>
> ― 서준섭, 『한용운작품선집』, 강원대 출판부, 2001, 159쪽

위의 인용문의 문맥을 잘 살펴보면 이만식은 『십현담』의 제명에 대해 확실한 것을 밝히지 않고 사용하고 있다.[6] 이 『십현담』을 무엇이라

---

4 한종만, 「한용운의 『십현담주해』에서 본 진리관과 선론」, 『한용운의 사상연구』, 민족사, 1981.

5 이만식, 『2011 만해축전』 상, 백담사만해마을, 2011.

6 서준섭, 『한용운작품선집』, 강원대 출판부, 2001, 304쪽.
"**『십현담』이라는 제목은 '10편의 시로 표현한 현묘한 선에 대한 담론'이라는 뜻이다.** (…중략…) **이만큼 문학성이 뛰어나고 시적인 정취가 물씬 풍기는 선시 작품도 흔하지 않다**"라고 서준섭은 쓰고 있다.
위의 서준섭의 글은 분명히 담론으로 규정하고 있다. 그리고 『십현담』은 '교술적 성격을 띤 작품이지만, 형식이 간명하면서도 '번뇌의 마음을 다스리는 기술'로서 고도의 시적 비유와 불교적 어법으로 표현되고 있어, 이 작품은 불교문학의 걸작이라 생각한다'라고 하락한 부분을 말하며, 이와 같은 '선시 작품도 흔하지 않다'라고 말한다.

불러야 하는가 하는 문제에 대해서는 필자는 원전이 기록된 『전등록』 29권을 들추고 생각을 더 보태어 살핀 결과 원제 『십현담』은 '선에 관한 현묘한 담론', 즉 선화禪話의 게송 10편으로 봄이 타당하다고 생각한다. 『십현담』이 처음 실린 『전등록』에는 『십현담』이라는 본제목을 쓰고 있다. 10편의 현묘한 선화에다 게송을 짓고, 1편마다 소제목이 붙어 그 제題에 대해 7언 율시 8구로 지어져 있다. 곧 『십현담』은 선화 10편의 제목마다 8구 80행으로 이루어진 선화의 게송이라고 본다.[7]

(1) 상찰의 『십현담』과 조동종의 「오위정편」과 「오위공훈」

『십현담』을 요해하는 데는 무엇보다도 조동종의 '오위정편설'을 아는 것이 중요하다. 조동종의 개창조 동산 양개의 「오위정편」은 조동종에서 학인을 가르치기 위한 방편설이며 반드시 학인이 통과해야 하는 기관이다. 『십현담』과 「오위정편」은 박과 안 같은 것이다.

하지만 만해의 『십현담』 비批와 주註에서는 조동 「오위정편」에 관한 어구의 기록은 별로 없다. 그것은 아마 당시 일제침략기이고 일본의

이것은 분명 『십현담』을 표현한 선화게송을 선시라고 읽고 있다. 여기서 유의할 것은 『십현담』, 곧 '열 가지의 현묘한 선화'를 각 편제를 붙여 7언 율시로 기록하고 있다고 보는 것이 타당하다는 생각이다.

7 이 각주는 이만식의 논문 「고전선시와 현대선시–십현담을 중심으로」에서 서준섭, 김광원과 같이 송준영도 『십현담』을 「십현시」로 보고 있다는 글에 대한 소견이다.
동안상찰의 『십현담』이 처음 기록된 『전등록』 29권(송나라, 1004)에는 분명 원제가 『십현담』으로 기록 되어 있고, 이 『십현담』은 현묘한 선화 10편에다 소제목을 붙이고, 각 편마다 8행의 7언 율시를 노래하고 있다. 『십현담』을 최초로 주해한 문익885~958도 이를 따랐고, 설잠김시습, 1435~1493과 만해 (주해) 역시 『전등록』의 기록을 그대로 따르고 있다. 1,000여 년을 『십현담』이란 이름으로 내려오고 있다. 단지 필자가 『십현담』이 아니고 '십현시'라고 주장한 글을 처음 본 것은 석지현의 「십현시十玄詩에 대하여」(『선시禪詩』, 현암사, 1982, 402~404쪽)에서다.

조동종과 우리나라의 임제종과 통합하려는 움직임이 있었고, 독립운동가였던 만해가 의식적으로 피한 듯싶다. 또 만해는 철저한 임제종의 법손이며, 임제선풍과 조동선풍이 가풍 상 다르기 때문이고 만해는 만해의 선관에 의해 『십현담』을 재창조하고 있다는 생각이 든다.

그러나 첫 주해자인 청량 문익이 조동의 「오위정편」의 의미와 어구에 의해 주해하였고, 설잠 김시습도 「오위정편」을 바탕으로 주석하였다. 그러나 세 분의 주해를 낱낱이 살펴보면 그 뜻과 깊이를 같이 한다. 만해가 비록 '오위정편설'적인 느낌이나 어구를 사용하는데 벗어나고 있지만, 「오위정편」에 대한 깊은 이해가 닿아있다는 것을 '바름正과 치우침偏을 모두 얻고 본체와 쓰임을 모두 드러내다正偏兩得 體用全彰'라는 표현으로 보아도 알 수 있다. 상찰, 문익, 설잠, 만해 네 분 모두 스스로 근본을 본 선장들로서 어떤 어구로 자기의 사상을 표현하더라도 똑같이 궁극적인 곳, 자성본원自性本源으로 환지본처還至本處하고 있다는 직감이 든다. 이것은 바로 네 분 모두 선관을 투과한 종사들이고, 선의 일착지一着地에 모여 있기 때문일 것이다. 그럼 조동종 종조 동산 양개와 종사들이 학인을 일깨우기 위해 설치한 「조동오위정편」을 살펴본다.

이 기관을 통과한다는 것은 바로 『십현담』을 움켜잡는 것이 되기 때문이다.

① 조동오위정편曹洞五位正偏

정正은 이理, 본체의 절대적 평등을 말하고, 편偏은 사事와 응용의 끝없는 현상분별을 나타낸다.

· 오위정편의 노래[8]

(가) 정중편

정중편이여	正中偏
삼경인 초하루 밤 달뜨기 전일세	三更初夜月明前
만나고도 못 알아봄 괴이쩍게 생각마소	莫愧相逢不相識
어슴프레 지난날의 흔적 아직 품었구나	隱隱猶懷舊日嫌

정중편正中偏은 본체正 가운데 현상偏, 곧 현상에 의하여 감추어진 본체를 말한다. 학인은 자기가 바로 '밝음明' 그 자체로 있음을 의식하지 못하고 무명으로 인해 차별적인 현상에만 머물려든다. 오랜 현상적인 이치를 연구하고 분석하여 깨달음이 있다고 해도 깨달았다는 생각을 가지게 되어 깨달았다는 이해에 머물게 된다. 이것은 깨침이 아니라 분별이 된다. 정중편을 두 가지로 이해할 수 있다. 하나는 학인이 처음 현상과 현상의 관계를 연구하여 깨달음의 단초端初를 발견하게 되는 것과 다른 하나는 자성본원을 처음 깨달은 사람들의 특성을 표현했다.

깨달음이란 위의 게송대로, 달뜨기 전 초하루 밤 삼경의 어둠에 비유될 수 있다. 모든 차별현상이 칠흑 같은 어둠에 빨려들어 어둠 본원으로 돌아간다. 철저한 '치우침偏'은 차별적 현상을 깨끗이 씻어준다. 이것은 우리의 자성본원에 이르면 모든 차별망상이 지워지듯이 생/사, 시/비, 애/증, 보리/번뇌 따위의 대립은 눈 녹듯이 사라져 버림을 형상화 하고 있다. 또 이곳엔 더 이상 차별세계는 존재하지 않으니,

---

8 『조동록』(선림고경총서 14), 장경각, 1987, 82~84쪽; 송준영, 『현대언어로 읽는 선시의 세계』, 푸른사상, 2006, 361~369쪽.

부처니 중생이니 본질과 현상 이런 것조차 끼어들 틈조차 없다. 일체가 밝음 일색이거나, 어둠만이 온통 가득 찬 세계. 무엇이 평등이고 무엇이 분별인가? 일체가 체 / 용 밖에 소식이다.

학인들은 이쯤 되면 스스로 환희용약歡喜勇躍하지만 꿀 먹은 벙어리가 된다.

그래서 동산 양개는 3행으로 경책한다.

"만나고도 못 알아봄 괴이쩍게 생각마소莫愧相逢不相識"

자성본원에 활연계회한 이는 어떻게 되는가? 당연히 알아볼 수 없고 어떻게 될 수도 없다. 이미 알았을 때는 지식의 차원이고 분별의 차원이어서 당연히 알 수 없지 않는가?

그러나 오랜 훈습에 의해 두텁게 덮인 업장이 언뜻 언뜻 떠오르나니, 이럴 때는 묵묵히 가던 길로 곧장 가기만 하면 된다. 이때는 우리가 본래 자유인으로 태어났음을 어렴풋이 깨닫는 단계다.

(나) 편중정

편중정이여	偏中正
늦잠 잔 노파 옛 거울 만나는구나	失曉老婆逢古鏡
눈앞에 분명해 다른 것 없나니	分明覿面別無眞
머리 잘못 보아 그림자라 알지마라	休更迷頭猶認影

정중편은 바름 가운데에 치우침이 있어, 바름이 치우침을 어루만져 조화를 이루어 만사가 진행됨을 말한다면, 편중정偏中正은 현상偏이 본체正를 지시하여 문득 접근하니 구球와 같은 원융한 관계가 성립되어

세상만사가 조화를 이룬다. 『반야심경』의 도리로 말한다면 색즉시공色卽是空에 배대된다. 이러한 것을 동산양개는 위의 게송 중 2행으로 형상화 한다.

"늦잠 잔 노파 옛 거울 만나는 구나失曉老婆逢古鏡" 이 시행은 비유를 통하여 의미를 전이 시키고 있다. 늦잠을 잔 아침에 문득 옛 거울에 비친 '자기 얼굴本來面目'을 본다. 일상에선 보이지 않던 이면까지 비친다. 이때는 거울이 자기고 자기가 '옛 거울古鏡'이다. 분별에 의해 나타난 색상色相에서 스스로 얼굴을 본다. 이것이 편중정의 정체正體다.

4행에서 '미두유인영迷頭猶認影'[9]은 '옛 거울'에 의해, 옛 거울이 되었는데도, 영상과 자기를 다르게 보아 연야달다처럼 제 머리를 찾아 나선다. 이 얼마나 아이러니한가?

이제 우리는 평등이 차별이고 차별이 바로 평등인 불이의 세계인 '색즉시공色卽是空 공즉시색空卽是色'이어서 생사와 열반이 둘이 아닌, 번뇌와 보리가 회통 되는 세계에 대한 의심을 가질 수는 있더라도, 묵묵히 가기만 하면 된다. 과거의 묵은 훈습을 버리지 못하고 가끔 찾아오더라도 그것은 환영일 뿐이며, 환지본처還至本處된 본래의 세계가 아님을 알게 된다.

그러나 이러한 경지는 최상최고의 경지임은 분명하나, 고경을 본 사람 고경임을 안 각자覺者는 여기서 안주하지 않고 다음 단계로 들어선다고 동산은 노래한다.

---

9 『능엄경』에 나오는 비유로, 연야달다演若達多라는 이가 거울에 비친 자기 얼굴에 도취되어 즐기고 있다가, 제 머리는 안 보이므로 자기는 머리도 없는 괴물인가 하여 미친 듯 날뛰었다는 고사에서 나온 말이다.

(다) 정중래

정중래여	正中來
'없는' 속 길 있어도 티끌로 한 겹 막네	無中有路隔塵埃
당금의 휘를 부름이 저촉만 안 된다면	但能不觸當今諱
말 잘하던 고인보다 뛰어나리라	也勝前朝斷舌才

정중편이나 편중정에서 편과 정이 상호 융통되는 불이의 세계를 보이기 위한 동산의 간절자비심이 느껴온다. 정중래의 정은 게송, 1과 2에서 말한 정과는 다른 정이다. 곧 융합회통된 세계의 정이니, 이쯤 되면 무어라 부르던 관계가 없다. 편을 정이라 하든 정을 편이라 하든 무방하다. 편즉시정偏卽是正이고 정즉시편正卽是偏이다.

2행의 "무중에 길이 있어도 티끌로 막네無中有路隔塵埃"는 자성본원에 활연계회한 후에 본질과 현상이라는 생각마저 지워버린 경지는 무엇이라 한정할 수 있는 말은 없다. 이는 절대현재의 이 순간이니 곧 절대의 무無다. 바로 반야바라밀다 된 지혜다. 그러나 반야지般若智가 영원한 절대적 무에 안주되어버림은 고정된 정상定相을 갖게 되는 것이니, 이것은 도리어 절대성을 깨어버리는 격이 된다. 따라서 이 절대적인 무에 안주함을 무기공無記空에 빠진다 하여 선장들이 극히 경책한다. 곧 반야지의 완성은 「십우도」 스타일의 설법으로 볼 때, 소도 잊고 사람도 모두 잊으니 흔적과 형상이 없고 '자 / 타'가 무너지고 '주관 / 객관'이 해체되는 '제8 사람과 소를 모두 잊는다人牛俱忘'는 경지다. 고향에 돌아오니 이를 「십우도」에서는 반본환원返本還源한다 하며, 이 고향이 바로 '제10 가게에 들어가 손을 드리운다入廛垂手'다. 상인은 물건을 팔고 농부는 농사를 짓는다. 이것이 게송의 소식이니 '없는 속에 길이 있다無中有路'는 의미다.

3행에서 휘諱는 본명으로서 예부터 중국이나 우리나라에서 전통적으로 존장의 이름을 바로 부르는 것을 피했다. 부모나 조상, 성현이나 임금의 이름도 마찬가지다. 그런데 경전이나 선가에서도 직접 부르는 것을 피해야만 하는 '그것'은 무엇인가?

현, 진리, 중도, 공, 무위진인, 이것, 자성본원, 이 모든 이름도 가명이고 한 겹 막혔을 뿐이니, 동산은 이것을 '격진애隔塵埃'라 하였다. 이 '한 겹 막힌 것'을 직접 부를 수 없으니, 불러도 불러지지 않고 불러도 들리지 않으나 중생을 위해 부를 수밖에 없는 조사는 4행과 5행에서 이렇게 노래할 뿐이다.

당금의 휘를 부르는 것이 저촉만 안 된다면	但能不觸當今諱
말 잘하던 고인보다 뛰어나리	也勝前朝斷舌才

하늘 틈을 버선목 뒤집듯 뒤집어 천하 학인에게 던지는 선장들이야말로 적기賊機의 도적이니, 중생을 갖은 변설로 교화하기 위해 애쓰던 성인보다는 한 수 위가 아닌가?

그러나 돌아보라 여러분은 어디 있는가?

한 발자국도 '텅 빈 원상'을 벗어나지 않고 있지 않은가?

중생을 위해 휘를 부르는 것 자체가 동사섭의 자비행이니, 이것 역시 고인들의 낙초 자비다. 휘를 부르는 것은 교설과 이론으로 떨어진다.

이럴 땐 어떻게 해야 하는가. 위의 게송은 아직 미진함이 남아 있는 경지라 할 수 있다.

(라) 겸중지

겸중지여	兼中至
양 칼끝 만난대도 피할 일 아니다	兩刃交鋒不須避
뛰어난 기량 불 속 연꽃 같으니	好手還同火裏蓮
스스로 하늘 찌를 기개 완연하다	宛然自有衝天氣

'사랑 / 증오', '긍정 / 부정', '평등 / 차별'과 같은 이항대립적인 양변의 견해가 모두 둘이 아닌, 손바닥과 손등이 같은 손이어서 연緣에 따라 원융하게 운용해야 할 도리를 정중편과 편중정을 통하여 보였다. 다음 정중래는 이런 깨달음이 중생을 제도하는 보살행으로 옮겨지는 단계의 설정이다. 그렇지만 보살행이 과연 원만하게 이루어질 수 있는가를 정중래에서 가름해보니, 아직 미흡함이 있었다. 이 단계에서 다음 단계인 겸중지에 이르니, 겸중지란 시 / 비, 정 / 편이 둘이 아닌, 불이의 세계로 들어서는 최고최상의 정점에 이름을 말한다.

2행에서 "양 칼끝 만난대도 피할 일 아니다兩刃交鋒不須避"고 함은 이미 이곳에 이른 수행납자는 연에 따라 백척간두에서 일보를 내디딘다. 위의 게송에서 이르는 '불 속에 피어난 연꽃火裏蓮'이나 '하늘을 찌른 기개氣衝天'는 마지막 수행 상태에서 향상일로를 통해 나왔음에 대한 선시의 적기수사법賊機修辭法(송준영, 『禪, 언어로 읽다』, 소명출판, 2010, 18쪽)에 의한 표현이다.

그럼 겸중지에 이른 한 선화를 들어 보이고자 한다. 여러분은 '이것'

을 알기만 하면 된다.

동산이 하루는 대중에게 물었다.

"가을 첫 머리, 여름 마지막 날에 동과 서로 가되, 곧장 만리에 풀 한 포기 없는 곳으로 가 야 된다.

말하라 어떻게 하면 만리에 풀 한 포기 없는 곳으로 가는가?"

뒷날 석상이 이 이야기를 듣고 말했다.

"문을 여니 그대로가 온통 풀이군."

동산이 이 말을 전해 듣고 평하였다.

"당나라 안에 그만한 이가 몇이나 될까?"

동산의 시중示衆은 정중래의 소통의 장에서 '어떻게 하면 휘諱(임금이나 상전, 혹은 존장의 이름)를 불러도 저촉되지 않는가'를 묻는다면 석상의 대답은 바로 '정 / 편', '시 / 비'를 소통시킨 원융한 도리를 보이는 것이니 '문을 여니 그대로 온통 풀出門便是草'이니 그대는 아는가?

'눈을 감았다 떠도 싱싱한 풀이고, 문을 열지 않아도 그대로 물렁한 대지이니' 알고 알아야 한다.

(마) 겸중도

겸중도여	兼中到
유무가 안 떨어지니 누가 감히 화답하랴	不落有無誰敢和
사람마다 범상함 벗어나려 하건만	人人盡欲出常流
끝내 돌아와 숯불 속에 앉아 즐겁다네	折合終歸炭裏坐

백척간두百尺竿頭에 진일보進一步하여 천하가 모두 진금이 되니, 수행납자는 겸중지를 거쳐 겸중도에 이른다. 겸중지는 「십우도」에 이르는 입전수수入廛垂手의 세계니, 화엄법계이고 본체正와 현상偏이 없는 불이의 세계다. 그야말로 밟는 땅마다 진금의 세계다. 다시 말하면 겸중지의 세계가 더 나아갈 수 없는 적멸의 세계라면, 적寂의 세계는 바로 '되비침照'으로 완성한다. 화엄에서 이르는 적조동시寂照同時의 세계다. 그래서 겸중지는 겸중도를 벗어나지 않고 겸중도 역시 겸중지를 벗어남이 없다.

다시 동산이 설정한 오위五位를 돌이켜보면, 이 모든 과정이 『십우도』에서 말한 일원상一圓相을 떠나 밖에 존재하는 것이 아니라, 우리가 무명에 의해 잠시 밖에 서성이었을 따름이다. 곧 오위는 학인을 제도하기 위한 방편의 설치이고, 깨달은 보살에게도 그대로 적용되는 가르침이다. 그러나 오위가 언어 안에 있고, 말이고 언어고 문자니 결국 되풀이되는 보림保任이다. 면면밀밀綿綿密密한 조동종의 가풍이 물씬 풍기는 차제설법이다.

다음 마지막 행, "끝내 돌아와 숯 속에 앉아 즐겁다네折合終歸炭裏坐"는 전후좌우를 분간 못하는 칠흑 같은 어둠, 오위정편 마지막 게송 끝행에서 '탄이좌炭裏坐'는 자성본원에 활연계회한 자는 숯 속에 앉는, 곧 암흑 속에 둘러싸임을 말한다. 이 암흑은 광명의 다른 표현일 뿐이다. 절대무絶代無속에서는 전성전일全性全一하여 온통 그대로 그것일 뿐이다. 이것은 노자가 갈파한 "아직 모른다는 것을 아는 것이 최상일세知不知上"라 한 말과 상통한다. 여기의 숯은 암흑의 진리, 선시의 적기수사법이니 반상합도적 표현이다. 바로 탄이좌炭裏坐는 입전수수入廛垂手

의 세계다.

결국 조동종의 학인들을 위한 방편 시설인 「오위정편」의 정중편 편중정 정중래 겸중지 겸중도와 『십현담』과는 내용을 같이하며 「오위정편」이 회호回互하듯이 십현 역시 갈마 돈다. 이것은 무엇이 따로 있음이 아니라 그것이 그것이라는 그것에서 그것을 찾는 순례여행의 연속이다. 그리고 동산은 「오위공훈五位功勳」이라는 새로운 명칭을 붙여 깨달음의 차제를 묘사하기도 했다. 이것 역시 문하생들에게 정신 수련을 지도하기 위한 방편의 가르침이다.

· **오위공훈**

(가) 향向 — 예찬, 찬미

(나) 봉奉 — 순종

(다) 공功 — 결실, 수확

(라) 공공共功 — 깨침으로 인한 충만한 결실

(마) 공功功 — 충만한 결실의 결과

「오위공신」 역시 우리의 공부가 본래 상태로 돌아와 우리가 우리로 그렇게 되어 짐, 자체를 깨우치기 위한 시설이다.[10](송준영, 『현대언어로

---

10 동산이 지은 ⑤ 功功의 게송 한 수를 읽어 보자.
頭角纔生已不堪 / 擬心求佛好羞慙 / 迢迢空刧無人識 / 肯向南詢五十三
공공은 충만한 결실의 결과다. 이 결과는 본래 상태로 돌아가 우리가 우리로 그렇게 되어 짐, 자체다.
첫 구 '두각재생이불감頭角纔生已不堪'의 두각재생은 '머리에 뿔이 난다'로 직역되지만, 수행인의 입장에서 찰나에 스치 는 어떠한 생각도 역시 머리에 뿔이 돋는 것일 뿐이다. 3행에서 가엇는 흐름의 공간에서 이미 알았으면 알았다는 생각으로 알았으므로 이것 역시 분별이어서 '무인식無人識'이라 했고, 4행에서 선재동자가 도를 찾아 남방으로 순례한 일이 역시 부질

읽는 선시의 세계』, 푸른사상, 2006, 369~372쪽 참조.)

「오위정편」, 「오위공신」은 모두 조동종의 조사 동산 양개가 설정한 학인들을 위한 지남침이 되는 기관이다. 이것을 충분히 이해한다는 것은 바로 『십현담』을 받아들이는 지침이 된다.

이제 조동종의 조사들이 설치하여 학인을 깨달음으로 안내하던 기관 「오위정편」의 대략을 훑어보았다. 앞에서 주지하다시피 동안 상찰은 조동종 3대의 종사이다. 『십현담』을 충분히 읽기 위해서는 조동종의 현관인 「오위정편」 마스터함이 무엇보다 중요하다. 이것을 충분히 살핌이 『십현담』을 읽어내는 최고의 방법이라는 생각이어서, 필자는 많은 글을 덧붙였다.

2) 역사상 이어지는 『십현담』 주해들

상찰?~961의 생몰년대가 확실치 않으나 상찰이 입적한 해인 961년은 송 태조 2년이 된다. 추측하건데 대부분의 생애를 중국 혼란기인 5대907~960에 살았다. 『선문염송』에 의하면 조동종 제3세로 기록이 나타난다. 『전동록』 17권에 「홍주동안상찰선사」장에 기연이 기록되어 있고 『전동록』 29권에 『십현담』이 실려 있다. 그리고 『선문염송』 26권 1175칙 「향거」와 1176칙 「의경」, 1177칙 「강서」, 1178 「천인사」, 1179칙 「희작」이 있어 그의 선풍을 짐작하게 할 따름이다.

없다는 것. '이것'은 인간이 '알아야 할to know'바의 것이 아니라, 인간 스스로 인간이 '되어야 할 바to be'의 것이다.

『십현담』을 살펴보면 『십현담』은 조동종의 법손 작품이어서 열 가지 선禪의 담시談詩 중에는 조동종 선풍이 고스란히 들어 있다. 선의 근본 지침, 열 가지 현담玄談에 각각 7언율에 송을 붙인 것이다. 심인心印·조의祖意·현기玄機·진이塵異·연교演教까지의 5수는 종문의 요지인 깨달음을 노래하였고 환원還源, 還鄕曲·회기廻機·전위轉位·일색一色, 正位前까지는 깨달음을 이루는 길인, 실천의 요긴한 길을 지시하고 있다.

『전등록』 29권 「십현담」에는 저자의 서문이 기록되어 있고, 첫머리에 각주달기를 『십현담』은 동안상찰의 작품이라고 기록되어 있다. 묵암의 『조정사원祖庭事苑』 제8에 이 『십현담』에 대한 해석이 있다. 이 책에 의하면 『십현담』은 처음 8수만 전해져 왔으나, 묵암이 상찰의 영당에서 『십현담』 완본과 서문을 발견해 보충했다고 한다.

주석서로는 청량 법안(문익)의 『십현담주해』, 청한 설잠 김시습의 『십현담요해』와 지월 혜민의 『십현담가명주』와 『십현담불능어』, 천장 실암의 『십현담주석』, 현루 오룡의 『십현담접자』와 만해 용운 『십현담주해』의 비批와 주註 등이 있다.

우리나라에 잘 알려진 주해서는 법안문익의 『십현담주해』와 설잠 김시습의 『십현담요해』와 만해 한용운의 『십현담주해』인 비와 주가 있다. 설잠의 『십현담요해』에는 상찰의 본문 시구에다 법안의 주가 있고 그 밑에 김시습의 주가 나와 있어 중요한 선학의 지침서가 된다. 1,000년 전, 당나라의 상찰이 지은 『십현담』이 오늘날 까지 우리나라에 회자됨은 바로 설잠 김시습에 의해서다. 불우한 생을 마친 김시습은 폭천정사에서 문익이 주해한 『십현담』을 읽고 상찰의 원문과 문익의 주를 붙이고 스스로의 주해도 곁들인다.

만해가 처음 『십현담』을 주석하게 된 동기는 그의 『십현담주해』에서 다음과 같이 밝힌다.

> 1925년 47세 들던 해 설악산 오세암에서 여름을 지내다가 우연히 십현담을 열독하게 된다. 비록 『십현담』의 그 글이 평이하나 그 뜻은 심오하여 초학자는 쉽게 알기 어려울 만치 뜻이 깊었다. 원주자는 미상이고 나란히 열경(김시습의 자)의 주가 있었다. 곧 김시습이 오세암에서 주해를 한 것인데, 법안의 주가 작자미상의 주와 나란히 있고, 이어 나의(한용운) 주를 병기하였다.
>
> 김시습은 현세를 불굴하는 입장에 있었고, 이런 입장에서 내가 오세암에서 또 김시습의 주를 보니 수백 년이 지난 뒤에도 감회가 새로워서 『십현담』을 주해한다고 했다.
>
> — 한용운, 「십현담주해」 서, 『한용운전집』 3, 불교문화연구원, 2006, 335쪽.

(1) 법안문익의 청량주

『십현담』을 처음 주해한 문익清涼文益, 885~958은 출중한 대선장이다. 소위 선문을 일컫는 5가란 위앙종, 조동종, 임제종, 운문종, 법안종을 가리키는데 바로 법안종은 청량문익에 개창한 선문이다. 뒷날 남당의 군주로부터 대법안이란 사호를 받았으므로 법안 문익이라고 하며 청량은 문익이 말년에 주석하던 절 이름이다.

문익에 대한 행장은 그의 법어집 『법안록』에 의하면 여항 노씨 집안에 태어났으며 어려서 동진 출가하여 처음엔 희각 율사의 문하에서 수학했다. 희각은 문익을 가리켜 내 문하에 자하와 자유 같은 사람이라 칭송하였다. 그는 불경뿐 아니라 유학 경전도 두루 섭렵하였으나 만족하지 못하고, 20살 즈음에 월주 개운사에 구족계를 받고 행각의 길을 떠난다. 행각 중 눈사태를 만나 지장원에 머물다가 지장원 방장 계침羅漢桂琛, 867~928을 만나 계침의 말 한 마디에 문득 활연계회하게 된다.

어느 날 문익이 화로에 몸을 녹이고 있었고, 이 절의 방장인 계침이 묻는다.

> "행각의 행선지는 어디입니까?" "예, 그저 다니고 있습니다."
>
> "무슨 이유로 그저 다니고 있습니까?" "저도 잘 모르겠습니다不知."
>
> "모른다는 것이 제일 친한 것이지요不知最親切."
>
> —『선문염송』 권28 1287칙 「不知」

그 후 임천 숭수원 주지를 거쳐 금능(현 남경) 보은선원에 있다가 나중에는 청량원에 주석하게 된다. 문익의 주해에 청량 문익으로 된 것으로 보아 청량원에 주석할 때 『십현담주해』가 완성된 것으로 추측된다. 일반적으로 불교에서는 법명 앞에 붙는 호는 승려들의 같은 이름이 많아지므로 이름 앞에 그가 주석하던 산 이름이나 절 이름, 혹은 지명을 붙여 상호 판별하게 된다.

나중에 남당南唐의 군주로부터 대법안이라는 사호를 받을 정도로 그의 가르침은 제방에 널리 알려졌다. 특히 법안은 선객을 제접할 때 보인 물음을 되받아 주는 즉답을 전문적으로 활용하고 있다. 이 즉답을 후세의 선사들은 즉물계신卽物契神이라 하며 법안종의 묘지妙旨라고 칭송하였다. 즉물계신은 목전의 현상 그대로가 진리를 현현한 것, 하나

하나의 현상 그대로가 본래면목인 진리, 그 자체라는 것이다. 법안 묘지인 선화 한 토막을 살펴보기로 하자.

> 한 학인·법안에게 물었다. "어떤 것이 조원일적수입니까?如何是曹源一滴水"
>
> 법안이 냉큼 대답했다. "조원일적수."

조원은 조계의 근원이란 의미다. 일적수는 한 방울의 물이니, 결국 6조 혜능으로부터 전수된 요체가 무엇이냐? 하는 물음이 된다. 이것은 말 밖의 뜻을 묻는 것이다. 임제 같으면 '할', 덕산은 '방'을 날렸을 것이고 조주는 구순피선口脣皮禪으로 학인을 적기賊機했을 것이다. 그러나 법안은 그저 '조원일적수' 하며 되받을 뿐이다. 이때 질의자는 '적기'에 의해 천하가 칠통이 되어 굳고, 옆에 있던 덕소가 언하에 바로 깨닫는다. 이것이야 말로 조사들이 갖추고 있는 활인검법이며 낙초자비심절이다. 이 즉물계신이야 말로 선게에서 이르는 '추위에 떠는 사람의 옷을 벗겨오고' '도독이 훔쳐놓은 물건을 도로 빼앗아 오고, 배가 고파 정신없이 퍼 넣는 밥을 도로 빼앗아 오는' 수법이니 실로 악랄하기 그지없는 조사들의 적기수법이다.

법안종의 이런 수법을 『인천안목』에서는 전봉상주箭鋒相拄라 했다. 곧 자기를 향해 날아오는 화살을 마주 쏘아 부딪치게 하는 솜씨를 말한다. 법안의 회상에는 늘 500여 명의 수좌들이 모여 수선을 했다 하니 이를 선종사에선 오가五家의 하나인 법안종이라 했다. 법안종 종조 대법안 문익은 74세에 입적하니, 그의 법계는 육조-청원-석두-천황-설봉-현사-나한-법안으로 내려오는 법계다.

우리는 법안의 선풍과 그의 행적을 약간이나마 훑어보았다. 『십현담』의 원저자 동안 상찰과는 서로 닿는 연고가 없어 보인다. 상찰의 주석지 홍주 동안원(현 강서성 남창)과 법안의 주석지인 금릉(현 남경)과는 먼 거리에 있었고, 상찰은 청원-석두-약산-운암-동산-운거-동안 상찰로 내려오는 조동종 법계로 청원 아래 6대이다. 석두 아래 약산과 천황에서 서로 갈린다. 아무런 문중 연고나 지연 연고도 없는 법안 같은 대종사가 『십현담』을 최초의 주해자로 선종사에 보이는 것은 『십현담』이 선의 텍스트로 품격을 갖추고 있을 뿐 아니라, 가장 선에 밀접한 현지玄旨가 갖추어 있다고 보는 법안의 선안禪眼이 『십현담』을 주해하게 한 것이라고 본다.

법안法眼文益, 885~958의 생몰연대는 당 희종13년에 태어나 907년 22세 들던 해에 당은 멸망하고 그 후 51년간을 여러 왕조가 흥망성쇄하는 5대907~960에 살았다. 법안이 받은 대법안 사호도 남당의 장종에게 받았고 법안이 살은 이 기간 동안 8개의 나라의 흥망이 있었다. 그리고 동안 상찰, 역시 입적 연대 961년을 되돌아 살펴보면 상찰 역시 여러 제국의 흥망시대인 같은 시대에 살았다고 판단된다.

급변하는 왕조의 몰락이 사회를 불안하게 하였고 선원 역시 흔들렸고, 선의 황금시대는 점점 쇠미해지며 상찰은 이런 왕조의 혼란시대를 거쳐 송 태조 2년 961년에 입적한다.

설잠의 『심현담요해』의 분석에 들기 전 서준섭이 발명한 논고의 일부를 옮기며 법안의 『십현담』의 긴요한 점을 짐작해보자. 서준섭은 법안이 지은 「종문십규론」 중, 5) "'이사理事를 어그러뜨리고 청탁淸濁을 분간하지 못하다'에서 이치理와 현상事, 바름正과 지우침偏이 둘이 아니게 하고 싶은가? 중요한 점은 원융圓融이다. 조동종의 가풍은 편과 정, 명과 암을 말하고 임제는 손賓과 주인主, 본체體와 응용用을 세운다.” (『시와세계』, 2004 여름호) 결국 조동의 가풍이나 임제의 가풍은 학인들에게 보이는 시설은 같지 않으나, 원융에 의해 불이에 든다는 해설이다. 『화엄경』에 말하는 “쌍으로 막고 쌍으로 비침은 곧 막고 비침이 동시雙遮雙照 遮照同時”를 이르는 것을 말하는데, 이것은 곧 원융이다. 이러한 법안의 이사겸비理事兼備와 원융의 도리는 『십현담』을 해량하는데 중요한 단서라 할 것이다. 결국 선문의 5가 7종 어느 것 하나 이 도리를 벗어나는 것이 없다. 아니 8만대장경 역시 이 도리를 설했을 뿐이다. 따라서 『정편오위설』은 직접적으로 『십현담』을 이해하는데 지표가 된다. 필자가 앞에서 동산의 『정편오위설』을 간추려 밝힌 이유인 것이다.

(2) 청한설잠의 열경주(1475)

불우한 천재 김시습은 유가의 인물로 편입되어 유가적인 입장에서 볼 때 많은 문제를 가지고 있는 경박하고 부덕한 인물로 간주되어 왔다. 매월당의 전기는 이율곡李珥, 1536~1584이 왕명을 받들어 지어 올린 본전 외에 윤춘년1514~1564이 선한 「매월당선생전」이 있다. 아깝게도 그의 직전 제자들이 지은 청한淸寒비구 설잠雪岑·金時習, 1435~1493의 행장은 없다. 당대의 거유 율곡 역시 배불숭유라는 국시와 유교의 인간관에 의한 인간 김시습의 참모습이 많이 얼룩져 있다. 윤춘년 행장이 그래도 인간적이며 사문으로서 면모를 보이고 있는 사실적 기록을 많이 쓰고 있다. 반면에 본전인 율곡이 지은 행장에서는 이런 측면이 배제되어 있다. 따라서 율곡이 봉교제진奉敎製進한 설잠 김시습의 평전에는 출가는 자취만 불가의 의탁하여 승려 모양을 취한 것으로서, 일부러 비정상의 행태로 그의 진실을 가렸을 뿐이다. 라고 기록하고 있다. 결국 '정신은 유가의 종지를 잃지 않았다.橫談竪論 多不失儒家宗旨' 곧 '정신은 어디까지나 유가인데 외양만 사문心儒蹟佛'으로 오해된 것이라고 쓰고 있다.

그렇지만 필자가 읽은 김시습의 주저인 『대화엄법계도주병서』나 『십현담요해』, 『조동오위요해』, 『연경별찬』, 『화엄경석제』에 의하면 모두의 저자 이름에 청한비구 설잠이라고 스스로 명기한 것만 보아도 그의 정신은 설잠 비구에 있다고 생각한다. 주지하다시피 신라 의상의 저술 「법성게」를 설잠이 선해禪解한 『대화엄법계도주병서』, 선의 요체를 선시로 표현하고 주해한 『십현담요해』, 대승경전의 정수인 법화경 찬인 『연경별찬』, 조동종의 요지인 종조 동산이 지은 『오위정편설』, 그리고 대승불교의 최상의 경전이라 할 수 있는 『대방광불화엄경』의 『화엄경석제』는 심오하고 미묘한 정신세계의 노작들이다. 지금 현존하는 5종의 글은 우리 민족의 정신 폭을 넓혀준 명저로 알려져 있다. 그리고 설잠 김시습은 전국 방방곡곡을 유랑하며 수많은 시를 지은, 명시를 남기 천재 시인이다(현금에 남은 시 2,200여 수). '대다수의 시는 나뭇잎에 시를 써 물에 흘려버리면 제자들이 주어서 책을 묶었는데, 이때 열에 예닐곱은 잃었고 남은 것은 작은 부분이다'라는 기록이 있다(강릉향토지, 『임영지』).

문제는 율곡의 왕명에 의해 지은 김시습행장은 김시습의 정신세계를 표현한 불가냐 유가냐를 따지기 전에 가장 정신요체의 기록들인 위의 5종의 노작들을 참고한 흔적이 보이지 않고 있다. 이러한 이유로 김시습은 불가의 비구, 또 청한설잠淸寒雪岑 선사가 본색임을 필자는 밝히는 동시에 주장한다.

본주제인 『십현담요해』는 설잠의 나이 35세 들던 해인 1475년 서울 수락산 폭천정사에서 서문을 쓴다고 기록하고 있다. 일세를 풍미했던 설잠 김시습은 시운이 맞지 않아 박제된 천재로 우수와 절개를 심신에 품은 생육신으로 한 생을 마감한다. 하지만 그의 사상이 심오함은 그가 남긴 불서로 선서로 우리나라 정신사에 우뚝하며 그가 입적한지 500여 년이 지난 지금도 빛을 발하고 있다.

(3) 용운 봉완의 만해주

상찰의 『십현담』 원전을 살펴보면 내용면에서 법안 문익의 주나 설잠 김시습의 주나 만해의 주는 선의 궁극적인 경지인 반야바라밀의 세계에서는 일치된다. 『십현담』의 원전과 세분 선장들의 주해가 빼어남은 '정 / 편', '주 / 객', '체 / 용', '본체 / 현상'의 양변을 반상합도反常合道함으로 오는 실생활의 일상화, 곧 활선活禪에 있다. 법안이나 설잠의 주해에서 보이는 피모대각皮毛戴角이나 이류중행異類中行, 입전수수入廛垂手의 선어들이 그것을 말해준다.

특히 만해의 비와 주에는 조동선의 주도면밀한 선풍과 살불살조殺佛殺祖하고 살활자재한 임제종의 선풍이 원융융섭圓融融攝함으로 면밀하면서도 활기찬 만해선萬海禪을 성립시키고 있다. 앞장에서 살펴본 것 같이 원래 조동종의 학인을 깨우치기 위한 시설인 「오위정편」은 정(체)

과 편(현상)이 상즉상입相卽相入하여 분리되지 않고 하나를 이루면서 끝내는 그 하나마저도 종적이 없는 공空의 경지를 드러내는 것이다. 결국 『오위정편』을 '십현'으로 구분해서 상호연관하여 회호回互시켜, 언어로 짐짓 표현하고 있는 현묘한 선도리를 드러낸다. 따라서 『십현담』 역시 정중편, 편중정, 정중래, 겸중지, 겸중도라는 『오위정편』과 내용을 같이한다. '십현'은 앞에서 살핀 것과 같이 상호회호적相互回互的 관계로 공毬이 굴러가듯 갈마 돌고 있다.

결국 만해는 굴러가는 공의 회호뿐만 아니라 바로 그 자리에서 '이것'을 밝혀내고 있다. 주지하다시피 만해는 임제종 종사이다. 역사상 임제종과 조동종은 조동의 묵조선과 임제의 간화선의 논쟁에서만 보더라도 선풍이 서로 다름을 짐작할 수 있다. 참선參禪의 방식만 해도 만해는 다음과 같이 부르짖는다.

> 선에 있어서도 화두를 드는 이외에는, 무슨 방법이든지 방법을 쓰는 것은 금물이다. (…중략…) 마음을 닦는 것은 마음의 본체 즉 허영담적虛靈湛寂 그대로를 보유하는 것이다. 그러나 아무리 모착처模捉處가 없이 본체를 보유한다는 것은 너무 막연한 일이어서 하근중생으로 하여금 현애상懸崖想, 까마득한 생각을 내게 하기 쉬운 고로 부득이 화두의 방편을 설해야 일종의 방법을 삼게 하였다. 그러나 화두라는 것은 선학자의 의정疑情을 일으키기 위하여 강설한 것이 아니라 노파심절한 제불제조諸佛諸祖의 직시명답直示明答한 법어이다. 화두라는 것은 학자로 하여금 의정을 일으키기 위하여 일부러 만든 것이 아니라 조금도 의정할 것 없이 직시명시한 법어를 하근중생이 스스로 알지 못하여 의정을 하게 되는 것이다. 그것이 이른바 화두가 되었

나니 화두라는 것은 선의 목적이 아니라 선의 방편이다.

— 한용운, 「선의 방식」, 『한용운전집』 2, 불교문화연구원, 2006, 312쪽 참조.

만해는 임제종의 가풍을 그대로 지니고 있는 간화선看話禪 종사이다. 만해의 『십현담주해』가 위의 법안이나 설잠과 같지 않는 것은 만해의 성정과도 관계가 있겠지만 임제종의 종풍에 기인하는 바도 크다고 본다.

만해는 『십현담』의 원저자 상찰, 문익, 설잠과 같이 조동종 종풍에 의해 주해하는데 만 있지 않고 자신의 기봉과 선관을 『십현담주해』를 통하여 그대로 보여주고 있다. 위의 네 분의 선사들은 선종사에서 들어난 일급 선사들이며, 선의 궁극처를 본 선지식들이어서 네 분 모두 대의적인 측면에서 본다면 같은 세계에 같은 자리에 노니고 있다.

상구보리上求菩提한 그들은 오직 고요한 마음 가운데 하화중생下化衆生만 있기 때문이다. 여기에는 조동선의 「오위정편」, 혹은 「십현담」에 의하든 임제선의 「사료간」이나 「삼현삼요삼구」의 시설(송준영, 『현대언어로 읽는 선시의 세계』, 푸른사상, 2006, 434~443쪽 참조)에 의하든, '침묵'이든, '할'이든 근원처로 환지본처還至本處한 깨친 선사들에겐 중생제도를 위한 자비심절만 있기 때문일 것이다. 선가에서는 전래되는 금언 중 '세상에 모든 것을 다 알아도 '이것하나 모르면 다 모르는 것'이고, 세상에 모든 것을 다 몰라도 '이것' 하나 알면 다 아는 것'이라는 말이 있다. 위의 네 분은 '이것' 하나 명철히 철증한 분이어서 『십현담』이나 『십현담주해』를 우리의 시각으로 이리저리 맞추고 분석하는 데 유의해야 함이 무엇보다 중요하다.

주지하다시피 만해의 "푸른하늘에 벼락치고 평지에 물결인다靑天轟

霹靂 平地起波濤"11는 임제종의 선풍을 그대로 보여준 선사이며 최초의 한글 선시집 『님의 침묵』을 지은 시인이며 독립투사, 우국지사로 우리 민족의 불세출의 정신으로 추앙 받는 몇 분 가운데 한 분이다.

2. 『십현담』과 그 주해시 갖추어 읽기 (2)

1) 상찰의 십현담 갖추어 읽기

이제 이 글의 주제 글인 『십현담』에 담겨있는 10편의 7언 율시와 십현의 편제篇題에 대하여 참구하기로 하자.

위에서 몇 차례 언급한 것 같이 열편의 시제는 '심인心印, 조의祖意, 현기玄機, 진인塵異, 연교演教, 달본達本, 환원還源, 회기迴機, 전위轉位, 일색一色'으로 되어있다. 먼저 원저자 동안 상찰의 원문에다 문익(사호 법안)과 설잠 김시습과 만해 용운의 주해를 옮기는 이유는, 선종사에 전해 내려오는 『십현담』의 주해를 갖추어 읽음으로, 각각의 주에 따른 상통하는 바와 특색적인 면을 밝혀 『십현담』을 이해하는 데 그 넓이와

11 임제종 가풍을 우리나라 대선장인 서산 휴정은 그의 저 『선가구감』에 다음과 같이 밝히고 있다. "빈손에 단도를 드니 부처도 용서 없고 조사도 죽인다赤手單刀 殺佛殺祖 옛과 이제 모두 삼현三玄과 삼요三要로써 판별하고 용과 뱀을 빈주구賓主句로 알아낸다. 금강보검으로 도깨비를 쓸어내고 사자 같은 위엄으로 뭇짐승의 마음과 간담을 찢어버린다. 임제종의 종지를 알고자 하는가? 푸른 하늘에 벼락치고 평지에 물결인다靑天轟霹靂 平地起波濤"고 노래했다.

깊이를 더하고 싶었기 때문이다. 여기에 필자의 소견을 덧붙여 회통시킨 다음 필자의 한글주해시를 옮겨 보이고 독자 여러분으로부터 통방痛棒을 맞고자 한다.

· 갖추어 읽기 짜임

① 십현담원전 : 동안 상찰(상찰, 『전등록』 29권 「십현담」)

② 십현담주해 : 청량 문익의 주(문익, 『매월당전집』 별집 2권 「십현담요해」)

③ 십현담요해 : 청한 설잠의 주(김시습, 『매월당전집』 별집 2권 「십현담요해」)

④ 십현담주해 : 용운 봉완의 비, 주(「십현담주해」, 『한용운전집』 권3)

⑤ 한글주해시 : 송준영(「십현담」, 『조실』 2부)

⑥ 강설 혹은 총강 : 송준영

2) 십현담 원전과 주해 갖추어 읽기

(1) 마음 얼굴 : 심인心印

① 동안 상찰의 원작 선화게송

마음 얼굴	心印
그대에게 묻노니 마음 얼굴 어떠하던가	問君心印作何顏
마음을 누가 전수한다 감히 말하랴	心印何人敢授傳
억겁 평평하여 다른 모양 없거늘	歷劫坦然無異色
마음 얼굴이라 부름은 본래 빈 말	呼爲心印早虛言

분명히 알거라 그 바탕 텅 빈 허공 같아	須知體自虛空性
불속에 핀 연꽃, 이렇게나 부를까	將喩紅爐火裡蓮
무심을 도라 이르지 말라	勿謂無心云是道
무심마저 한 겹 막힘이 있다	無心猶隔一重關

② 청량 문익의 주

주註 : 허공에는 얼굴이 없으니 어찌 지분으로 화장을 할 수 있겠느냐. 마음에는 원래 이름이 없으며, 緣에 따라서 가명으로 부를 따름, 이를 가리켜 심인이라 부른다.[12]

강설 : 『금강경』의 경문 "부처님이 말씀한 지혜완성은 곧 지혜완성이 아니고 그 이름이 지혜완성이다佛說般若波羅蜜 卽非般若波羅蜜 是名般若波羅蜜"라는 경구가 생각나는 대목이다. 우리는 여기서 반야바라밀이라는 말 대신 필자의 이름을 넣어서 한번 새겨볼 필요가 있다. '부처가 말씀하신 송준영은 곧 송준영이 아니고 그 이름만 송준영이다.' 우리는 여기서 중요한 선시에서 자주 쓰이는 적기수사법의 한 도식을 도출할 수 있다. 곧 'A라고 부르는 A는 곧 A가 아니라 그 이름이 A다.' 이것을 도식하면 A = Ā, 즉 'A는 A가 아니므로 A다'가 된다. 이것은 천하 만물의 존재방식의 양태다. 일체 만물은 스스로 자기의 본래의 성품이 없다. 우리들의 고정관념에 의해 본래의 성품 있다고 보면, 여기에 있는 만년필은 필기도구로 있다. 그렇지만 이 만년필은 꼭 필기도구로 존재

12 虛空無面目 何用巧粧眉 然心本無名 隨緣假號 或名心印 (김시습, 「십현담요해」, 『매월당전집』, 강원도, 2000, 1181쪽.)

하지는 않는다. 이 만년필은 시간과 공간인 상황에 따라 흉기도 되고 시를 쓰는 필기도구도 된다. 이것은 우리가 이름 지은, 그 이름으로 존재하지만 진공묘유眞空妙有해 있다는 것이다. 진짜로는 진공心인데 짐짓 그렇게 묘하게 존재印하고 있다는 것이다. 이와 같이 마음도 이 도식에 의하면 '만년필은 곧 만년필이 아니라 그 이름이 만년필이다'라는 것이다. 이것이 마음얼굴이다.

③ 설잠 김시습의 주

주註 : 달마가 중국에 와서 불립문자不立文字로 심인을 단전單傳하여 직지인심 견성성불直指人心 見性成佛이라 했는데, 이 인印은 언어문자로써 일용사물을 나타낼 수 없고 다만 어묵동정한 때에 뚜렷이 나타나므로 심인이라 한다.[13]

강설 : 달마가 선의 전승자로 중국에 와서 가르친 것을 선불교라 통칭한다. 인도대륙과 중국대륙은 지형적 여건으로 고대에는 서로 소통되지 못하는 다른 한 대륙이었다. 인도는 국민성이 명상적이며 중국의 민족성은 현실적이라는 것이 통설로 되어 있다. 이것이 달마에 의해 명상인 선정이 중국으로 건너와 중국의 본래 문화와 격의시대를 거쳐서 선종이 탄생된다. 역사상 이백, 두보, 왕유, 백거이, 이하, 조식 등등, 선을 수행하고 이해하는 기라성 같은 문인들의 탄생과 더불어 세계 최강의 당唐 · 송宋 · 원元과 같은 부강국가, 문화국가를 이루었다고

13 達磨西來 不立文字 單傳心印 直指人心 見性成佛 此卽不可 以語言文字形容 於日用事物上 動靜語默時 文彩全彰 當處歷然 古曰心印 (위의 책, 1181쪽.)

사계의 권위자들은 말한다.

흔히 선종의 사구게(요체)로 불립문자不立文字 교외별전敎外別傳 직지인심直指人心 견성성불見性成佛을 이른다. 이것은 통증通證에 의한, 직관에 의한, 원천적 지혜를 얻어 활용하므로 대자유인이 된다는 것을 말한다. 이런 말은 후대에 임제에 의해 살불살조殺佛殺祖라는 말로 태어난다. 사물과 사물 사이, 존재와 존재 사이에는 작용이 있으므로 존재가 나타난다는 것은 A와 Ā 사이에는 見者가 있으므로 관계 지어진다는 것이다. 이것이 마음 얼굴이다.

④ 만해 용운의 비, 주

비批 : 뱀을 그리는 것도 이미 틀렸는데, 어찌 다리를 붙이랴畵蛇已失 添足何爲.

주註 : 마음에는 원래 일정한 본체가 없다. 모양을 여의고 자취를 끊나니, 마음이라 부르는 것도 하나의 가명假名인데 다시 인印이라는 말도 쓸 수 있겠는가. 그러나 만법이 모두 이것으로 기준 법칙으로 삼고, 모든 부처님이 이것으로 증명하는 까닭에 이름하여 심인心印이라 한다.

강설 : 비批는 비점 평정批點 評定의 뜻으로 몇 자로 단평을 한 것이다. 거두절미하고 언어도단의 이 '일할'은 만해가 우리들에게 주는 강한 힘으로 읽힌다. 만해의 주註는 상찰의 원문 심인의 제목에 비批가 있고 또 전체 시에 대한 주註가 있다. 그리고 본문 시 8행에 각각 할주割註를 붙이고 있다. 지면 관계상 본문 8행에 대한 비批인 활주는 생략하였다. 심인은 전체의 주만 읽어도 그 대의를 짐작하고 남음이 있다.

만해는 주에서 '본체와 가명이 서로 방해롭지 않을 때 심인의 뜻이 스스로 밝아진다'고 하였다 그러나 다른 주석에서는 심인을 설명할 때 언어와 문자로는 가히 표현할 수 없는 것이라 하고 이를 당연히 심인이라 이름한다고 적고 있다. 그러나 만해는 더욱 구체적으로 '심의 본체와 형상과 응용을 들어 낱낱이 풀어놓고 있다. 곧 주에서 심은 체가 없고 상을 이별하고 자취를 끊었으니 심이라 부르는 것도 짐짓 부친 것인데 무슨 인이랴'[14] 하며 더욱 '분명하고 뚜렷이 본체와 가명이 서로 용납할 때 심인이 뜻이 서로 밝아진다本體假名 兩不相病 心印之智明矣'(만해, 『십현담주해』 「심인」)고 더욱 구체적으로 풀고 있다.

필자가 보건대, 이것은 만해가 말하는 본질과 현상 곧 본체와 가명이 서로 양불상병兩不相病이라 말하는 것은 가명에 집착하지 않음은 물론 본체에도 집착하지 않아 본체와 가명을 동시에 살려보는 만해의 혜안이 돋보이는 부분이다. 이 유형의 가명을 버리고 무형의 본체를 찾아야 한다는 방편적인 법문으로서 그렇다고 무형의 본체가 유형의 가명을 떠나 존재하는 것이 아니다. 여기에 본체와 가명이 병이 아니라는 만해의 주는 현제 독송하고 있는 현장의 약본 『반야심경』에는 번역중 빠져 있지만, 산스크리트어 『반야심경』을 그대로 옮기면 이 부분의 가름이 명확하게 드러난다.

> 이 세상에서 물질적 현상색에는 실체가 없으며,
> 실체가 없기 때문에 바로 물질적 현상색이 있게 된다
> 물질적 현상색과 본질공은 그 자체가 다르지 않고, 본질의

---

14 心本無體 離相絶跡 心是假名 更用印爲(한용운, 「십현담주해」, 『한용운전집』 3, 앞의 책, 336쪽.)

순수함이 모든 구체화된 현상색과 다르지 않으니
물질적 현상과 본질의 순수함이 바로 같으며 본질의 순수함공,
이것의 활성화가 바로 물질적 현상색으로 구체화된 것이다.
色性是空 空性是色 色不異空 空不異色 色卽是空 空卽是色

바로 색과 공을 어느 곳에든 집착하지 않고色性是空 空性是色 색으로 공을 포월包越하고 공으로는 색을 포월하여色不異空 空不異色 색 즉시 공이며 공 즉시 색임을 알아 색공을 동시色卽是空 空卽是色에 살리는『화엄경』에 이르는 '쌍차쌍조雙遮雙照 차조동시遮照同時'의 혜안을 갖추어야 함을 강조하고 있다.

그리고 상찰의 심인의 4행에서 '마음 얼굴이라 부르는 것도 본래 빈 말呼爲心印早虛言'에 대한 만해의 비批에는 '마음을 얼굴 아니라 해도 역시 빈말呼心非印亦虛言'이라고 받아치고 있다. 상찰의 원문에서는 심인이라 짓는 이름을 파하는데 반하여 만해는 이름 하지 않는 것에 집착함을 파하니『화엄경』에서 이르는 양변의 견해를 똑같이 막고 양변을 똑같이 살리는 것조차 허물어뜨리는 '막고 살리는 것을 동시遮照同時'에 보여주는 살활자재의 법문을 드러내 보이고 있다.

⑤ 송준영의 한글주해시

「마음 얼굴」

그러나 마음과 얼굴
같으면서 다르고 다르면서 같다. 마음마다

짐짓 얼굴 있으니, 이 얼굴이 이름이어서
거짓으로 마음 일어날 때
이름 붙여 증표로 삼는다 그저
둥글게 둥글게 보라

마음과 이름이 서로 간섭하지 않으며
허물이 되지 않으니 심인心印이라는 말 드러난다

마음 얼굴 어떻던가? 둥글든가
납작하든가 희든가 검든가 슬프든가 기쁘든가
*
다리도 꼬리도 없이 하늘 밖을 치솟는 넌,
아네모네 남 마담이어라

⑥ 총강

누차 말씀드렸듯이 졸시는 오직 상찰의 『십현담』을 내가 보는 선관禪觀에 의해 한글로 주해한 시다. 한문 투의 원전시를 뜻에 알맞게 단지 현대선시의 양태로 주해한 것이다.

심인을 의역하여 '마음 얼굴'이라 분절한 것은 조동종의 정, 편과 같은 심心과 인印으로 봄이 훨씬 살펴보기에 쉽기 때문이다.

'마음'과 '얼굴'에서 마음은 조동의 「오위정편」으로 보았을 때는 마음은 정이고 얼굴은 편이다. 곧 적寂, 체體, 공空은 마음이고 조照, 용用, 색色일 때는 얼굴印이다. 그러나 분절하지 않고 바로 읽을 때, 마음얼굴은 곧 마음은 얼굴인 동시에 얼굴은 마음이다. 이것을 화엄도리로 읽을 땐, 보이고 보이지 않는 것을 동시에 이룰 때는 차조동시遮照同時 혹은 적조동시寂照同時라 한다. 졸시에서 첫 연 "그러나 마음과 얼굴 / 같으면서 다르고 다르면서 같다. 마음마다 / 짐짓 얼굴 있으니, 이 얼굴이 이름이어서 / 거짓으로 마음 일어날 때 / 이름 붙여 증표로 삼는다 그저 / 둥글게 둥글게 보라"에서 첫 행 '그러나 마음과 얼굴'에서 '그러나'를 붙인 이유는 앞에서 이와 같이 말하고 있으나 '마음과 얼굴'은 '같으면서 다르며 다르면서 같다'는 것이다.

다음 행은 '마음마다 짐짓 얼굴이 있으니, 이 얼굴이 이름이다'라고 진술하고 있다. '짐짓'에 관해 주의를 기울여 보자. 짐짓은 '일부러', 혹은 '거짓으로', '괜히'라는 의미가 있는 부사다. 알다시피 마음은 정正이고 적寂이고 본체이고 진공이어서 나타나지 않는다. 마음은 움직일 때 그 자취를 들어낸다. 움직임이 우리에게 포착될 때, 마음은 짐짓 그 모습이나 그 흔적을 보여준다. 그래서 마음이 나타나는 얼굴(응용, 현상)마다 그 이름을 지어 부른다. 우리는 이 마이크를 마이크라 짐짓, 이름을 붙여 부를 따름이다. 마이크를 스피커라 하여 달라지는 것이 없는 것과 같은 도리다. 그래서 '거짓으로 마음 일어날 때 / 이름 붙여 증표로 삼는다' 고 시행을 적었고, 이 도리는 그리 머리 아프게 심각하게 생각할 필요가 없다. 시원한 바람 지날 갈 듯 '그저 둥굴게 둥굴게 보'아야 된다. 논문 쓰는 것이 아님을 명심해야 한다.

그럼 어떻게 해야 마음과 얼굴을 똑바로 읽을 수 있는가? 마음과 얼굴이 떨어져 있던 소통 되든 서로 아무런 간섭이 되지 않으며 또 상호 괴롭힘이나 즐거움이 되지 않는다. 그래도 마음과 얼굴이 선명히 드러나지 않으면 백담 계곡물에 발 담그고 앉아서 사량해 보는 길 밖에 없지 않은가. 그럼 마음 얼굴 어떠하던가? 잠시후, 그렇다. 이 정체도 없고 때도 곳도 없는 이놈, "다리도 꼬리도 없이 하늘 밖을 치솟는 넌,/ 아네모네 남 마담이어라." 있다가도 없고 없다가도 나타나는 이놈은 바로 애간장 녹이는 남 마담이 분명하다. ＊에 따르는 게偈는 전통적인 선문에서 자주 나타나는 단평을 게로 찔려준 것이다.

(＊이제부터 지면 관계상, 각 주해자의 주는 다음 기회로 미루고 총강만 해설하기로 한다.)

(2) 조사의 뜻 : 조의祖意

① 동안 상찰의 원작 선화게송

조사의 뜻	祖意
조사의 뜻, 빈 것 같지만 빈 것이 아니다	祖意如空不是空
신령스런 슬기 어찌 '유/무'에 떨어지랴	靈機爭墮有無功
삼현도 오히려 이 뜻에 밝지 못하거늘	三賢尙未明斯旨
십성이 어찌 이런 뜻을 알겠는가	十聖那能達此宗
그물 뚫은 고기 되려 물에 머무는데	透網金鱗猶滯水
머리 돌린 석마가 사롱을 빠져 나가니	迴頭石馬出紗籠
조사서래의를 귀띔하노니	慇懃爲說西來意
서쪽이냐 동쪽이냐 묻지들 마라	莫問西來及與東

② 청량 문익의 주

조의의 뜻을 파악하는데 있어서 문익은 '방향을 가리키는 것이 없으면 어찌 방향을 찾아 걸을 수 있으리오, 조사들이 이 법을 서로 계승해서 심원한 도를 번창케 하기 위해 손바닥 위에 놓인 것 같이 환하게 알려주게 되었다'라고 주해하였다.

③ 설잠 김시습의 주

달마가 이 땅에 대승근기가 있어 심인을 깨칠 줄 알고 다만 이 심인을 가지고 와 몽매한 이에게 개시했다. 만약 문자 위에서 얻으려 함도 잘 되지 않을 것인데, 더구나 문자가 없는 위에서 체득하려 하면况於沒文字上薦得 그 거리가 어찌 흰 구름 같이 아득한 천만리 정도겠는가? 바로 측간에 가기 전에 터득해야 비로소 얻는다直須未屙已前 承當始得 하겠다.

④ 만해 용운의 비, 주

비 : 범부 역시 본래 다 갖추어 있다. 일체의 성현이라도 말할 길 끊겼다博地凡夫 本自具足 一切聖賢 道破不得.

주 : 조사의 뜻이란 게 일찍이 어떤 뜻이 있는 것이 아니다. 중생이 뜻이 있으면 조사도 또한 뜻이 있으니 조사의 뜻이란 중생의 뜻인 것이다.[15]

⑤ 송준영의 한글주해시

「조사의 뜻」

15 祖師之意 何嘗有意 衆生有意 祖亦有意 祖意者 衆生之意也 (위의 글, 339쪽.)

중생의 무의無意가 조사의 드러냄이니, 중생의
뜻이 조사의 뜻이지만, 조사의 뜻은 중생의
뜻이 아니다

삼세 제 조사의 뜻, 역시
이러하다. 그들은 뜻없음으로
근본으로 삼으며, 뜻있음으로
그 징표로 삼는다 조사의 뜻 알고자 하는가?
*
중앙시장 난전亂廛에 퍼질러 앉아 고추를 낳는
노총각 김씨의 셋째 딸을 오늘도 보네

⑥ 총강

설잠은 만약 문자 위에서 얻으려 함도 잘 되지 않을 것인데, 더구나 '문자가 없는 위에서 체득하려 하면, 바로 측간에 가기 전에 터득해야 비로소 얻는다 할 것이다' 하였고, 만해는 '하열한 범부도 본래 스스로 갖추어 있지만 이것은 성현도 말로서 깨뜨릴 수 없다' 고 비하였다. 그리고 주하기를 조사의 뜻이란 본래 어떤 뜻이 있는 것이 아니라 중생이 뜻이 있으면 조사도 뜻이 있으니 조의祖意란 바로 중생의 뜻이라 했다. 문익이나 설잠의 주를 살펴보면 중생을 제도하는 조사의 입장에서 설법을 하고 있다. 그러나 만해는 조사의 입장에서 설하는 것이 아니라 중생의 입장에서 비와 주를 달고 있다. 이것이야 말로 만해가 채득하고 있는 법력이요 활선活禪이라 할 것이다.

필자의 졸시 1연에서 "중생의 무의無意가 조사의 드러냄이니, 중생의 / 뜻이 조사의 뜻이지만, 조사의 뜻은 중생의 / 뜻이 아니다" 함은 문익이나 설잠의 주와는 거리가 있고, 만해의 비와 주를 그대로 옮겨 놓은 것 같은 느낌이 든다. 이건 절대 패러디한 것이 아니고, 필자가 이 주해시를 쓸 때는 문익이나 설잠, 또는 만해의 주를 전혀 염두에 두지 않고, 오직 상찰의 원전만을 읽고 주해한 한글선시일 뿐이다. 그렇지 않은가. 1행에서 '중생의 뜻 없음이 조사의 뜻을 드러낸 것'이다. 그리고 '중생의 뜻이 조사의 뜻이고, 조사의 뜻은 중생의 뜻이 아니다' 한 것은 필자가 많은 고전선시나, 조사들의 자비간절심에서 우러나오는 방편법문에서 늘 보고 느낀 것으로 청자를 적기하므로 깨달음을 얻게 하려는 직시명시直示明示한 적기법문이다. 이것은 선시의 적기수사법적인 표현이다. "조사의 뜻은 중생의 / 뜻이 아니다"로 행갈이를 한 것은 '조사의 뜻은 중생의 뜻은'이란 구절을 '조사의 뜻은 중생의'로 축약한 것이고 결국은 '조사의 뜻은 중생의 뜻은, 뜻이 아니다'라는 표현을 한 것이다. 그럼 무엇이란 말인가? 이것은 뜻이 아니다. '새벽이 오면 해가 동쪽에 떠오른다曉來日出東'이라 할까. 그런 것일 뿐이다. 이렇게 놓고 볼 때 만해의 비, 주에서 전혀 벗어나지 않고 있음을 알게 될 것이다.

2연 "삼세 제 조사의 뜻, 역시 / 이러하다. 그들은 뜻 없음으로 / 근본으로 삼으며, 뜻있음으로 / 그 징표로 삼는다 조사의 뜻 알고자 하는가?"는 1행에서 과거 미래 현재의 제 조사 뜻도 1연과 같다는 것이고 또한 '삼세의 모든 조사네는 무의無意로 근본을 삼고 뜻 있음으로 징표로 삼는다'는 앞 '마음 얼굴心印'에 강설하였듯이 '마음'은 '뜻 없는 것의 본체'이고 '얼굴'은 '뜻 있음의 징표'이며 현상이다. 자, 그럼 조사의 뜻은 곧 중생의 뜻이라서 게로 읊는다. *“중앙시장 난전亂廛에 퍼질러 앉아 고추를 낳는 / 노총각 김씨의 셋째 딸을 오늘도 보네”『십현담』 원저자 상찰도 조사가 서쪽에서 온 뜻祖師西來意을 마지막 구에서 “서쪽이냐 동쪽이냐 묻지들 마라莫問西來及與東”로 결구를 내지른다. 알겠는가?

(3) 현묘한 슬기 : 현기玄機

① 동안 상찰의 원작 선화게송

현묘한 슬기	玄機
공겁을 뛰어넘어도 거둘 수 없나니	超越空劫勿能收
어찌하여 진기에 매여 머뭇거리겠는가	豈與塵機作繫留
그 묘체 본래 머물 곳이 없으니	妙體本來無處所
도의 싹, 어찌 흔적 있으리오	道芽何更有蹤由
신령스런 일구는 만상 훌쩍 초월하여	靈然一句超羣像
삼승을 멀리 벗어나 수행따윈 필요없다	逈出三乘不假修
천성들 저 끝에서 손을 모두 털었나니	撒手那邊千聖外
돌아오는 길 ‘불속의 소’나 되어볼까	廻程堪作火中牛

② 청량 문익의 주

조사가 이기利器를 주장하여 이끌어서 슬기의 요체를 영롱하게 터득함이 세간의 지혜보다 월등하게 뛰어났다. 그래서 현기라는 칭호를 세웠다.[16]

16 祖師唱導利器 被機關捩 玲瓏 逈出世智 故云 玄機 遂立斯號 (김시습, 앞의 책, 1183쪽.)

③ 설잠 김시습의 주

속세塵機를 벗어나는 일지一智에 얽매이지 않으며 종횡과 역순을 막론하고 걸리고 막히는 바가 없는 것이 현기다. 그렇다면 어떤 것이 현기이냐? 어제는 술에 취해 사람을 꾸짖더니만 오늘은 향을 사루어 예를 올린다.

— 김시습, 앞의 책, 1183쪽

④ 만해 용운의 비, 주

비 : 가을꽃도 아니고 하늘빛도 아니지不是秋花不是紺

주 : 모난 것과 둥근 것을 초월했고 또 길다 짧다 할 것도 없지만 활용에 있어서는 활용되지 않는 것도 없고 모든 법을 이루지 아니함이 없으므로 현기라 한다. 현기는 묘유의 지극함이다.

⑤ 송준영의 한글주해시

「현묘한 슬기」

봄바람에 펄럭이는 여인의 치마자락, 가을
달을 바라보는 사내의 가슴에 불어오는 피리소리라

현기가 없으므로 생성하지 못하는
이놈의 정체는 현묘한 기틀조차 없는 것을 본으로 한다
생성하는 것이 없고 생성하지 못하는 것이 없으므로
현기가 있다
이 도리를 알고자 하는가?

*

제기랄, 하늘 장배기로 솟아오른 널 안아보니

아지랑이 아롱아롱 패케이지 비닐 빽이군, 그래

⑥ 총강

앞의 주에서 보듯이 설잠은 종횡과 역순에 걸리거나 막힘이 없는 경지가 현기라고 밝힌다. 만해는 한층 더 나아가서 현기의 작용을 어떤 곳이든 활용되지 않는 곳이 없고 어느 법인들 이루지 않음 이 없는, 자재가 사통오달함을 강조하고 있다. 만해는 현기의 의미를 풀어주는데 그치지 않고 선의 쓰임, 궁극적 경지가 현실의 활용을 말하고 있다. 이것은 그윽한 적멸의 세계眞空보다 실사구시妙有에 더 폭을 확장하는 활선에 기본을 두고 있다는 것을 알 수 있다.

졸시 1연은 '머물지 않는 곳이 없는無所不在' 현기의 성능을 "봄바람에 펄럭이는 여인의 치맛자락이요, 가을 / 달을 바라보는 사내의 가슴에 불어오는 피리소리라"고 형상화 하였고, 현기의 정체야 말로 현묘한 기틀조차 없는 것, 이것이 현기의 정체다고 밝힌다. 이 행은 아이러니적 표현을 썼고, 그야말로 전지전능한 현기의 공능功能을 진술한다. 그럼 현기가 나타남을 보고 싶은가? *"재기랄, 하늘 장배기로 솟아오른 널 안아보니 / 아지랑이 아롱아롱 패케이지 비닐 빽이군, 그래" 하고 게偈에서 읊는다.

(4) 티끌은 다른가 : 진이塵異

① 동안 상찰의 원작 선화게송

티끌은 다른가	塵異
더러움도 제 홀로 깨끗함도 스스로 깨끗함이니	濁者自濁淸者淸
보리와 번뇌, 그게 그것	菩堤煩惱等空平
누가 변화의 옥, 알아 볼 이 없다 말하랴	誰言卞璧無人鑑
내 가는 곳곳마다 구슬 빛뿐이로다	我道驪珠到處晶
만법이 스러질 때 본체 그대로 드러나니	萬法泯時全體現
삼승을 분별하여 억지로 이름 붙임이라	三乘分別强安名
장부는 스스로 하늘 뚫을 패기 있기에	丈夫自有衝天志
여래가 간 자취 뒤밟지 않네	莫向如來行處行

② 청량 문익의 주

조사가 출생한 것은 현기를 밀밀히 운용하고자 함이다. 그러나 현기는 진세와 함께 해도 초연해서 다름이 있는 까닭에 진이라고 한다.

③ 설잠 김시습의 주

성인은 진노 중에 있으나 마치 연꽃이 진흙 속에서 나왔으나 진흙에 물들지 않는 것과 같고, 자기의 지덕의 빛을 감추고 진세에 함께 하나 물들지 않는다는 것이다.

④ 만해 용운의 비, 주

비 : 한 방에 천 등이 켜짐이라一室千燈

주 : 티끌세상塵世를 초월하되 중생을 버리지 않고 세속에 파묻히되 그에 혼염되지 않는 것이다.

⑤ 송준영의 한글주해시

「티끌은 다른가」

사람들은 괜히 맑음을 흐림으로 짝하네
이것이 진이塵異다
맑고 흐림이 무슨 뜻이 있으랴 맑음도
흐림이요 흐림 역시 맑음이다
이놈은 진세塵世에 살지만 뒤섞임이 없고
진세를 떠났지만 뒤섞여 있네
*
몰랐다 해도 건달바성 칠공자의 아비다

⑥ 총강

문익의 현기는 '진세塵世에 함께 하나 초연해서 다름이 있는 면을 강조하였고', 설잠도 '성인이 진세에 함께하나 연꽃이 진흙에 물들지 아니함과 같이 섞이지 않음을 강조하였다.' 이에 대하여 만해는 '섞이지 않는다不混는 초월보다도 진세를 멀리하지 않는다不隔는 내재內在를 통해서 대승의 보살정신을 더욱 들어내고' 있다.

탁한 것은 스스로 탁하고 맑은 것은 스스로 맑다는 원문을 문익은 '6진(색色 · 성聲 · 향香 · 미味 · 촉觸 · 법法)과 4대(지地 · 수水 · 화火 · 풍風)가 천차만별이요, 생멸광정生滅狂情은 탁하게 요동치지지만 진여묘각眞如妙覺과 계 · 정 · 혜는 아주 청정한 것으로서 세진世塵과는 스스로 다르다'고 주했다. 이에 대하여 만해는 '봄꽃의 묘함은 각각 제 모습을 들어나는 데 있고, 난초를 심어놓고 잡초를 끊어냄은 우스울 뿐이라'고 비 했다. 그리고 청과 탁은 각각 묘리가 있는 것이니 탁이라 해서 하열한 것이 아니고, 청이라 해서 고상한 것이 아니어서 취하고 버릴 것이 따로 없다. 또 청과 탁은 서로를 여인 것이 아닌 본래 한 근원으로서 그것이 다르다고 하는 것은 물의 파류波流가 다르기 때문이라고 주했다.

"더러움도 제 홀로고 깨끗함도 스스로 깨끗함이니濁者自濁淸者淸" 하는 상찰의 『십현담』 원문을 문익은 '청과 탁을 격리시켜 진여만을 청정한 것'으로 읽는 경향을 보인다. 그런데 만해는 이러한 것은 난초만을 키우기 위해 모든 풀들을 다 뽑아내는 격이라 하면서 청탁에 각각의 묘리를 취하여 간택분별심을 없애버린다. 곧 탁은 청을 떠나 있지 않고 역시 청은 탁을 떠나 있지 아니하니 바로 만수일원萬水一源을 말한다. 여기서 다시 일원을 파랑과 둘이 아니니, 그것이 만수일원이다.

그래서 졸시에는 "사람들은 괜히 맑음을 흐림으로 짝하네 / 이것이 진이다 / 맑고 흐림이 무슨 뜻이 있으랴 맑음도 / 흐림이요 흐림 역시 맑음이다 / 이놈은 진세에 살지만 뒤섞임이 없고 / 진세를 떠났지만 뒤섞여 있네"라고 노래했고, 또 할로 한 말씀을 곁들이니 *"몰랐다 해도 건달바성 칠공자의 아비다"라 했다. 이것은 모르고 알고의 문제가 아니다. 본래 그렇게 된 것이다. 건달바성은 실체는 없이 공중에 나타나는 성이나 신기루 따위를 말하며, 서역에서는 악사를 건달바라 부른다. 인도에서 음악을 직업으로 하는 사람을 말하며 음식의 향기만을 찾아 그곳을 찾아가 노래하며 악기를 연주하고 음식을 얻어서 살아간다.

천차만별의 두두물물이 있듯이 원래 그렇게 그렇게 살아간다. 건달바성에서 노래하고 악기를 연주하는 7공자와 그 아비와 같이 청과 탁이 구분되어도 구분 안 되어도 세상만사에 다르지 않다.

(5) 말씀 : 演敎

① 동안 상찰의 원작 선화게송

말씀	演敎
삼승은 차례로 좋은 말씀 폈고	三乘次第演金言
삼세의 여래들 또한 그러했노라	三世如來亦其宜
처음 유 / 공을 말하자 사람들 모두 집착하여	初說有空人盡執
뒤엔 공 / 유 아니라하니 그때야 다 집착 버렸네	後非空有衆皆捐
용궁에 가득 찬 저 보물은 약방문이요	龍宮滿藏醫方義
학수의 마지막 설법마저 방편인걸	鶴樹終談理未玄
진정계 그 가운데 한 생각 비침이여	眞淨界中纔一念
지구 시간으로는 이미 8천 년 지났네	閻浮早已八千年

② 청량 문익의 주

여러 조사의 현기는 인간 티끌세상世塵에도 스스로 달랐다. 여래의 가르침은 완전한 청규다. 그런 까닭에 차제 말씀이라 한다. 列祖玄機 塵中自異 如來演

敎 完尒淸規 故云次第演敎

—『매월당전집』, 강원도간, 1184쪽

③ 설잠 김시습의 주

모든 부처의 현기는 인간 티끌세상과는 완전히 다르므로 하나의 티끌 가운데에 대법륜을 궁글려서 일원음一圓音으로써 곡과 순의 근기에 맞게 하였다. 마치 봄바람에 천지가 동하여 갖가지 꽃이 난만해지는 것 같다.

④ 만해 용운의 비, 주

비 : 무수한 누런 잎 잎들, 우는 아이 달래는 종이 돈無數黃葉葉 盡作止啼錢

주 : 여래가 중생을 위했기에 언설로 할 수 없는 자리를 언설로 다시 소생시켰다如來爲衆生 故無言說處 更生言說.

⑤ 송준영의 한글주해시

「말씀」

만해가 말하기를 '여래가 중생을 위하여 말없음으로 설교하고 다시 말씀을 하였다'라고 했다

대추나무에 연 걸림이여!

이는 얼음을 차다 함이고 불은 모든 것을 태운다 한 것뿐이다, 아는가

*

그 뿐인가

⑥ 총강

문익은 인간의 근기에 따라 차제의 말씀을 하였고, 설잠은 어디에도 걸리지 않은 일원음으로 근기에 맞추어 폭 넓게 마치 계절 변화가 오는 것과 같이 어느 것이나 모두 함유하는 말씀을 하였다. 만해는 일체의 언설이 없으므로 모두가 아닌 것이 없고 아닌 것이 없으므로 둘이 아님을, 곧 언설할 수 없는 곳을 파헤쳐 무언설처無言說處를 다시 언설로 보여주었다.

상철의 게송 2행, "삼세의 여래들 또한 그러했노라三世如來亦其宜"를 설잠은 '일미평등법으로 상중하 근기에 맞추어 차례로 살폈지만 일미평등법은 우열이 없는 까닭에 금언이고 이 금언은 비단 현제불이 설할 뿐 아니라 시방삼세일체불이 그때에 똑같은 一音으로 이 법을 연설하고 있다'[17]고 했다. 사실 과거 현제 미래는 일시이니 곧 절대현제 이 순간임을 아는 것이 중요하다. 이에 대해 만해는 더 나가서 '일체제불一切諸佛이 일체중생一切衆生을 위하여 연교演敎하였지만 불과 중생과 법이 하나임을 밝히고 있다.'[18]

졸시 1연에서 "만해가 말하기를 '여래가 중생을 위하여 말없음으로 설교하고 다시 말씀을 하였다'라고 했다." 이것은 앞의 만해 주에서도 밝혔듯이 만해는 말할 수 없는 곳을 파헤쳐서 가르쳤고 이것을 다시

---

17 위의 책, 1184쪽.

18 (註) 佛無異佛 衆生亦無有異 異無異之佛 敎不異之衆生 所說之法 不得不同 (한용운, 「십현담주해」 연교, 『한용운전집』 3, 앞의 책, 350쪽.)

보여 주었다는 주에 대한 주해이다. “대추나무에 연 걸림이여!” “이는 얼음을 차다 함이고 불은 모든 것을 태운다 한 것뿐이다, 아는가” 2연은 거듭 거듭 다 함이 없는 화엄법계를 형상화한 것이고, 3연은 역시 석가모니의 연교가 청규임을 구체적으로 형상화한 것이다. 그리고 또 한 게가 있으니 들어보라! * “그뿐인가.” 그뿐인가 냇가에 앉아 잘 생각 생각 바란다.

(6) 근본에 이르다 : 達本

① 동안 상찰의 원작 선화게송

근본에 이르다	達本
중도에 헛것에 사로잡히지 말고	勿於中路事空王
지팡이 재촉하여 고향으로 돌아가라	策杖還須達本鄉
구름과 물 막힐 때 머뭇거리지 말라	雲水隔時君莫住
설산 깊은 곳 나 바쁠 것 없나니	雪山深處我非忙
슬프다, 지난날은 옥 같은 얼굴이더니	堪嗟去日顏如玉
오는 길, 머리칼은 서리가 내렸구나	却嘆迴時髮似霜
빈털터리 집에 오니 아는 이 하나 없고	撤手到家人不識
존당에는 한 물건도 바칠 것 없다	更無一物獻尊堂

② 청량 문익의 주

달마가 서쪽에서 온 것이나 세존이 출현한 것은 중생으로 하여금 부처의 지견知見을 깨닫게 하려는 것이다. 그래서 달본이라 했다(어떤 책에는 환향곡還鄕曲으로도 되어 있다).

—『매월당전집』「십현담요해」, 강원도간, 1185쪽

③ 만해 용운의 비, 주

비 : 구름, 산 헤쳐 여기 왔으나 환가 자체가 옛 대로 집을 떠나 있는 것 뿐.

주 : 백천白千의 방편은 모두 근기에 알맞게 하는 것이며 한 생각 돌이켜 깨친 것은 이 미 근본에 도달한 것이다.[19]

④ 송준영의 한글주해시

「근본에 이르다」

일체를 쉬고 한 생각 다다르니 이곳이 본가다
머뭇거리지 말자

밖에서 쳐들어오는 놈 쳐 놓고 도둑 아닌 자 없다. 안에서
튀는 자 역시 도둑이니 잘 살피고 살펴야 한다

*

돌아가지 마라, 마라, 마라, 본가다 다다르지 마라 이곳도
옛집이다

---

19 (批) 踏破雲山無限路 還家依舊離家在
(註) 白千方便 盡是機宜 一念回光 早已達本 (한용운, 「십현담주해」 달본, 『한용운전집』 3, 앞의 책, 352쪽.)

⑤ 총강

갖은 수행 끝에 고향으로 돌아오니 떠날 때의 모습 그대로임을 깨닫는다. 이것이 달본이다. 사실 부모미생전의 본래면목父母未生前 眞面目은 어디로 간 것도, 우리를 떠난 것도, 우리가 떠난 것도 아니다. 아무런 일도 아무렇지도 않는 '그것' 그대로임을 오직 아는 것일 뿐, 우리는 원래 이 자리를 떠난 적이 없다. 늘 그와 붙어 다녔고, 그와 같이 누웠고 그와 같이 앉았다. 그는 나이고 나는 그가 아니었을 뿐, 아닌가?

이것은 단지 나와 같이 떠나기도, 떠나지 않았기도 하였음을 아는 것이 중요하다.

졸시 2연에서 "밖에서 쳐들어오는 놈 쳐 놓고 도둑 아닌 자 없다. 안에서 / 튀는 자 역시 도둑이니 잘 살 피고 살펴야 한다" 하며 스스로를 다짐한다. 자고로 '밖에서 들어오는 자는 내 새끼 아니고 내 속에서 나가는 놈만이 내 새끼다'라고 하듯이 이 일도 그렇다.

졸시 * 는 '돌아가는 곳도 돌아가지 않는 곳도 그대로 본가이고 지금 이 자리가 옛집이라' 고 귀띔한다.

(7) 귀항마저 처부수다 : 파환향破還鄕

① 동안 상찰의 원작 선화게송

「귀향마저 쳐부수다」	破還鄕
근본으로 돌아가면 이미 일은 틀린 것	返本還源事已差
본래 머물 곳 없고 집 또한 없는 것	本來無住不名家
만년 소나무오솔길 눈에 깊이 덮혔고	萬年松逕雪深覆

한 띠의 산봉우리 구름이 다시 가린다	一帶峰巒雲更遮
손과 주인이 화목할 때 모두 망령이오	賓主穆時全是妄
군신의 동석, 옳은 듯 하나 잘못된 것	君臣合處正中邪
환향곡 저 가락 어떻게 하면 불러볼까	還鄕曲調如何唱
명월당 앞 마른등걸에 핀 꽃이다	明月堂前枯樹花

② 청량 문익의 주

처음 발심에 깨달음을 열고 달본으로 먼저로 삼는다. 이미 마음의 근본을 깨달았으면 응당 머무는 바가 없이 꿰매고 연마하여야 안락한 문이 되며, 흰 암소와 고양이가 비로소 소요逍遙할 곳을 다하였다 할 것이다(환원, 어떤 본에는 파환향곡이라 한다).[20]

—『매월당전집』「십현담요해」, 강원도간, 1186쪽

③ 만해 용운의 비, 주

비 : 어느 곳이 고향이 아니랴何地非故鄕

주 : 끝도 이미 공하니 근본도 또한 있는 것이 아니라 하니 근본에 도달하고 고향에 돌아왔다는 말조차 다시 어젯밤 꿈과 같다.[21]

④ 송준영의 한글주해시

「귀향마저 쳐부수다」

20 初心捌悟 達本爲先 旣悟心源 應無所住 彌縫連磨 方爲安樂之門 白牯狸奴 始盡逍遙之處

21 (註) 末云旣空 本亦非有 達本還鄕 更如昨夢 (위의 책, 354쪽.)

겉돌 듯 읽어치워라

환향, 고향으로 돌아오네 곧
풀 한포기 솟지 않는 본래 그곳으로 돌아가네 여기
'깨트리다破'니, 다시 풀 한포기 솟지 않는 그곳에서
돌아 나가네. 본래면목에
이르렀다는 생각마저 버려라 이 봄날
떠도는 홀씨에게 물어보라

풀피리 소리 입 막고 그 생각마저 잊으라네
*
풀피리 입 막고 겉돌 듯 읽어 치우라네

⑤ 총강

문익의 주에는 '이미 달본하였다' 하는 것에 주착住着하지 말라 하면서도 발심에서 달본까지의 착실한 수련을 강조하고 있다. 이에 만해는 비批에서 '어느 것이 고향이 아니랴' 하며 끝이 있어야 끝을 잡고 근본이 있어야 근본에 도달할 터인데, 끝도 없고 근본도 비었으니 주착할 근본마저 공했다고 주註했다. 이렇게 철저히 비워야 깨침이니 이럴 때가 바로 대자유인이 되고 생활에 마음 끄달리지 않으니, 저절로인 무공용無功用상태가 된다.

상찰의 본문 시, 6행에서는 "환향곡 저 가락 어떻게 불러볼까還鄕曲調如何唱"에 대해 만해는 "고기잡이 노래요 나무꾼의 피리소리로다漁歌樵

笛" 비하고는 고향에 돌아 왔다고 하는 것은 잘못된 것이어서 고향으로 돌아왔다는 생각을 깨뜨린다. 이어 환향곡조를 어떻게 불려야 할 것인가. 비록 타파됨을 면하였다 하여도 이 곡조는 묘해서 오음五音(궁·상·각·치·우)으로서는 실로 부르기 어렵다고 주하였다.[22]

졸시 1연에서 "겉돌 듯 읽어치워라"라고 충고 한다. 심각하고 심사숙고한다 해도 이미 모자랄 때는 외로 겉돌 듯 읽어 치우는 것이 훨씬 잘 마주친다. 이것은 골똘히 생각하는가, 겉돌듯 읽어 치우는가에 문제에 있지 않기 때문이다. 이제 고향집으로 돌아온다, 돌아간다. 만 리에 풀 한 포기 없는 본래의 노지露地로 돌아오네, 이 고향마저 깨뜨려버리니 풀 한포기 솟지 않는 '그곳'에서 돌아나간다. "본래면목에 / 이르렀다는 생각마저 버려라 이 봄날 / 떠도는 홑씨에게 물어보라" 한다. 3연에선 "풀피리 소리 입 막고 그 생각마저 잊으라네" 잊으라 한다. 풀피리는 관두고 근본처인 입을 막으라 한다. 그 근본마저 송두리째 빼버려라 한다. 그러면 어떻게 되는가. *"풀피리 입 막고 겉돌 듯 읽어 치우라네."

(8) 자리 바꾸다 : 전위轉位

① 동안 상찰의 원작 선화게송

자리 바꾸다 轉位

22 還鄕曲調如何唱 (상찰의 『십현담』 「파환향」의 8행)
(批) 漁歌樵笛
(註) 以還鄕爲不可 而至於破還鄕 則還鄕曲調 如何唱道 方免得破 五音實難妙唱 (위의 책, 356쪽.)

열반성이 오히려 위태롭네　涅槃城裡尚猶危
저자거리에 기약 없는 만남은　陌路相逢沒定期
방편으로 헌옷 걸어놓고 부처라 부르면　權掛垢依云是佛
진주비단 좋은 장식 무어라 이름하리　却裝珍御復名誰
목인이 오밤중에 신을 신고 돌아가고　木人夜半穿靴去
석녀는 날 새자 모자 쓰고 가는 구나　石女天明戴帽歸
만고의 푸른 공계의 저 달　萬古碧潭空界月
두 번 세 번 건져봐야 알게 된다　再三撈摝始應知

② 청량 문익의 주

처음에는 달본達本을 밝혀 법문을 깨닫게 하고 다음에는 파환향破還鄕으로 복귀시켜 정위正位·근본에 거居하지 않게 하였다. 이들 모두 걸림滯이 있어서 아직 '최고의 것宗'을 얻은 것이 아니다. 앞의 지위가 안정된 것이 아니므로 여기에서 모름지기 전위轉位라 이름 한다라 주註하였다.

— 『매월당전집』 3 「십현담요해」, 1187쪽

③ 설잠 김시습의 주

동산 양개가 이르기를 '기연을 벗어나지 않으면 독해毒海에 떨어진다 하였으니' 어찌 그 소식을 알 수 있으리오, 문득 놓아버려라. 새가 허공을 날며 자재하게 놀아도 떨어지지 않듯이. 비록 허공에 의지하여 놀아도 허공에 붙잡히지 않으며 또 허공에 구애되지 아니하므로 전위轉位라 일컫는다.

— 위의 책, 407쪽

④ 만해 용운의 비, 주

비 : 걸음마다 백수白水요 걸음마다 청산青山이다步步白水青山.

주 : 취한다고 해서 아름다운 것이 아니요, 버린다고 해서 묘경妙境이 아니다. 그래서 다시 한 위位를 구르니轉 구르고 또 굴러서 '응하여 사귈應接' 여가가 없다.[23]

⑤ 송준영의 한글주해시

「자리 바꾸다」

'자리를 바꾸지 말라' 우리는 이미 자리를 바꾸었다. 또
바꾸어도 별로 기특할 것이 없다 단지,
간장과 콜라를 가리는 것이 중요하다
*
혀로 맛보지 말라 암, 발바닥으로 맛보는 자네
눈치 없는 금지옥엽이라
눈썹 또 찡그리네

⑥ 총강

문익은 '달본과 파환향 모두 걸림이 있기 때문에 이를 넘어서는 것이 전위轉位라' 하였고 설잠은 '공에 근거하지만 공에 붙잡히지 않는 것이 전위라' 했다. 만해는 '달본을 취하고 파환향을 버려서 이를 넘어서는 전위를 인정하지만, 그러나 전위라 경지 역시 다른 경지가 아니라' 한

23 (註) 取之非佳 捨之更非妙境 古更轉一位 轉之又轉 應接不暇 (위의 책, 357쪽.)

다. '보보백수청산步步白水靑山'이라 한 비에서 말하듯이 전위한다는 생각조차 때려 부순다.

앞장에서 누차 언급하듯이 「오위정편」에서 정위正位는 만유의 본체이고 진공의 묘한 이치를 뜻하며 편위偏位는 두두물물의 실상이니 묘유의 현상을 뜻한다. 이러한 정과 편이 서로 떨어질 수 없는 관계를 조동종에서는 '오위정편설'로 밝힌다. 만해는 전위의 의미를 밝히는데 '편과 정을 모두 얻으니, 본체와 현상 전체가 뚜렷하다偏正兩得 體用全彰'고 규정하였다. 만해가 시대적인 상황으로 조동종의 어구를 거의 사용하지 않고 『십현담주해』를 비批, 주註하고 있지만 조동종의 골수인 편정양득 체용전창偏正兩得 體用全彰을 짚는 것 보아 충분히 「조동오위정편」을 이해하고 있음이 드러난다. '편정양득 체용전창'은 쉽게 예를 들면 지폐의 앞면이나 뒷면만 있을 때는 돈의 가치가 없지만 앞면과 뒷면을 모두 있을 때는 돈으로 사용할 수 있다는 얘기와 다름이 없다.

졸시 역시 1연의 1행과 2행에서 "'자리를 바꾸지 말라' 우리는 이미 자리를 바꾸었다. 또 / 바꾸어도 별로 기특할 것이 없다" 전위를 한다 한다 하지만 그것이 그렇게 중요한 것이 아니고 오직 간장과 콜라를 맛보아 더 이상 의심이 없도록 하는 것이 중요함을 노래한다. 근본이 확실히 정재整齊함이 무엇보다 중요하다. 자, 그럼 유리병 속 콜라와 간장을 어떻게 맛 볼 것인가? 혀도 눈도 코도 없는 자네, 암 발바닥으로 맛보아야지. 이것이 전위다.

(9) 기틀을 돌리다 : 회기廻機

① 동안 상찰의 원작 선화게송

기틀을 돌리다	廻機
털 입고 뿔 얹고 저자거리 드니	被毛戴角入鄽來
우담바라꽃 불 속에 활짝 피었다	優鉢羅花火裡開
번뇌의 바다에 이슬비 되니	煩惱海中爲雨露
무명산 정수리에 우뢰소리 울린다	無明山上作雲雷
끓는 가마의 숯불 가르침으로 불어 끄고	鑊湯爐炭吹教滅
칼과 검 모두 '할' 한소리에 깨트리다	劍樹刀山喝使摧
금자물쇠의 현묘한 관에 머물지 말고	金鏁玄關留不在
온갖 길로 가서 다시 윤회하리라	行於異路且輪廻

② 청량 문익의 주

슬기가 만일 정위나 편위를 벗어나지 못하면, 이는 물이 스며들고 새는(삼누滲漏 : 한 소식한 사람의 마음에 남아 있는 집착) 것과 같은 허물이다. 회기廻機하는 일문一門은 전위轉位 다음이다.

③ 설잠 김시습의 주

이미 능히 전위하였으면 모름지기 회기廻機 해야 한다. 전위는 처음 출발이고, 회기에 이르러야 진기眞機가 이미 발해서 역순종횡逆順縱橫으로 동용서몰東湧西沒로 일방일수一防一收로 큰 쓰임이 앞에 나타나서 궤칙에 얽매이지 아니하여 때로는 금강보검과 같고 때로는 천千가지 차이를 앉아서 끊고 때로는 물결 따라 물결을 이루니 어떠한 경계일까. 돌咄 (회기는 다른 이본에는 전위귀轉位歸로 되어있다.)

④ 만해 용운의 비, 주

비 : 꽃향은 바람에 움직이고 달그림자는 구름 따라 옮겨 간다

주 : 전위하며 회기가 따른다. 한번 돌이키고 두 번 돌이킴에 궤칙이 없다.[24]

⑤ 송준영의 한글주해시

「기틀을 돌리다」

그래서 봄에 새싹이 돋고 가을에
열매를 거둔다네
궤와 규칙이 없음이 바로 궤이고 규칙

본래자리로 돌아감이니, 무엇이 본래인가
본래자리는
본래자리가 없음이라 하네
동에서도 튀어나오고 서에서도

저 언덕에 핀 꽃, 오늘 아침
어저께 진 우담발라가 오늘 아침 들국화

---

24 (批) 風起花向動 雲收月影移
(註) 轉位 則廻機隨之 一廻二廻 不存軌則 (위의 책, 357쪽.)

라고만 하지 말라

*

달그림자는 구름이요 이 봄날

버들강아지 버들버들

봄이어요

⑥ 총강

회기에 대하여 '의지하고 기대는 데는 완전히 손을 때고, 다른 무리들 속으로 기틀을 돌린다撒手忘依倚 廻機異類中'고 총설하였다. 문익은 깨달은 사람이라면 집착, 훈습마저 넘어서는 것을 회기廻機라 하고, 설잠은 물결 따라 물결을 이루는 자재성自在性을 인정하고 만해 역시 회기의 자재성을 인정하면서 바람이 일어나니 꽃향기가 풍긴다는 능동성을 강조하고 있다.

필자의 주해시에서는 1연은 봄 여름 가을 겨울이 이어서 오듯 천하 만물은 모두 스스로 어떤 규칙이나 길이라 할 것이 따로 있지 않고, 자재 자체가 규칙이고 道라고 보았고, 본래자리라는 것도 그 이름이 본래자리이지 정해진 이름이 없음을 노래했다.

자유자재하고 임운등등任運等等함을 착어하기를 *"달그림자는 구름이요 이 봄날 / 버들강아지 버들버들 / 봄이어요"라고 부른다. 자유 만만세!

(10) 한 빛 : 일색一色

① 동안 상찰의 원작 선화게송

한 빛	一色
마른나무 바위 앞 갈림길도 많아	枯木岩前差路多
나그네 여기 와서 다 헛디뎌 넘어진다	行人到此盡蹉跎
백로가 눈에 서도 같은 색이 아니요	鷺鷺立雪非同色
명월과 갈대꽃, 닮음도 다름도 아니니	明月蘆花不似他
알았다 알았다 할 땐 알은 것 아니고	了了了時無可了
깊고 깊고 깊은 곳도 역시 웃음거릴 뿐	玄玄玄處亦須呵
그대 위해 남몰래 현중곡을 부르나니	慇懃爲唱玄中曲
허공 속의 저 달빛 꺾어올 수 있겠느냐	空裡蟾光摧得麽

② 청량 문익의 주

일색은 정위本源 · 根本이다. 정이라는 것은 한회고목寒灰枯木은 전혀 기식이 없는 것이다. 학인이 이곳에 이르면 이것이 한 관문이 된다. 옛사람이 이르기를 황전荒田에 풀을 가리지 않아야 했는데, 풀을 깨끗이 없애고 보니 사람이 미혹해졌다. 또 가시밭 수풀에는 오히려 발 딛기가 쉽지만, 밤이 밝은 주렴 밖에서는 몸 움직이기가 어렵도다.

③ 설잠 김시습의 주

이름 할 수도 없고 형용할 수도 없는 것이다. 노지露地에 백우白牛라고나 할까, 오히려 이것이 문채文彩 · 겉치레가 된다. 곧 모름지기 문채가 생기기 이전을 향하라. 보고 보아라, 바야흐로 정위전正位前이라 이름 할 것이다(일색을 어떤 책에는 일색과후一色過後로 되어 있고, 어떤 책에는 정위전正位前이라고 되었음).

④ 만해 용운의 비, 주

비 : 한빛은 한빛 밖에 있다一色在一色外.

주 : 만 번 구르고 천 번을 돌려도 한갓 노고만 더할 뿐이다. 결국 일색으로 들어가는 것이니 이것을 대동大同이라 한다.

⑤ 송준영의 한글주해시

「한 빛」

그으면 사라지고 사라지면 긋나니, 창 밖
강변 젊은 이 한 쌍이 마주보고 웃고 있다

손가락으로 허공에 원을 긋지 말라
원 밖에 원이 있고
원 안에
원이 있다

무엇이 일색의 소식인가?

*

한빛 한빛 한빛, 이미 빛 안 출렁이는

파도소리인가

가을 가각街角, 생선 파는 노파 눈썹 찡긋

해를 가린다

⑥ 총강

여기 이르러서는 문익은 맑은 땅이라는 한 생각마저 넘어서라고 했고, 설잠 역시 '백우白牛라고 생각하는 문채文彩마저 넘어서라'고 밝혔다. 여기서 백우란 흔히 '노지露地에 말간 소'는 자성의 형상화인데, 그런 것조차 자취, 겉치레文彩임을 알라고 했다. 또 만해는 일색이 밖에 있어야 일색을 안다고 하였고 비에서는 일갈을 하였고, 더 넘고자 하여도 더 넘어설 길이 없음을 밝혀 크게는 같은 '하나의 자리'를 들어냈다. 그러나 하나라고 할 수 없는 하나이기에 크게 한가지다. 이러한 일색은 곧 심인이라고 할 수 없는 심인인 것이다. 다시 구球가 되어 심인으로 어스렁어스렁 되돌아간다.

그럼 만해가 '일색 밖에 있어야 일색을 안다'고 한 진경은 무엇인가. 졸시 1연에서 "그으면 사라지고 사라지면 긋나니, 창 밖 / 강변 젊은 이한 쌍이 마주보고 웃고 있다"로 형상화한다. 바로 이것이 1연 2행에서 말하는 '하나의 자리'이며, 이것은 '절대현제의 이 순간'을 구체화하였다. 2연 역시 일색의 소식을 진술하고 다시 반어적으로 일색의 소식을 이르는 ＊의 偈 1행, 2행은 일색을 진술하고 마지막 3행과 4행은 이것을 뒤집어 형상화한다. 그럼 한빛은 무엇인가? "한빛 한빛 한빛, 이미 빛 안 출렁이는 / 파도소리인가 / 가을 가각街角, 생선 파는 노파 눈썹 찡긋 / 해를 가린다" 해를 가린다, 해를 가린다, 해를 가린다 …….

3. 『십현담』과 그 주해시 갖추어 읽기 (3)

ㅡ이만식의 「고전선시와 현대선시－십현담을 중심으로」를 읽고[25]

1) 전문

이만식 교수가 발표한 「고전선시와 현대선시－십현담을 중심으로」를 읽고, 과연 이 논문에 대한 필자의 소견을 밝혀야 하느냐에 대해 많은 생각을 한 끝에 결국 밝히기로 하였다.

이만식은 그의 논문 끝 부분, 각주에 다음과 같이 논쟁의 연속임을 밝히고 있다. 내용을 그대로 옮기면 다음과 같다.

· **각주** : 이 지점은 송준영 선시론 『禪, 언어로 읽다』(소명출판, 2010)의 제4부 "선시의 현대적 읽기에 대한 이해와 오해"의 첫 부분인 "토론 프리즈나prajna의 현대적 탐색 : 이 교수의 「선과 자크 데리다 : 새로운 격의불교의 모색에 대한 논변」"이라고 수록되어 있는 필자와의 논쟁과 만난다. 이 반론은 필자의 문학평론집 『해체론의 시대』에 수록된 「선과 자크 데리다 : 새로운 격의불교의 모색」 중에서 "**① 송준영은 지智를 설명하면서 아무런**

25 이 논문은 필자와 이만식 교수와 2차 논쟁의 답변 글과 「십현담과 그 주해시 갖추어 읽기」 결론 부분에 해당한다. 이만식은 『2011년 만해축전』의 '시와세계 세미나' 발제 논문으로 「고전선시와 현대선시－십현담을 중심으로」을 발표하였으며, 논문 말미 각주에 "간화선의 언어체계 자체, 불립문자 자체에서 개념의 혼란이 발생하므로 선의 현대화가 필요하며 선을 현대적 언어로 읽어야 한다는 필자의 문제제기를 둘러싼 논쟁의 계속"이라고 밝혀왔다. 이에 대한 답으로 필자의 졸저 『조실』의 2부 「십현담」 주해시에 대해 생각을 가감 없이 밝힌다.

개념 설명 없이 자신의 입장을 다음과 같이 세 번이나 바꾼다"라는 지적에 대한 것이다. 간화선의 언어체계 자체, 불립문자 자체에서 개념의 혼란이 발생하므로 선의 현대화가 필요하며 선을 현대적 언어로 읽어야 한다는 필자의 문제제기를 둘러싼 논쟁의 계속이라고 생각해도 될 것이다.

그리고 이만식의 선의 현대화가 필요하며 선을 현대적 언어로 읽어야한다는 문제제기에 필자 역시 기본적으로는 찬동하지만, 선의 현대화를 실행하는 데 있어서 많은 문제점이 있다고 생각한다. 우선 선적禪籍을 읽을 수 있는 능력과 선의 알갱이를 점두點頭할 수 있는 지력과 지혜가 필요로 한다. 그리고 선불교는 수행하여 자성을 견성함을 목적으로 한다. 따라서 법어집이나 선어록 등의 선적은 실참실수實參實修를 하여 자성自性을 본 선사들의 어록이어서, 반드시 스스로의 바탕을 확실히 본 사람의 몫이라 생각한다. 하여 언어에 의한 현대화 역시 이런 요격을 갖춘 사람의 몫임이 자명하다 할 것이다.

이만식의 논문 「고전선시와 현대선시—십현담을 중심으로」는 표제에서 말하듯이 선시의 백미라고 일컫는 『십현담』은 중국의 혼란기인 오대五代, 907~960에 산, 조동종 3세 동안원의 상찰 선사?~961가 지은 열 가지 현묘한 선화 게송으로 되어 있다. 이 『십현담』의 그윽한 정취와 선의에 환희심이 생겨 한글로 주해시를 발표한 적이 있다. 그리고 필자가 근자에 상재한 시집 『조실』의 2부에 상찰의 원전과 함께 실었다. 이것을 읽은 이만식은 자기의 견해를 더 붙여 오므로 논쟁이 거듭[26]되어 지고 있다. 이 글을 쓰게 됨은 이만식 교수의 매서운 질의에 필자 역시 다시 한 번 각성하게 되고 내가 가는 길을 되짚어 생각하게 했다. 하여 솔직 담담하게 나의 공부를 점검하게 되는 계기가 되었다. 필자 의견을 가감 없이 피력함을 밝힌다.

2)『십현담』과 그 주해서와 논의 쟁점에 관해

조동종의 개창조인 동산양개가 학인을 위해 시설한 기관인「오위정편」과 조손인 동안상찰의 의해 만들어진『십현담』은 상호 내포內包과 외연外延의 관계에 있다. 두 개의 기관은 조동종의 종지를 학인들에게 여실하게 보여주었을 뿐 아니라, 공부를 하게끔 하는 매서운 회초리가 되었다. 그 결과 후대에 내려오면서 조동선의 지남침이 되었다.『조동오위정편』이라든가『십현담』은 후대에 이어져 오며 조동종의 종풍이 되어, 실천적 선수행인 묵조선默照禪으로 나타나게 된다. 조동종의 전통선이 된 묵조선[27]은 오늘날 임제종의 看話禪과 더불어 천하의 선종을 대표하는 양대 선문의 수선법으로 남게 된다.

앞장에서도 살펴본 바와 같이「오위정편」과『십현담』은 정正(본체)과 편偏(현상)이 상즉불이相卽不二하게 하나를 이루면서 하나마저 흔적이 없는 본원으로 틈입시킨다. 곧『십현담』은 '오위정편'을 '십현十玄'으로 구분하며 상호종횡으로 공球이 되어 회호回互시켜 선의 궁극적인

---

26 2007년 4월 2일 강릉 정동진 등명락가사에서 제2회 '시와세계학술세미나'를 개최하였다. 이날 이만식은「선과 자크 데리다 : 새로운 격의불교 모색」이란 논문을 발표하였고 필자는「프리즈나의 현대적 탐색 – 이 교수의 선과 자크 데리다 · 새로운 격의 불교의 모색」에 대한 논변」이란 질의 논문을 발표하게 되었다. 그리고 2007년『시와세계』가을호에 두 편의 논문이 게재되었다.

27 송준영,『현대언어로 읽는 선시의 세계』, 푸른사상, 2006, 393쪽 참조.

경지를 밝히고 있다. 곧 심인心印에서는 진리 그 자체를 밝히고 조의祖意에서는 조사의 뜻을 밝히고 있고 현기玄機에서는 그 슬기의 활용을 밝히고 있고 진이塵異에서는 현상의 묘유를 밝히고 있고 연교演教에서는 설법에 의한 중생의 제도함을 밝히고 있다. 그리고 달본達本에 있어서는 수도를 통하여 자성의 본향으로 돌아옴을 밝히고 있고 파환향破還鄕에서는 본향으로 돌아왔다는 관념마저 놓게 하였고, 전입轉位에서는 불타의 지위증득을 밝히고 있고 회기廻機에서는 다시 중생제도의 응용을 밝히고 일색一色에서는 묘유 속에서 자성의 바다를 발견하는 궁극적 원리를 밝히고 있다. 다시 자성의 바다에서 드러나는 마음(체體·현玄·정正)과 얼굴(용用·담談·편偏)인 심인은 다시 조의로 조의에서 현기로…… 다시 일색으로 갈마 돌면서 머리와 꼬리를 없애고 자취를 드러내지 않게 하여 우리를 본원에 계합시킨다. 이와 같은 것은 만해가 이르는 '편정양득 체용전창偏正兩得 體用全彰'을 우리에게 확연히 보여준다.

이렇게 되면 『십현담』의 본체인 현담이 자연 드러난다. 설잠이 주하기를 「자설字設」에 이르기를 '담談'은 '온화하고 기쁜和懌 표정으로 즐겁게 말함이다'[28] 했다. 이 『십현담』은 상찰이 조사 동산양개의 텍스트인 「오위정편」을 다시 '현묘한 뜻玄旨'을 훤히 밝혀서 사람들에게 일러준 것이다. 이 말씀 자체가 '십현'을 담談 한 자로 표현하고 있다. 결국 이것은 밀밀한 우리들 삶의 양태를 나타낸 것이라고 볼 수 있다.

『십현담』의 원저자나 『십현담』의 주해가들은 아래와 같이 우리들

28 김시습, 앞의 책, 1181쪽.

의 삶을 명쾌하게 밝혀 주고 있다. 선은 마치 공球과 같은 삶을, 종내는 모든 이사理事가 상호회호相互回互하며 갈마 도는 우리의 삶을, 보여주며 알려주고 있다. 이 중 어느 '하나'의 벼리를 잡으면 분명 깨달음의 세계로 직입할 뿐 아니라, 명쾌한 대자유인이 된다고 노래한다. 『십현담』의 묘리는 우리의 삶이 어디로 굴러가던 상호회호하며 온전하게 살아감을 보는 통시안적인 지혜를 제공해 줄 뿐만 아니라, 이것만이 장부가 살아가야 하는 대자유인의 삶임을 여실히 노래한다. 이때부터 우리는 우리의 뜻대로 살아가게 될 것이다.

문익이 찬송하기를 "대저 현담의 미묘한 글귀는 삼승을 멀리 초월하여 이미 인연에 혼합된 것이 아니며 그렇다고 독립된 것도 아니다"[29] 하였고, 설잠이 주해하기를 '인연에 혼합되지 않았으니 속되지 않고 청아하고 독립된 것이 아니므로 그 말이 아주 평상적이어서, 다만 사람들이 발꿈치 아래서 이를 반조하여 돌아보는 데에 달려 있다'[30] 고 하였다.

설잠은 『십현담』의 제목을 가리면서 아래와 같이 열 가지 현담 10편이 상호회호하고 있다고 말한다.

> 모름지기 심인心印을 분명하게 본 뒤에 조의祖意를 알게 될 것이고 조의를 앎에 현기玄機를 깨닫게 되 고 현기를 깨달은 뒤에 진이塵異를 가려낼 것이고 진이를 가려내면 불佛의 가르침을 살필 것이고 불의 가르침을 깊이 살피면 곧 능히 환향還鄕하게 될 것이고 환향한 뒤에는 머물지 않았음을 알게 될 것이다. 그러나 머물지 않았음을 알고서도 회기廻機를 못하면 이것은 곧 새

29 [頌曰] 夫玄談妙句 逈出三乘 旣不混緣 亦非獨立(위의 책, 1181쪽)
30 不混緣 故其言 灑落非獨立 故其語平常 只在人人脚跟下照顧(위의 책, 1181쪽)

> 는 것이므로 회기한 뒤에는 모름지기 전위轉位할 줄 알아야 되고 전위한 뒤에는 일색一色의 경지가 비교할 데 없을 정도로 시원스럽게 전개될 것이다. 그 일색이 밝아져야 의자에 앉은 그대 로 가시덩굴 속으로 거꾸러트리더라도 편안하게 다리를 펼 수 있을 것이다. 그렇게 되면 날이 밝은 밤 주렴 밖에서 벗은 몸으로도 임금에게 조회할 수 있을 것이니, 일색이 환하게 되면 곧 심인을 보게 된다. 하나의 현담 속에는 10가지의 문을 각각 갖추어서 모든 것을 무궁하게 지니고 있다.[31]
>
> ―『매월당전집』 별집 권2 「십현담요해」 변제목辨題目, 강원도간, 1181쪽

이것은 조동종의 학인들을 위한 방편 시설인 「오위정편」의 정중편, 편중정, 정중래, 겸중지, 겸중도와 『십현담』과는 내용을 같이하며 「오위정편」이 회호하듯이 '십현' 역시 상호 갈마 돈다. 이것은 천하의 두두물물의 삶이 각각의 삶이 아니라 그것이 그것이라는 그것에서 그것을 찾는 순례여행의 연속임을 우리들에게 법문한다.

'오위정편설'이나 '오위공신설'은 조동종의 조사 동산양개가 설정한 학인들을 위한 지남침이 되는 기관이다. 이것을 충분히 이해한다는 것은 바로 『십현담』을 받아들이는 지침이 된다.

따라서 상찰의 『십현담』을 알려면 「조동오위정편」을 알아야 한다. '오위정편설'에 의해 『십현담』의 게송인 '십현시'를 지었기 때문이고, 또 묵조선을 실참實參하여 가름해야 한다. 묵조선은 조동종의 수선법

---

31 須分明見心印而後 知祖意 知祖意而後 悟玄機 悟玄機而後 辨塵異 辨塵異卽佛敎可審 審佛敎卽便能還鄕 還鄕而後須知非住 須知非住不能廻機 亦是滲漏 故廻機之後 須識轉位 轉位之後一色冷然 無可比方 須明一色乃可和座子撞倒荊棘中 恬然下脚 夜明簾外 脫體朝君 明了一色 卽見心印一玄談裏 各句十門摠持無窮.

인 동시에 조동종 체위에 가장 알맞게 육화된 선이기 때문이다.

필자의 한글주해시 『십현담』은 단지 상찰이 지은 『십현담』 원전을 필자의 안목이 열린 만큼, 필자가 공부해온 선관에 맞추어 한글로 주해한 시일 뿐이다. 간혹 혹자들은 침소봉대하여 만해의 『십현담주해』에서 만해의 시집 『님의 침묵』을 낳듯이 이와 같이 연관지어 『님의 침묵』과 비교하여 무엇이 더 '좋고' 무엇은 '아직'이라는, 이론이라기보다 스스로의 느낌대로 적고 있다. 이것은 필자의 의도와는 무관한 것이다. 필자의 견해를, 오직 필자의 것으로만 해석해주면 그만이다. 필자가 상찰의 『십현담』이나 선장들의 『십현담주해』를 읽고 이만식이 말하듯이 시집 『조실』을 상재한 것이 아니기 때문이다.

그래서 필자는 필자가 볼 수 있는 주해서를 간략하게나마 밝히게 된 것은 필자의 주해시와 더불어 읽으므로 이에 대한 오해와 오독에서 벗어나기를 바라기 때문이다.[32]

사실 이 만해의 『십현담주해』는 1925년 만해1879~1944가 47세 들던 해, 설악산 오세암에서 여름을 지내다가 우연히 설잠 김시습의 『십현담요해』를 읽고 만해 스스로의 선관에 의한 주해서를 탈고한다. 이어 선시집 『님의 침묵』을 1925 10월 16일(음력 8월 29일)에 탈고를 하고, 다음 해(1926) 5월에 초간본을 펴내게 된다.

만해가 『유심』 1호에 처음 발표한 「심心」(1918)[33]은 얼핏 보아도 신

---

32 송준영, 「송준영의 선시읽기 발가숭이 어록—선시의 백미, 십현담과 그 주해시」, 『현대시학』 48~50화, 2011년 7~10월호.

33 『유심』 1호에 발표된 만해의 첫 시 『심心』의 일부분만 소개한다. 17행으로 된 단연시다. "심心은 심心이니라. / 심心만 심心이 아니라 비심非心도 심心이니 심외心外에는 하물何物도 무無하니라. / 생生도 심心이오 사死도 심心이니라. / 무궁화無窮花도 심心이오 장미화薔薇花도 심心이니라. / 호한好漢도 심心이오 천장부賤丈夫도 심心이니라 / 신루蜃樓도 심心이오 공화空華

체시라는 느낌을 받기에 족하다. 만해의 처음 발표작인 「심」과 그의 시집 『님의 침묵』과는 7년이라는 시간적 거리가 있다. 첫 시 「심」과 『님의 침묵』 88편의 시들이 보여주는 시적 향상은 어마어마한 차이를 보여준다. 여러 선학들의 연구에 의하면 만해가 타골의 시쓰기에 영향과 자극을 받았다[34]는 것이 정설로 거의 굳어있다. 그것은 만해의 시편 중 「타골의 시GARDENISTO를 읽고」라는 시가 그것을 말해주고 있다. 이 시를 읽어 보면 만해는 김억이 1924년 간행한 타골의 시집 『원정園丁』을 번역한 시집 『원정』을 읽었음을 추측할 수 있다. 그리고 또 하나는 만해와 타골의 시들은 거의 산문시라는 형식을 취하고 있다는 것과 두 시인 모두 종교적 세계를 서정적 사랑의 시로 승화시켜 노래했음을 볼 때, 타골의 영향을 받았다는 주장이 공감이 간다. 더욱이 이때는 우리나라 신시의 초창기였고, 만해가 처음 『유심』에 발표한 「심」을 읽고 별로 길지 않는 세월에 『님의 침묵』에 나타나는 승화된 산문시를 작시했다는 것, 역시 그런 정리가 가능하다 할 것이다.

그리고 내포로는 만해가 화엄대가여서 『님의 침묵』의 '님'은 화엄의 비로자나불大日如來로 보아 태양광으로 비견되는 님은 곧 '빛의 침묵'으로 밝히는 연구자가 있고,[35] 만해의 행리로 보아 대승사상의 핵심이라

도 심心이니라 / 공간空間도 심心이오 시간時間도 심心이니라"

34 송욱, 『시학평전』, 일조각, 1977, 309~312 참조.

35 김용덕, 「님의 침묵 이본고」, 『한용운 사상연구』 2집, 1981, 127쪽 참조. "만해의 불교사상 중 근간을 이루는 것은 화엄사상으로 본다." 화엄경의 세계는 비로자나불, 곧 법신불 광명불로서 석가세존의 깨달음의 본체다. 광명의 세계 진리의 세계를 님의 침묵이라는 시의 방편으로 재창조한 것이다. 님은 자유며, 빛인 비로자나불이다. 그러므로 님은 침묵한다. 곧 비로자나불은 침묵을 통해서만 끝없는 부처의 세계 깨달음의 세계를 완전히 보여줄 수 있다. 그리고 만해의 대역사중 하나는 「불교대전」의 완성이다. 「불교대전」은 통도사의 고려대장경을 열람하고 그의 주관에 의해 재편성하여 방대한 양을 축소시켜 보여준 간추린 불교 성전이다. 「불교대전」에 인용된 경전은 모두 441종이며 적게는 1회에서 많게는 88회를

고 지칭되는 『유마힐경』의 주인공인 유마힐의 침묵으로 보는 연구자도 있다.[36] 모든 분의 말씀이 단연 일리가 있다는 것을 필자는 인정하고 있지만, 필자의 의견으로는 만해는 젊은 날에 피나는 실참실수 끝에 장부일대사인연인 깨달음의 체험을 성취하게 된다. 만해의 연보에 의하면 '만해는 39세(1917)가 넘어가는 12월 3일 밤 10시쯤 오세암에서 좌선 중 바람에 물건이 떨어지는 소리를 듣고 문득 그가 의심하던 것이 송두리째 빠지면 일대사 인연에 계합하게 된다'[37]고 적혀 있다.

여러분들은 그냥 깨달아 오도송을 남겼다는 의미를 한 줄의 글로 받아들일지는 모르나 이것은 선수행자에게는 생명과 맞바꾸어야 하는 절체절명의 대사大事이다. 그래서 선가에서는 대장부일대사인연大丈夫一大事因緣이라 한다. 선적체험을 갖기 위해서는 전생명과 전 신체를 포기하고 오직 일념의 매진만 있을 따름이다.[38]

마지막으로 이만식의 논문 「고전선시와 현대선시—십현담을 중심으로」은 동양사상의 정수인 선을, 선의 텍스트의 하나인 『십현담』을, 선시의 백미 『십현담』을 다시 한 번 우리들에게 일깨우는 긍정적인 역할이 크다 할 것이다. 서구의 물심이원론을 원융하게 포월할 수 있는

인용한다. 그중 『화엄경』은 총 88회를 인용한다.

36 송혁, 「만해의 불교사상과 시세계」에서 '유마일묵維摩一默 기향여뇌其響如雷'라는 문구에, 조명기는 유마힐에게서 한용운을 발견할 수 있고 또 한용운에서 유마힐의 모습이 재현되고 있음을 볼 수 있다고 했다(「해설」, 『한용운전집』 3, 신구문화사, 1973, 18쪽).

37 최동호 편, 「한용운연보」, 『한용운시전집』, 문학사상사, 1989, 368쪽.

38 '이것'을 가지고 40여 년을 보낸 필자에겐 특별한 것으로 다가온다는 것이다. 장부일대사를 마치기 위해 앉아도 보고 서 보기도 하고 누워 보기도 하고 울어도 보고 웃어도 보며, 독경도 하여 보고 수선도 하고, 될 만하다고 하는 것은 다해서 오직 초지일관하여 본 필자는 단, 『십현담』을 주해 운운이나, 화엄도리를 이해하고 운운이나, 좌선 끝에 운운이나 이런 기본적인 말에 의해서는 그곳에 도달할 수 없다는 것을 안다. 이것은 학자들의 논문이나 강의에만 있을 수 있는 말이기 때문이다.

선은 유일한 대안이라고 필자는 보기 때문이다. 그렇지만 필자의 시집 『조실』 2부 「십현담」의 주해시와 1부 「조실스님 지금 주무십니다」와는 상호 관계가 있지만, 만해의 시집 『님의 침묵』과 『십현담주해』와 같은 직접적인 내포와 외연의 관계에 있다고 보아서는 안 된다. 오히려 같은 시기에 간행한 필자의 선시론 『禪, 언어로 읽다』와 시집 『조실』과는 안과 밖의 관계에 있다고 보는 것은 어느 정도 개연성蓋然性이 있다 할 것이다.

필자 역시 오랜 세월동안 '이것'을 쫓아 다녔고 많은 선의 스승들을 친견하고 수학하고 수련을 받아왔고 스스로 정리할 기회가 있었기에 이 언구를 받아들이기 쉽지 않다. 그저 졸시집 『조실』의 2부 「십현담」 한글주해시는 필자의 선관을 보여준 것일 뿐이다.

3) 이만식 교수의 논문에 대한 답변

이제 이만식의 논문 「고전선시와 현대선시－십현담을 중심으로」를 읽고 몇 가지 의문이 들어 필자의 소견을 덧붙이고자 한다.

(1) 이만식의 논문 본문 1

계간 『시와세계』의 송준영 주간이 「고전선시와 현대선시－십현담을 중심으로」라는 제목을 제시했을 때 **『십현담』을 만해의 정의처럼 선에 관한 담론 즉 선화가 아니라 서준섭의 설명처럼 선시라고 생각하고 있으며, 『십현담』을**

고전선시라고 주장하고 있는 셈이다. 만해의 『님의 침묵』을 선시로 읽을 수 있으며 특히 자신의 『십현담주해』 작업의 영향을 받은 현대선시로 읽을 수 있다는 김광원과 서준섭의 주장에 동조한다면, 두 번째 시집 『조실』의 2부에서 『십현담』을 번역하면서 대응되는 선시를 제시한 송준영의 경우와 더불어 『십현담』이란 고전선시에 대응되는 두 벌의 현대선시를 갖고 있게 된다.

「고전선시와 현대선시 — 십현담을 중심으로」라는 본고는 10편으로 구성된 『십현담』이란 고전선시를 1편씩 읽고 만해의 『십현담주해』라는 해석본을 참고로 하면서 만해의 **『님의 침묵』과 송준영의 『조실』이란 두 벌의 현대선시를 대응시키면서 읽어가는 작업이 될 것이다.** (이만식 논문 본문 인용, 강조는 인용자)

· 논변 : 『십현담』은 글자 그대로 열 가지 현묘하고 그윽한 이야기를 말한다. '현玄'의 의미를 되새기면 선의 현묘함, 곧 반야로 읽힌다. 선가에서 그윽한 이야기는 도, 법, 진리 등으로 지칭되는 선화일 수밖에 없다. 도, 법, 반야, 무일물 등은 '이것'의 추상어 관념어로 본다면 석녀石女, 목작木鵲, 토각兎角, 구모龜毛, 무영탑無影塔 등은 '이것'을 이미지화하고 형상화한 구체어로 보인다. 흔히 '이것', '낱箇'이라고 선장들은 표현하지만, 이 모든 언어들이 본래 없는 이 '현'을 표현하여 우리들에게 알려주기 위한 선장들이 이르는 고육지책의 간절한 노파심절로 읽힌다. 이것은 자비다.

여기서 위와 같은 소견을 졸시집 『조실』의 2부에 속하는 「십현담」 주해서에서는 시집인 관계로 상세히 밝히지 못하였으나, 열 가지 '현담' 곧 각 '십현'에다 편제를 붙인 선화게송 7언 율시 10편으로 봄이 알맞다고 생각한다. 『십현담』이 처음 실린 『전등록』에는 『십현담』이라는 본제목을 쓰고 있고, 원저자 상찰, 첫 주해자 문익, 설잠 김시습, 만해 역시 모두 『십현담』으로 제목을 정하고 써 오고 있다. 1,000여 년 변함없이 『십현담』으로 본제로 삼아 쓰고 있다. 단지 석지현은 그의 저작 『선시』(현암사, 402~404쪽)에 「십현담」의 제목을 지우고 「십현시」로 쓰고 있다.

필자의 시집 『조실』의 2부 「십현담」은 2부 첫 장에서도 밝혔듯이 원전 『십현담』에 대한 주해시이다. 이만식이 주장하듯이 만해가 『십현담 주해』를 하고 직접적인 영향에 의해 『님의 침묵』이 탄생하였다 하는 그런 시각의 시가 아님을 밝힌다. 설사 그렇다면 이 부분에 있어서 이만식은 『님의 침묵』과 『조실』을 대비 시키는 작업이 이만식의 논고에서는 보이지 않고 필자의 2부 『십현담』의 첫 번째 시 「마음 얼굴」만을 예를 들어 스스로 느낌만 기술하고 있다. 필자가 느껴지는 느낌은 이만식으로 말하면 졸시가 모자라서 '아직'이라는 감성적인 언어가 나왔다고 생각되는데, 시를 읽는 데는 여러 가지 관계가 중첩으로 나타난다고 본다. 곧 '읽는 자'와 '쓴 저자'만 놓고 단순히 보더라도 저자의 시가 문학적인 표현이나, 사유의 깊이가 모자라는 경우가 있고, 또 '읽는 자'의 사유의 깊이나 문학적 표현을 읽어내는 지력이 모자라는 경우가 있을 것이다. 특히 선시는 일반시보다 훨씬 깊이와 넓이가 언어를 넘어선 곳이 중첩되어 있기 때문이다. 따라서 선가에서는 똥인지 된장인지 직접 맛보지 않는 입장에서는 입을 다물어야 한다고 경책하고 있다. 어느 쪽 하나 절대적이라 할 수 없다는 것은 명백한 사실일 것이다.

이만식의 논고를 읽고 필자는 분발하여 용맹정진 하듯이 상찰의 원전 『십현담』이 기록된 서책인 한적漢籍(『경덕전등록景德傳燈錄』, 중화민국 33년, 보혜대장경간, 213~215쪽)과 번역본(한글대장경, 『전등록』, 동국역경원간, 1965)을 탐독했고, 설잠 김시습의 『십현담요해』가 기록된 한적 (『매월당 전집』 별집 2권)을 통독하였다. 그곳에서 또 상찰의 『십현담』 원전과 문익의 『십현담주해』, 설잠의 『십현담주해』를 숙독하였다. 그리고 『한용운전집』의 「십현담주」를 읽으면서 깊이와 넓이에 다시 한 번 선학禪學을 정리할 기회를 얻게 되어 어구 어구를 실참하기도 하였고, 낱낱이 점검하며 환희용약하기도 하였다. 이것이야 말로 이만식 보살님이 나에게 준 큰 은혜이기도 하다.

솔직히 말씀드리면 상찰의 『십현담』만 철저히 읽고 흥에 겨워 졸시 '십현담주해시'인 한글 『십현담』을 썼다. 아무리 자세히 보아도 상찰이나 문익, 그리고 설잠, 만해가 주해한 내용과 경지가 무엇이 어떻게 달라서, 하찮은 느낌을 문자로 받아야 되는지 납득이 가지 않는다. 그런 생각을 했다고 해서 달빛 같은 천하 대선장들인 상찰이나 문익, 설잠, 만해와 같은 반열에 있다는 턱도 없는 자만심을 내어서 이르는 것이 아니라, 성냥불도 불인 것만은 틀림없다는 생각 때문이다.

필자의 생각으로는 만약 '읽는 자'의 안목에서 이것이 '아직'일 때는 그것이 왜 '아직' 인지를 구체적으로 밝혀야 하며, 그 구체적인 것이 많은 독자와 특히 지은 이를 어느 정도 설득을 시킬 수 있어야 한다는 것이다. 그 설득은 오직 읽는 자의 '아직'이라는 애매모호한 말이 아니라, 애매모호하지 않는 문장으로 보여주어 '지은 자'가 수긍을 할 수 있도록 해야 한다. 특히 감정적인 논쟁이 되지 않으려면 최대한 부정한 부분에 대해 책임 있고 성의 있는 태도의 문장으로 보여주어야 이것에 대한 논쟁의 글이 학문적이며 탐구적인 글로 만들어 질 것이라 본다.

특히 이 부분에서 이만식이 유의해야 하는 것은 만해의 『십현담』 주, 비가 『님의 침묵』이라는 한글 선시집과 등식이 같음을 말하는 데, 이것 또한 고려해 봐야 될 문제라 생각 든다. 위에서도 밝힌 바와 같이 『님의 침묵』에 대해서 많은 연구자들의 다른 의견이 있기 때문이다. 이만식이 동조한 듯한 논고로는 김장호 정광수 김광원 등의 의견이 있는데 그 내용이 대동소이하다. 필자 역시 『님의 침묵』이 『십현담』의 직접적인 동기가 되었으리라는 짐작은 간다. 그렇지만 만해는 이미 오도송을 지을 정도로 선교禪敎 양쪽을 두루 섭렵하였고, 더욱이 34세 젊은 나이에 양산 통도사의 고려대장경 1,511부 6,802권을 읽기 시작하여 36세에 이를 정리하여 『불교대전』을 편찬[39]하였을 정도로 박학다식 하고 선기의 활용에 능수능란한 소유자였다. 그가 편찬한 『불교대전』의 인용 경전은 441종이나 된다[40]고 하니, 얼마나 진솔하게 정진을 하였는지 짐작이 간다. 이런 그가 **단지 설잠의 『십현담요해』를 읽고 그 스스로 『십현담주해』를 지은 것을 바탕으로 하여 『님의 침묵』을 저술한 것 같은 논리는, 필자로선 도저히 이해가 안가는 바다.**

『십현담』이나 선장들의 주해는 모두 선교에 달통한 선지식들의 저술로 『님의 침묵』 역시 그의 정신의 결정체인 총체적 노작이다. 서구식의 논리에 의해 일어난 일들을 일대 일로 대응한다는 것은, 마치 총체적인 우리들의 삶을 어떤 한 편파적인 것만을 대응시키는 것과 같은 도리라 할 것이다.

---

39 최동호 편 , 앞의 책, 368쪽.
40 김용덕, 「님의 침묵 이본고」, 앞의 책, 127쪽.

사실 김광원은 『님의 침묵』의 시편들을 『십현담』의 시들과 일대 일로 대응시키고 있다. 깨달음에서 우러나오는 지혜는 세상만사 어떤 것과 대응시키도 종내는 다 포섭된다는 것이 필자의 견해다.

(2) 이만식의 논문 본문 2

그 여자는 상치를 뒤적거려 보더니,

"상치가 잘군" 하더니 뜨막하고 섰다.

상치 장수는 껄껄 웃으면서,

"예, 잘게 보면 잘고 크게 보면 크고 그렇지요" 한다.

나는 그 광경을 보다가 상치 장수의 나중 말을 듣고 불각不覺 중에 점두點頭하였다. 그것은 그 말이 곧 일체유심一體唯心의 선어禪語가 되는 까닭이다.

— 만해의 「선외선」 일부

이 글의 제목인 '선외선'이란 말부터 선불교 밖에도 선적 깨달음이 있다는 의미인 것이고, 이런 인식은 만해에게 있어서 일시적인 주장이 아니고 본질적인 논리였다. 문자도 모르신 채 여러 해 전에 돌아가신 필자의 장모님이 증명할 수는 없었지만 선적 깨달음에 있어서 일가를 이룬 것이 아닌가 하는 의문을 갖고 살아왔기 때문에 만해의 '선외선' 주장을 이해하고 받아들이기가 어렵지 않았다.

만해는 지금 이 시대에도 통할 수 있는, 이 시대에도 필요한 선지식이었던 것이다. 선적 깨달음이 선불교의 한계를 넘어서는 경지에 이르러야 한다는 주장은 현대 한국불교계에 귀한 충고가 될 수 있다. 그리고 필자는 만해의 이런 인식이 『십현담주해』의 고전선시에 만족하지 않고 한걸음 더 나아가 『님의 침묵』에서 세속적인 사랑의 모습을 띠고 있는 현대선시를 시도하게 한 원인이 되었다고 판단한다. 만해의 '선외선' 논리를 선시에 적용하면 고전선시의 형태를 벗어나 일상어를 사용한 선시 같지 않아 보이는 현대선시를 쓰는 것이 문학사적이며 사상사적으로 요구된다고 판단했던 것이며 그 결과가 『십현담주해』에서 성취한 선적 인식을 『님의 침묵』의 현대선시로 전환하는 것이었다.

· **논변** : 이만식의 이러한 논리는 지극히 당연한 것이다. 옛 어른들은 울밖에 소뿔을 보고 담 너머 소가 지나가는 것을 알고, 개미가 집을 나서는 것을 보고 변란이 있을 것을 점쳤다 한다.

이와 같은 것은 삶의 지혜증장이다. 하물며 평생 '어떤 것이 부모가 서로 만나기 전의 너의 얼굴인가?如何是 父母未生前 眞面目麽'라는 공안을 참구하던 한 선객이 하루는 시장거리를 지나다가 상인들이 싸움을 하는데, '이 사람아 그래 가지고야 면목이 서는가?' 하는 고함소리에 선객 스스로 그토록 애 태우던 면목을 보게 된다. 화두가 풀리고 마음이 눈 녹듯이 녹아내렸다는 선화가 있다.

이것은 스스로 근본문제에 대한 지극한 의심이 줄탁동시에 이르렀을 때, 어떤 계기(인연)를 만나 근본자리로 환향하게 되었다는 것인데, 그럼 이것을 해서 무엇을 하나? 가 아니라, 여기서 우리는 분별의 근원인 아름알이(지식)가 녹아내려 우리의 분별심이 무너진다. 분별심으로 가득 찬 아름알이가 사라지는 동시에 우리의 참모습인 반야지혜가 증장되므로 편중되지 않는 마음의 대자유인이 된다고 선장들은 말한다.

천만가지 상황과 시시각각 만나는 찰나에서 과연 우리는 어떻게 대체해야 하는가가 문제 아니라. 이것을 접응하는 마음의 지혜를 증장시켜 온전히 봄이 중요하다. 이렇게 본 우리의 본래지혜는 다시는 지식의 끄달림을 쫓지 않기 때문이다.

"예, 잘게 보면 잘고 크게 보면 크고 그렇지요" 『화엄경』에 이르는 '일체유심조'의 한 예이다. 그럼 만해가 하근기의 사람을 깨우쳐주기 위한 예를 존중할 것인가? 수많은 예를 접응하여 대기대용對機對用할 수 있는 근본을 살피는 것이 중요한가는 묻지 않아도 자명한 일이다. 어떤 사람에게는 그 한 예도 물론 귀중하다. 우리는 어떤 한 사건이 일어날 때마다 그때그때 맞추어 판가름할 수는 없는 일이다. 한 문제를 푸는데 꼭 맞는 그런 예들을 살피는 것보다는 그 예를 점두點頭할 수 있는 근본자리를 아는 것이 더 중요하다. 일마다 따라 다니면서 얻어먹으려 갈 것인가, 앉아서 배불리 먹을 것인가? 이런 것은 선가의 다반사적인 에피소드이다.

(3) 이만식의 논문 본문 3

송준영의 「마음 얼굴心印」은 다음과 같이 전개된다.

그러나 마음과 얼굴
같으면서 다르고 다르면서 같다. 마음마다
짐짓 얼굴 있으나, 이 얼굴이 이름이어서
거짓으로 마음 일어날 때

이름 붙여 증표로 삼는다 그저
둥글게 둥글게 보라

마음과 이름이 서로 간섭하지 않으며
허물이 되지 않으니 심인心印이라는 말 드러난다

마음 얼굴 어떻든가? 둥글든가
납작하든가 희든가 검든가 슬프든가 기쁘든가

*

다리도 꼬리도 없이 하늘 밖을 치솟는 넌,
아네모네 남 마담이어라

— 송준영, 「마음 얼굴」 전문

송준영의 선시는 만해의 『십현담주해』의 구조를 뒤집어 놓은 모습이다. 송준영의 시는 '주'가 먼저 나오고 문장부호(*)로 단절시킨 다음에 '비' 또는 '게송'을 배치하고 있다. 송준영은 앞에서 "그대에게 묻나니 심인은 어떤 모습이기에問君心印作何顏"라는 번역을 사용했던 ① **'심인'의 첫 번째 행을 "그대에게 묻노니 마음 얼굴 어떠하던가"라고 번역하면서 마지막 단어인 얼굴 안顏을 부각시키고 ② '심인'의 이름 붙일 수 없는 불립문자적인 특성을 시의 앞부분인 '주'에서 강조한다**. 송준영의 시의 성공 여부는 '비' 또는 '게송'이라고 정의할 수 있는 마지막 2행의 완성도에 달려 있다. "다리도 꼬리도 없이 하늘 밖을 치솟는 넌, / 아네모네 남 마담이어라"라는 선시적인 구절에서는 주객대립 등 일체의 차별상이 사라진 다음 눈에 보이는 모든 것이 깨달음의 참 모습이라는 뜻을 전달하기 위해서 무의미한 이름인 '아네모네 남 마담'을 사용하고 있다. '남 마담'이라는 칭호가 있으니 '아네모네'가 술집 이름일 수도 있는데, 그렇다고 해서 '아네모네 남 마담'을 실존인물이라고 여기는 바보짓은 하지 말아야 할 것이다. '아네모네 남 마담'은 정말로 모든 것을 참 모습이라고 이름 지어 부를 때 가장 생각하기 어려운 이름들 중 하나일 뿐이기 때문이다. (이만식의 논문 본문인용)

· 논변 : "① '심인'의 첫 번째 행을 "그대에게 묻노니 마음 얼굴 어떠하던가"라고 번역하면서 마지막 단어인 얼굴 안顏을 부각시키고 ② '심인'의 이름 붙일 수 없는 불립문자적인 특성을 시의 앞부분인 '주'에서 강조한다."

이만식은 필자가 상찰의 원전 『십현담』의 첫 번째 시 「심인」을 「마음 얼굴」로 번역한 의도를 잘 파악하지 못한 것 같다. 앞 필자의 논문에도 여러 번 밝혔듯이 심은 정正, 체體, 공空, 이理, 본질本質 등으로 표현되는 내적이며 정신적인 단어로 보았고, 인印은 편偏, 용用, 색色, 사事, 현現狀상으로 보았기 때문에 마음과 얼굴 즉 「마음 얼굴」로 나누었다. 마음과 얼굴은 마치 동산의 「오위정편五位正偏」의 정正과 편偏과 같은 관계로 보았다. 따라서 마음이 가는 곳마다 짐짓 얼굴을 보이니 이 마음이 볼펜을 보면 짐짓 그 이름이 볼펜이라고 그 이름을 보이고, 이 마음이 책을 보면 책이란 이름으로 우리 앞에 있다.[41]

---

41 『금강경』의 이와 같은 경문이 주종을 이룬다.
佛說 般若波羅蜜 卽非般若波羅蜜 是名般若波羅蜜 —『금강경』 제13분
(부처가 말씀하신 반야의 지혜는 곧 반야의 지혜가 아니라 그 이름이 반야의 지혜이니라)
所言善法者 如來說卽非善法 是名善法 —『금강경』 제23분
(소위 선법이라 말하는 것은 여래가 말씀하되 곧 선법이 아니라 그 이름이 선법이니라)

필자는 본인의 주해시에서 1연에서 "그러나 마음과 얼굴 / 같으면서 다르고 다르면서 같다 마음마다 / 짐짓 얼굴이 있으니, 이 얼굴이 이름이어서 / 거짓으로 마음이 일어날 때 / 이름 붙여 증표로 삼는다"로 진술하였다.

마음은 허공성이어서 마음과 서로 대응되는 사물의 이름들은 서로 사실 간섭하지 않는다. 그래서 상찰은 심인의 4~6행에서 "마음 얼굴이라 부름은 본래 빈 말呼爲心印早虛 / 분명히 알거라 그 바탕 텅 빈 허공 같아須知體自虛空性 / 불속에 핀 연꽃, 이렇게나 부를까將喩紅爐火裡蓮" 하고 노래했고, 필자도 이 부분을 "마음과 이름이 서로 간섭하지 않으며 / 허물이 되지 않으니 심인心印이라는 말 드러난다"고 주해시로 담았다.

'그 바탕 텅 빈 허공의 성질'이란 말을 뒤집으면 마음心과 그 얼굴印은 아무런 개연성이 없다는 말이 된다. 곧 허공성이라서 결국 빈이름만 취해서 부르니까 토끼뿔, 화리연火裡蓮, 무영탑無影塔이라 할 수 있다는 것이다. 만해는 '본체와 가명이 서로 용납할 때 심인이 뜻이 서로 밝아진다本體假名 兩不相病 心印之智明矣'(만해, 『십현담주해』「심인」)고 더욱 구체적으로 풀고 있다. 본질과 현상, 곧 본체本體(마음)와 가명假名(얼굴)이 서로 양불상병兩不相病이라 말하는 것은 가명에 집착하지 않음은 물론 본체에도 집착하지 않아 본체와 가명을 동시에 살려보는 만해의 혜안이 돋보이는 부분이다. 이것은 유형의 가명印을 버리고 무형의 본체心를 찾아야 한다는 방편적인 법문으로서 그렇다고 무형의 본체가 유형의 가명을 떠나 존재하는 것이 아니다. 이렇게 보았을 때 印은 顔을 부각시켰다고 하면 어쩐지 석연치가 않다.

이만식의 본문 **"② '심인'의 이름 붙일 수 없는 불립문자적인 특성을 시의**

앞부분인 '주'에서 강조한다"를 살펴보자.

이러한 문구도 그대로 받아들일 수 없다. 심인은 마음 얼굴이어서 「조동정편」과 같이 '정과 편', 곧 정신과 물질이어서 짐짓 이름 붙여 부르는 것일 뿐이다. 심인은 불립문자적인 특성을 밝히기 위해 단지 '심인'이라는 『십현담』의 첫 편제로 「심인」을 내 세운 것이라 볼 수 있다. 여기서 마음과 얼굴일 때는 보이는 것은 A이고, 보이지 않는 것을 Ā라고 볼 때, 마음과 얼굴이 온전히 하나가 될 때에 A = Ā가 된다. 그렇게 되므로 마음얼굴이라는 의미가 온전히 드러난다. 심신心身이라는 단어도 마찬가지다. 우리는 온전한 심신을 가지고 있다. 어느 편이든 하나만 가지고는 인간이 될 수 없다. A = Ā가 회감융섭이 되므로 그 본연을 보여줄 수 있기 때문이다.

『화엄경』 경구 가운데 「조동오위정편」에 비견될 수 있는 법문이 있다. 정편은 위에서도 밝힌 바와 같이 정正은 체體, 즉 이理는 본질이고 편偏은 용用, 즉 사事는 현상으로 견줄 수 있다. 『화엄경』에서 '雙遮雙照遮照同時'라는 경구가 있다. 이것은 '시是와 비非, 유有無무의 견해를 쌍으로 막으면 쌍으로 되비치고, 비춤과 막음이 동시다'라는 법문이다. 다시 정(본체, 마음)과 편(현상, 얼굴)을 동시에 막으면 동시에 자발광되어 되비침을 말한다. 이것은 '막음과 비춤이 동시'다로 풀 수 있다. 곧 진공眞空과 묘유妙有가 동시며 상구보제上求菩提하면 하화중생下化衆生한다라는 말로 변주되어 지는 것이다.

(4) 이만식의 논문 본문 4

① 송준영의 이런 작업에 대한 가장 중요한 질문은 만해의 '선외선' 개념일 것이다. 즉 송준영의 시가 만해의 『님의 침묵』에서처럼 고전선시의 형태를 벗어나 일상어를 사용한 선시 같지 않아 보이는 현대선시를 쓴다는 문학사적이며 사상사적인 요구에 부응하고 있는지 여부일 것이다. 이 시의 경우 **② '아네모네 남 마담'이 선불교의 사상적 표현 한계 내에서만 전개되는 고전선시의 범주를 벗어난 이미지인지 질문하면 될 것이다.** 그리고 그 대답으로 "아직."이라고 말해야 할지도 모른다. 「조사의 뜻(祖意)」의 마지막 2행인 "중앙시장 亂廛에 퍼질러 앉아 고추를 낳는 / 노총각 김씨의 셋째 딸을 오늘도 보네"라든가 「현묘한 슬기(玄機)」의 마지막 2행인 "제기랄, 하늘 장배기로 솟아오른 널 안아보니 / 아지랑이 아롱아롱 패케이지 비닐 빽이군, 그래" 등등이 각각의 시의 앞부분에 제시된 개념적 해석인 '주'를 제대로 이미지화한 형상인지 여부에 대해 의문이 들기 때문이다. (이만식 논문 본문인용)

· 논변 : "① 송준영의 이런 작업에 대한 가장 중요한 질문은 만해의 '선외선' 개념일 것이다……."

여기서 다시 한 번 강조하건데 필자의 시는 상찰의 『십현담』 원전에 대한 주해시라는 점이다. 이만식이 말했듯이 만해가 '『십현담주해』를 하고 이것을 모델로 하여 『님의 침묵』이라는 현대선시를 쓴 것'과는 다른 현대선시라는 점을 살펴달라는 것이다. 필자가 생각할 때 만해의 '선외선'의 예문을 그냥 알기만 해서는 상황과 공간이 전변하는 인생만사에서 이런 단편적인 예를 제시하고 우리가 읽었다 하여 '선외선'적인 사유(정正, 심心)와 행위(편偏, 인印)가 찰나에 대응될 수 있는가? 하는, 근본적인 문제가 해결이 되는 것은 아니다.

동산이나 상찰이 학인들을 가르치게 위해 설정한 「조동오위정편曹洞五位正偏」과 『십현담』은 '선외선'을 알리려고, 아니 '선외선'을 체달시키려고 설정한 근본적인 방편으로 만들어진 기관이다. 곧 '정편'과 '십현'을 모두 상호회호 시켜 머리와 꼬리가 끝내는 종적을 감추게 하므로, 몰종적의 당처를 궁구하게 함으로, 학인 스스로 깨달음을 얻게 하려는 선장들이 설치한 자비심의 발로이다. 여기엔 학인들로 하여금 반야의 바다에 들게 하려하는 스승의 의도가 감추어져 있다. 필자의 한글주해시 『십현담』, 역시 미력이나마 스승의 가르침에 젖어 들어 주해시를 쓰는 스스로의 소임을 통감하고 썼던 것이다.

물론 이만식이 주창하는 선시의 현대어화에 대해 동참하고 동조한다. 그렇지만 천년 내려오는 어휘를 바꾸어 가면서, 이를 테면 본말이 전도되면서 현상(현대어화)을 살리는 것이 선시의 현대화라고 만 보기 어렵다는 생각이다. 현대선시의 현대어화를 보는 필자의 생각은 본질 = 현상이 되어야 한다고 본다. 본질도 현상을 초월하지 않고 현상은 본질을 포월包越하므로 상호 본질과 현상이 불이不二의 몸이 되어야 한다는 생각이다.

선시의 근본목적은 미망에 허덕이는 중생들을 에워싸고 있는 그 둘레로부터 벗어나게 하려는 제도濟度에 있다. 선장들이 중생을 위해 쏟아내는 간절노파심절懇切老婆心切에 의한 낙초자비落草慈悲라고 하지 않은가? 필자는 알맞고 적당한 현대어와 우리의 오랜 관념을 뿌리 채 뽑아내는 반야지가 상호 포월하므로 인해 빼어난 현대선시가 태어날 수 있다고 생각한다.

A = Ā, 곧 '현대어 = 반야지'가 쌍차쌍조雙遮雙照에 의한 차조동시遮照同時가 되는 현대선시야 말로 글 쓰는 우리들의 바람이라고 본다.

"② 이 시의 경우 '아네모네 남 마담'이 선불교의 사상적 표현 한계 내에서만 전개되는 고전선시의 범주를 벗어난 이미지인지 질문하면 될 것이다."

필자 역시 스스로를 '아직'이라고 본다. 아둔한 필자로서는 변화무쌍하게 전변되고 차연되어지는 아이스크림 같은 이 찰나적인 우리와 우리의 삶을 드러내는 실상을 '아네모네 남 마담'이라 한 것뿐이다. 무한한 실상 중 대칭되는 이미지로 선택하였다. 필자는 어떻게 해야 상찰의 『십현담』에서 읽혀지는 심인心印, 곧 「마음 얼굴」을 무엇이라 표현해야 할런지 이만식 선생에게 배우고 싶다. 부디 보살심으로 귀가 뻥뚫리게 '일할'을 부탁합니다. 없는 듯이 있고 있으면서도 무상한 '이놈'을 무엇이라 칭해야 하는지 나는 모릅니다. 흔히 선가에서 불식不識이고 부지不知라 이르는 말의 원뜻을 꼭 가르쳐주시고 지나시기 바랍니다.

(5) 이만식 논문 본문 5

「조사의 뜻(祖意)」의 마지막 2행인 **"중앙시장 亂廛에 퍼질러 앉아 고추를 낳는 / 노총각 김씨의 셋째 딸을 오늘도 보네"**라든가 「현묘한 슬기(玄機)」의 마지막 2행인 **"제기랄, 하늘 장배기로 솟아오른 널 안아보니 / 아지랑이 아롱아롱 패케이 지 비닐 빽이군, 그래"** 등등이 각각의 시의 앞부분에 제시된 개념적 해석인 '주' 를 제대로 이미지화한 형상인지 여부에 대해 의문이 들기 때문이다.

· **논변** : 이것 역시 필자의 시작능력이나 『십현담』에 대한 이해의 깊이와 넓이가 도달하지 못하였던지? 아니면 이만식이 『십현담』이 보여주고자 하는 깊이와 넓이를 제대로 짚고 있는지와 관계가 있을 것이다. 필자의 앞 논문 「조의」와 「현기」장에서 해설하였듯이, 필자의 입장에서는 나름대로 충실히 주해하였고, 그것에 알맞다고 생각하는 마무리 게송을 달았다.

다시 한 번 상찰이나 문익, 설잠, 만해와 필자의 주, 게송을 음미하고, 그래도 필자의 * 게송이 마땅치 않다면 이만식 스스로 한 수 보태어 필자의 눈을 열게 해주기 바란다.

(6) 이만식 논문 본문 6

① 선적 깨달음의 언어인 것에는 틀림이 없는 것 같지만 현대적인 일상어라기보다 고전선시적인 용어의 번역투가 느껴진다. 이보다 더 중요한 문제점은 **② 은산철벽 같은 난관을 통과하는 통쾌함, 즉 "타고 남은 재가 기름이 됩니다"에서처럼 '타고 남은 재'를 넘어선 '기름'이 되는 힘이 '아직' 느껴지지 않기 때문이다.** 이는 송준영에게 있어서 깨달음의 수준의 문제라기보다 만해가 제안한 '선외선'의 논리를 자신의 시세계에 의식적으로 충분히 반영하고 있지 않기 때문인 것으로 판단된다. 바로 이 때문에 송준영의 계속될 시 작업이 만해의 전통을 이어받는다는 점에서 선시의 분야에서는 물론이고 한국시의 관점에서 더욱 중요해질 것이다.(이만식 논문 본문 인용) – **이만식은 논문의 종결지점에 각주 14)에서 논쟁이 계속되고 있다고 전언하고 있다.**

· 논변 : "① 현대적인 일상어라기보다 고전선시적인 용어의 번역투가 느껴진다."

우선 무엇이 현대적인지 납득이 잘 되지 않는다. 어쩔 수 없이 한 사람이 어떤 것에 대한 공부를 열심히 하고 그것을 정리하여 보여주고자 할 때는 누구나 자기가 전공한 글쓰기가 드러나기 마련이다. 예컨대 오랫동안 서구에서 공부하고 귀국하였을 때, 그 사람의 말투가 한국적이지 않는 것을 우리는 많이 보았고 또 그들이 쓰는 문장조차도 번역투를 느끼며 혹자는 이것을 현대적이라 생각하고 고치려 들지 않는다. 이것은 오랜 타성 때문일 수도 있고, 그것을 동경 내지 지적인 자만감 때문에 오는 경우도 있을 것이다.

필자 역시 오랜 세월 선과 선학을 수련연마 하였기에 타인들이 위와 같이 볼 수 있다는 것을 알고 있다. 그렇지만 서구적인 것과 약간 다르다고 생각한다. 왜냐하면 오랜 세월동안 선과 선사상은 우리문화로 정착되었고, 우리들에게 생활화된 것이고, 또 선의 원천이 동양에서 서구로 이식된 것이기 때문일 것이다. 선이나 선사상 자체가 우리 것이라서 우리의 문장 우리의 단어로 표현되어 지는 것은 당연한 것이다. 반야나 열반, 깨달음, 간화선, 묵조선과 같은 말을 어떻게 현대어로 표현할 수 있는지 납득이 안 간다. 만약 현대어로 나타났다면 역사적으로 볼 때 한 단어가 더 첨가될 뿐이기 때문이다.

"② 은산철벽 같은 난관을 통과하는 통쾌함, 즉 "타고 남은 재가 기름이 됩니다"에서처럼 '타고 남은 재'를 넘어선 '기름'이 되는 힘이 '아직' 느껴지지 않기 때문이다."

필자가 생각하기엔 이만식이 말하는 '은산철벽 같은 난관을 통과하는 통쾌함, 즉 "타고 남은 재가 기름이 됩니다'는 여러 선어록이나 경전에 의하면 깨달음과 다음 단계로 넘어가는 찰나를 읊은 구절이라 생각된다. 이번 본 주제인 『십현담』의 10차크라를 되짚어보아도 **'은산철벽 같은 난관을 통과함'은** 바로 '달본達本', 즉 근본에 도달함을 말한다. 다음 **'타고 남은 재'를 넘어선 '기름'이 되는 힘**, 이 힘은 「심우송」에 이르는 入廛垂手일 것이다.

그리고 『십현담』의 입장에서는 기틀을 돌리는 '회기장廻機章'일 것이다. 상찰은 "털 입고 뿔 얹고 저자거리 드니 / 우담발라꽃 불속에 활짝 피었다.被毛戴角入廛來 / 優鉢羅花火裡開"라 하였다. 이것이야말로 이류동행異類同行하는 보살행으로서 깨달은 사람이 가야되고, 가질 수밖에 없는 불교의 가르침이며 본분사本分事를 마친 사람의 자발광自發光이다. '이것'의 표현은 참으로 지난한 것이다. 더욱이 딱 떨어지게 시로 보여줄 수 있는 부분이 아니다. 그래서 옛사람들은 천지운행과 다반사를 그대로 보여줬을 뿐이다. 효봉의 오도송 3행 4행에서도 "이집의 소식을 누가 능히 알까此家消息誰能麽 / 흰구름은 서쪽에서 날고 달은 동쪽에서 내닫네白雲西飛月東走"라 할 수밖에 다른 도리가 없었을 것이다. 이 본래 없는 이곳을 무어라 할 터인가? 부드러우면서도 통무쇠줄로 내려오는 이곳의 '이것'을 자고로 선장들은 그저 불식不識, 부지不知를 외치며 모른다, 몰라 했을 뿐이다.

역시 콜라인지 간장인지 맛보지 못한 사람은 **'재가 은산철벽이 되고 기름이 재가 되는 이곳의 소식'**을 그저 콜라이고 간장이고 간장이고 콜라라 말할 것이다. 이러할 진데 이것 역시 작시한 사람이 모자랄 수 있고, 읽은 자가 넘칠 수도 있고, 반대로 읽는 자가 모자라고 작시한 자가 넘칠 수 있으며, 작시한 사람과 읽는 사람 둘 다 모자랄 수 있거나 둘 다 넘칠 수 있을 것이다. 그리고 이 일곱 가지를 다 모를 수도 있지 않겠는가? 그래서 불조佛祖들은 불식不識 부지不知 불회不會[42]라 하였을 것이다.

여기서도 상찰은 『십현담』 마지막 편제인 「일색一色」에서 노래한다. "명월과 갈대꽃, 닮음도 다름도 아니니明月蘆花不似他 / 알았다 알았다 할 땐 알은 것 아니고了了了時無可了 / 깊고 깊고 깊은 곳도 역시 웃음거리 뿐玄玄玄處亦須呵"(「일색」 부분)이라 노래하니, 이것이야말로 불조佛祖들이 '악악' 소리 내지르는 不識과 不知 당처이다. 상찰은 마지막 행에서 "허공 속의 저 달빛 꺾어 올 수 있겠느냐空裡蟾光撮得麽" 노래한다. 여기서 만해는 비批하기를 "천개의 손도 이르지 못하니 만고의 명월이다" 하고 일갈一喝을 한다.

내 이제 말하노니 "가을가각, 생선 파는 노파 눈썹 찡긋 / 해를 가린다"고 폭로하면 어떤가.

(7) 이만식 논문 각주 14

이 지점은 송준영 선시론 『禪, 언어로 읽다』(소명출판, 2010)의 제4부 "선시의 현대적 읽기에 대한 이해와 오해"의 첫 부분인 "토론 프리즈나prajna의 현대적 탐색 : 이 교수의 「선과 쟈크 데리다 : 새로운 격의불교의 모색에 대한 논변」"이라고 수록되어 있는 필자와의 논쟁과 만난다. 이 반론은 필자

42 고방, 『표주 벽암록』 1칙 「달마확연무성」, 운문선원, 20쪽.
(擧 梁武帝問 達磨大師 如何是聖諦第一義 磨云 廓然無聖 帝曰 對朕者誰 磨云 不識)
송준영, 「발가숭이어록」 47화, 『현대시학』 507호, 2011, 191~206쪽 참조.

의 문학평론집 『해체론의 시대』에 수록된 「선과 자크 데리다 : 새로운 격의 불교의 모색」 중에서 **"① 송준영은 지智를 설명하면서 아무런 개념 설명 없이 자신의 입장을 다음과 같이 세 번이나 바꾼다"**라는 지적에 대한 것이다. 간화선의 언어체계 자체, 불립문자 자체에서 개념의 혼란이 발생하므로 선의 현대화가 필요하며 선을 현대적 언어로 읽어야 한다는 필자의 문제제기를 둘러싼 논쟁의 계속이라고 생각해도 될 것이다.

— 이만식 논문 종결점에 붙인 각주 14 전문

· 논변 : "① 송준영은 지智를 설명하면서 아무런 개념 설명 없이 자신의 입장을 다음과 같이 세 번이나 바꾼다"라는 지적에 대한 것이다.

여기서 지智를 딱 부러지기 개념을 설명할 수 없는 것은 바로 지智라는 단어가 시대나 사회적 변화, 혹은 언어 사용자인 선사들이 이미 지智라는 글자를 필요에 따라 사용하고 언어를 버림으로 다음 언어 사용자가 먼저 사용자가 설정한 개념을 그대로 받아들이지 않고 임의대로 언어의 의미를 전변하여 사용했기 때문이다. 그래서 같은 한자 지자智字일지라도 전체적인 문장에 따라 선장의 말씀을 잘 음미하여 뜻을 새기야 된다. 이미 1,500여 년 이렇게 통하여 온 동양의 특색적인 표현이 이제 와서 개념을 정의한다는 것이 쉽지 않을 뿐 아니라 그렇게 하면 선을 그릇치고 선장들의 간절노파심절을 배반하는 것이 된다. 선은 본래 답을 주는 것이 아니라 애를 먹이고 '이것'을 스스로 풀게 하는 것이기 때문이다.

일체가 그냥 있지 않고 무상無常하듯이 언어문자 역시 늘 그 자리에 항상 그대로 있지 않는다. 시간과 공간의 상황들이 그대로 있지 않기 때문이다. 특히 선문에서는 언어에 대한 항구성을 인정하지 않고 사유나 문자 자체를 그때 그때 사용하고는 버린다. 지식은 아는 버릇이며 언어는 고정되어 있지 않고 필요에 따라 사용할 뿐이라는 인식이 바탕을 이루어져 있는데 이것은 언어의 불완전성에 기인하기 때문이다.

그럼 성현들의 글을 읽는 우리가 궁리를 넓혀서 문자의 뜻을 헤아려 읽을 수밖에 없지 않은가. 표의 문자인 한자 자체가 그렇고 관념어일수록 그런 경우가 많다. 특히 선은 어떤 문제에 있어서 논리적인 정답을 주려고 하지 않고, 물음의 주변을 들추어내어 스스로 증득시키려하기 때문이다.[43] 이것이 우리가 학교에서 습득한 지식과 다른 점이라 하겠다.

이만식이 지적하기를 "**송준영은 智를 설명하면서 아무런 개념 설명 없이 자신의 입장을 세 번이나 바꾼다**"(송준영, 『현대언어로 읽는 선시의 세계』, 푸른사상, 33 · 41 · 44쪽)고 했다.

이만식이 지적하는 '아무런 개념 설명 없이 자신의 입장을 세 번 바꾼다'는 이 말에 대해 필자의 졸저 『禪, 언어로 읽다』(소명출판, 2010, 271~276쪽 참조)에서 충실한 답변을 올렸다.

33쪽의 문장에서 두 가지 질문을 필자에게 하고 있다. 편리상 (1)-①과 (1)-②로 나누어 답한다. 위의 33쪽 (1)-①**의 지智란 『반야심경』의 '무지역무득無智亦無得'의 지智를 밝히기 위해 말한다.** 지智란 산스크리트 jnana를 번역한 것인데, 이 지智는 주객의 대립에서 벗어나 사물을

43 『벽암록』만 예를 들어도 垂示 · 本則 · 頌 · 着語 · 評唱으로 구성되어 있다.
수시는 전문에 해당하며 본칙은 화두나 고칙 공안. 송은 본칙을 읊은 선시. 평창은 상당히 긴 문장으로 본칙이나 송의 인연고사 혹은 일칙一則 전체의 뜻 등을 세밀히 강설하는 총평. 착어는 본칙이나 송구를 나누어 단편적으로 붙이는 할주割註다. 이러한 것은 총체적인 삶을 단편적인 답만 가지고는 능히 일체사一切事에 대처對處할 수 없기에 한 가지의 지식을 알기보다는 그때마다 대처할 수 있는 지혜를 증장시키기 위한 선적 방법이다.

투시할 수 있는 직관지直觀智를 말한다. 그리고 **(1)-② 반야prajna는 지에서 한 층 심화된 근본지를 말한다. 주관과 객관이 완전히 무너진 둘이 아닌 절대경지, 최상의 경지를 말한다.**(『禪, 언어로 읽다』, 위의 책, 33쪽) prajna 반야는 번역하지 않고 흔히 반야 혹은 반야지라고 표현한다. 이 지智는 존재 자체에서 발광하는 근본지根本智를 이른다. 주객이 갈라지기 전의 불이의 절대최상의 지智를 말한다. 필자는 반야를 설명하기 위해 전초 단계로 **①의 지**를 사용했을 뿐이다. 그럼 자연 무지역무득의 직관지와 반야의 지혜에 활용으로 직관지가 드러난다. 필자는 여기서 지를 설명하기 위해 지를 사용한 것이 아니고 지를 통해 반야를 설명하고 있다. 이것 역시 지혜, 근본지를 밝혔느냐 그렇지 못했느냐의 문제이지, 논증과 개념정리로 시원하게 읽을 수 있느냐의 문제가 아니라고 본다.

다음 본인의 졸저, 위의 책 41쪽의 문장은 아래와 같다.

> **(2) 흔히 지식을 선가에서는 알음알이라 한다. 머리 하나만 이해되고 통달되어 아는 지식과는 달리 선적 체험은 정신적 지혜와 육체적 경험, 머리와 마음을 모두 통하여 증장시킴을 말한다.**
>
> ― 위의 책, 41쪽

이만식이 지적한 41쪽은 지식, 즉 이해와 반복으로 이루어진 알음알이, 아는 습관에 의해 쌓여진 앎과 실참실수된 선적체험은 근본적으로 다르다. 이원적 사유에 의해 대상을 참구하고 연구하여 알게 된 식견과 우리의 본원인 실상지를 환향還鄕하였을 때 얻어지는, 바로 본원인 반야般若 실상지實相智가 증장되었을 때를 구분하는 문장으로 필자가 쓰고 있다. 곧 이만식이 지적하는 지智의 개념을 정하지 않은 채 지智를 바꾸고 있다는 말과는 거리가 멀다.

> (3) 이를테면 knowledge는 경험을 갖지 않고 얻어진다면, wisdom은 삶의 경험을 통하여 얻어진다. 그러나 prajna는 존재 자체의 자발광으로 '본질에서 솟는 근원적인 예지다.' 곧 분별함이 없는 상태에서 솟는 지혜인 무분별지다.
>
> — 위의 책, 44쪽

선가의 지침인 육조 혜능의 말씀을 옮기면 자연 이곳의 지는 어떻게 쓰이고 있는지 알 수 있다. 곧 지智를 개념 설명 없이 임의로 바꾸고 있다고 질타하는 이만식의 오독이 드러난다.

> "선지식아 마음을 깨끗이 하여 마하반야바라밀을 생각하시오."
>
> 잠시 후, "보리자성은 본래 청정하니 단지 이 마음을 사용하시오. 바로 성불되어 질 것입니다."
>
> — 탄허, 『육조단경』「오법전의」, 제1, 1쪽

위의 육조 혜능의 법문에서 깨달음의 자성은 본래 청정하니 단지 참 마음인 자성만 사용하라 한다. 사실 참 마음이고 나쁜 마음은 없다. 혜능이 '깨달음의 자성은 본래 맑고 깨끗합니다'고 한 것 자체가 온통 반야의 자발광이다. 이렇게 볼 때 지는 반야의 다른 말인 동시에 반야를 볼 수 있는 직관지다. 그러나 결국 반야지般若智가 반야般若다.

무엇이 있어 무엇을 반야般若라 하고 반야지般若智라 하고 직관지直觀智라 하며 지智라 하는가? 이 한 소식의 낙처는 과연 어디에 떨어지는가?

심리적인 미묘한 부분으로 들어가니 언어 역시 미묘하다. 무엇이 따로 있고 따로 있는 것이 무엇이 아닌가.

4) 결어

『십현담十玄談』은 흔히들 고래로부터 선시의 백미의 하나로 일컬어 왔던 선담禪談을 선시화 한 것이다. 곧 선화게송으로 표현되어진, 글자 그대로 열 가지 현묘하고 그윽한 이야기를 말 한다. '현玄'의 의미를 되새기면 도道, 법法, 진리眞理 등을 지칭한다. 이 볼 수 없는 이름을 수많이 전문가들은 거짓 이름을 지어 불렀다. 추상적 관념어로는 도, 법, 반야, 무일물 등이고 석녀石女, 목작木鵲, 토각兎角 구모龜毛 무영탑無影塔 등은 '이것'을 이미지화하고 형상화한 구체어다. 흔히 '이것', '낱箇'이라고 선장들은 표현하기도 하며, '이것'을 들어내기 위해 위와 같은 언어가 점점 구체화되고 '할'과 '방' '눈썹 찡그림', '탁자를 침'과 같은 행동으로 나타내기도 한다. 이 모든 언어들이 본래 없는 이 '현玄'을 표현하여 우리들에게 알려주기 위한 선장들이 고육지책의 간절한 노파심절이다. 이것은 자비다.

위와 같은 소견을 졸 시집 『조실』의 2부에 속하는 「십현담」은 주해시의 시모음인 관계로 필자의 시가 원전 상찰의 「십현담」의 게송을 시로 주해하여, 이 지극한 선담禪談을 들어내 만인에게 알려주고 싶은 욕망의 발로였고, 한 편으로는 필자가 공부하고 닦아 온 수선의 경지와 지력을 정리하는 의미도 있었다. 열 가지 「십현담」, 곧 각 현담들을 묶어 게송들을 조심스럽게 현대선시로 보여주어 선시의 현대적 계승의 의미도 부여하고자 했다. 전체적인 제목은 현묘한 선화들의 담론을 상찰은 7언 율시에 담은 까닭에 『십현담』으로 제목을 했고, 그 낱낱의 표현을 7언 율시로 하였으며, 각 편마다 편의 제목을 달고 게송으로 들어내 우리를 깨달음으로 인도하고 있다고 본다.

따라서 필자는 열 가지에 대한 담론으로 규정지으며, 원전 『전등록』과 청량 문익, 설잠 김시습, 만해 한용운이 그랬듯이 '담談'이란 말을 동조한다.

이번 이만식과 1·2차 논쟁은 필자로서도 매우 유익하고 행복했다. 오래 동안 선에 침잠하며 실참실수에 애써 왔던 필자로서는 방만한 수선의 폭과 필살의 직관적 수련이 구체화되므로 현대인과 현대에 부응하는 보여줄 수 있는 선의 공부로 갈피를 잡는 계기가 되었다.

이만식 교수가 보는 모든 정과 편을 수용하며 앞으로 더 매진할 것을 결심하며 후미에나마 감사 말씀드린다.

4. 총결 : 낙수록落穗錄—누가 있어 코끼리를 보는가.

*물심이원론에 의해 형성된 오늘날 논문은 선禪을 담는 그릇으로는 적당하지 못하다. 선이 이 땅에 들어 온지 1,000여 년이고 중국에서

인도 불교의 드야나Dhyāna와 중국 노장사상, 유가적 사유와 격의格義되어 낳아진 선종으로부터는 1,500여 년이나 되는 긴 세월이 흘렀다. 오랜 세월동안 자연 선의 핵심을 담기 위한 선문禪文들이 성립되어 왔다. 지금까지 이어지고 있는 선장禪丈들의 어록이나 법어집이 있고, 이 글쓰기를 세분화하여 보면 고칙古則, 수시垂示, 평창評唱, 착어着語, 게송偈頌, 주註, 주소註疎 등이 있다.

즉 논문은 단편적인 어떤 주제마다 일대 일로 다양하게 대응시키면서 많은 자료를 분석하고 분별하여 표집하면서 답을 거두어들이는 연역법과 귀납법의 글쓰기로 자기의 주장을 인식시키고자 한다.

예컨대 키 작은 장님들이 코끼리를 정의하는 데 있어서 a, b, c, d …의 많은 장님들에게 코끼리를 만져보게 하니, 눈이 멀고 키가 작기 때문에 코끼리 다리나 코, 배, 꼬리들 만질 수밖에 없었고, 이들은 하나같이 코끼리는 원통형의 기둥과 같다든가 대롱이나 소의 배와 같다는 답이 나왔다. 결과적으로 많은 눈 먼 사람들이 실증하고 낱낱이 분석해 본 결과, 코끼리는 둥근 기둥이나 물렁하고 털로 된 벽 혹은 귀는 부채와 같다고 결론을 지웠다. 얼마나 우스운 일인가?

그러나 법어나 어록은 코끼리의 본체를 눈 뜬 선장들이 '코끼리는 어떻게 생겼는가?'에 통증通證한 코끼리의 본 모습(고칙)을 드러내기 위해 수시, 평창, 게송, 착어, 주소 등을 써서 스스로 깨치게 한다. 마치 화분의 모종을 살리기 위해 물을 주고 햇살을 적당히 받게 하고, 북돋아 주는 것과 같은 이치다. 만약 서구식 논문으로 선을 담으려 하면 많은 지식은 얻을 수 있지만 결국 선의 긴요한 벼리를 놓치게 된다. 곧 모종의 생명을 빼앗고 만다.

불교의 기본 철학을 담고 있는 논서 『유식론唯識論』은 '인식은 바로 오류다'고 말한다. 분별은 어쩔 수 없이 본체에서 쪼개진, 오류의 결과로 나타난다. 아무리 많은 논증을 하고 객관적인 실험을 거듭한다 해도, 분별 분석하여 초월한 것이라 하드라도, 분석으로 접근하면 자성본원自性本源이 역시 분별한 내용이 되는 까닭에 분별없는 '참나'를 생각하는 것 자체가 분별이고, 분별하지 않는다는 것 자체가 분별이요 분석이다. 여기서 끝없이 이어지는 우리의 의심의 꼬리가 잘라지지 않는다. 이렇게 돋아나는 싹을 자르는 것은 스스로 점두點頭하므로 마음이 시원해지는 것밖에 다른 도리가 없다.

따라서 선문禪門에서는 1,500여 년간 이런 것을 온전히 전하려는 선장들의 간절노파심절懇切老婆心切로 이어지는 선어록이 발달되어 왔다. 필자는 동서양의 사유를 융화시켜 현대화하기 전에 각각 그곳에서 오랜 세월동안 다듬고 정리해온 문화, 문학 사상 철학 등을 충분히 알아 지혜를 증장시키는 것이 우선이라는 생각이 든다.

제3부
도적아 도적아

제1장

동암 스님의 선과 선시

1. 전문

이제 모든 사람들에게 기도를 드리고 나 자신에게 참회하며 이 짓거리를 마치고자 한다. 사실 그동안 많은 선학들이 선에 대해 혹은 선시禪詩에 관하여 지금까지 많이 논의하였고 또 저술되었고 출판되어 왔음을 우리는 안다. 그러나 이러한 것들이 순수선純粹禪의 체험과는 무슨 관계가 있으리오. 또한 선禪을 구하고자 하는 이들이 선에 관한 어떠한 이해와 실재의 체험에 도달하지 않는 한, 수많은 말들은 우리를 칭칭 동여매게 하는 악담이나 실재를 씹고 남은 글의 찌끼에 지나지 않을 것이다. 이것들에 우리는 막막해 하고 얼떨떨해 할 수 밖에 없는 우리글은 선시와 선시를 짓게 한 본칙 곧 선화의 소개와 또 후대 선장들이 우리를 선문에 성큼 들어가기 위한 염拈으로 되어 있다. 이런 내용들을 처음 접한 독자들은 한 동안 어쩔 수 없이 캄캄해짐을 느낄 수밖에 없을 것이다. 곧 내용에 있어 진기한 일화逸話, 엉뚱한 사건들, 신비하고 은밀한 발언들, 여러 가지 모순당착, 기행奇行, 어긋남에 오는 위트와 유머의 사태沙汰, 비논리적인 횡설수설, 알고도 시침을 떼는 것 같은 천연덕스러움 등은 어디서 왜, 오는 것인가? 이런 방편적인 예는 서구적인 논리에 길들어 온 우리로서는 분명히 확연한 이해에 닫지 못하게 하는 다른 하나의 암호임이 분명하다. 이것은 선이 우리에게 전하고자 하는 밀의적密意的인 목적이 있기 때문이다. 이 목적에 가장 가까이 다가갈 수 있는 것은 이런 앞의 언술과 행위와 상황은 우리가 보고자 하는 본질, 그대로를 사량思量하게 하려는 선장들의 간절노파심절懇切老婆心切에 있고 우리는 그들의 마음에 영회領會하면 그뿐인 것이다.

삶을 비밀의 영지領地에서 만나게 하기 위한 가장 직선적인 가르침의 하나인 선은 우리에게 있어서 삶의 체계적 설명도, 이데올로기도, 종교적인 계시도 구원의 교의도 아니다. 서구에서 대다수의 지성들에 의해 이해되어 지는 신비주의나 허무주의에 대한 가르침은 더욱 아니다. 전통에 의한 합리주의적 배경을 지닌 사람들은 우리가 여태 공부하여온 것과 마찬가지로 선을 본능적으로, 선을 서로 경쟁하는 이데올로기의 사유의 체계나 혹은 낯선 세계관이나 도저히 받아들일 수 없는 사이비 교설 정도로 해석하거나, 당초부터 그릇된 편견에서 접근을 하게 되는 수도 있다. 이럴 경우 도저히 선이 보여주고자 하는 곳에 이를 수가 없다. 선은 우리들의 앎의 영역에 속하지 않는다. 선은 인위적인 생각이나 논리적인 이해 차원에 넘어서서 있다. 아니 생각이나 이해와 똑 같이 서로 침범하지 않는 언어나 문자 밖에 덤덤히 자존自存하기 때문이다. 선은 우리가 이해하고 만들어진 어떤 철학적 종교적 범주에 맞추어도 적합하지 않다.

그러나 선가에서는 그 뜻을 드러내기 위하여 문자를 무시하지 않고, 징徵, 념拈, 대代, 별別, 송頌, 가歌 하여 이치를 드러내어 우리들에게 보여준다. 조사들의 간절 노파심이 이와 같았고 반면에 이런 언어의 불완전성, 또는 이것으로 인하여 이론적인 선으로 오전誤傳됨을 두려워하여 '뭍에 오르면 뗏목을 버리는捨筏登岸' 경구나 '고기를 잡으면 그물을 잊는다得意忘筌'는 말씀으로 경책한다.

그중 산스크리트어로 가테, 게테가 게로 음사되고 중국에 본래부터 있던 송頌과 합쳐지며 게송이라 부르는 선가 특유의 시적 표현으로 나타난다. 이 게송과 염이 오늘날 선시이다. 우선 선시라 하면 선사상을 시적으로 표현한 언어 양식을 말한다. 곧 선사들의 선적 체험, 이른바 선수행의 결과 체득된 오도의 경지를 선시적 수사법으로 표현한 시다.

여기서 선시적이라 함은 내용적으로 선사의 오도송을 비롯하여 불경이나 어록, 공안집을 바탕으로 하거나 혹은 형태적으로 고전 선시에 자주 나타나는 절연, 압축, 기상과 적기어법賊機語法의 조화를 말한다. 결국 절연, 압축, 기상이 적기적 어법에서 충분히 읽을 수 있으므로 적기수사법賊機修辭法을 철저히 규명하면 선시의 바탕을 대략 읽게 된다. 따라서 적기수사법을 세 가지로 요약하면, 선시의 반상합도反常合道 선시의 초월은유超越隱喩 선시의 무한실상無限實相을 일컫는다. 이 세 수사법은 선시를 표현하는 데 불가분의 관계를 서로 내포하고 있다. 물론 선시, 특히 선적 사유는 언어를 만나 표현되어짐을 염두에 두었을 때 그 기표야말로 바로 사상의 한 표현일 수밖에 없다. 선에 있어서 선사상이란 일상을 배제하고 이루어질 수 없다. 바로 현장이 선의 알갱이다. 선을 항상 삶의 중심 사실을 파악하고 있을 뿐 아니라 일상의 삶 자체다. 그래서 선은 지성의 해부대 위에 오를 수 없다. 이미 지적 파악으로 들어갔을 때는 선이 아니라 선학일 수밖에 없다. 그래서 선은 아무것도 가르치지 않는다고 한다. 선은 맨 마음으로 잡을 때만 만날 수 있다. 곧 합리적 방식으로 만날 수 없다. 본문의 많은 선어와 선화들은 바로 염통에서 쏟는 대동맥이며 자명종의 울림이며 꿈꾸는 자의 반응과 같다. 선시 역시 같다. 그래서 당대의 이름난 선사인 스즈끼 박사는 중세기 기독교의 신비주의자 에크하르트의 말을 인용한다. "내가 그 안에서 하나님을 보는 그 눈은 그 안에서 나를 보는 눈과 같다"는 선의 불이사유不二思惟인 반야지혜般若智慧를 표현하는 말이 된다. 따라서 선에서 사용하는 언어 역시 철저히 반어적이어서 철학적 분석과 논리를 완전히 뒤바꾼다. 이런 것이 문자로 표현되어질 뿐 아니라 선시로 나타날 때 역시 같다. 그리고 여기서 우리나는 청량清凉, 명징明徵, 단순單純, 표일飄逸, 격외格外, 무사無事 등으로 그 맛을 드러낸다.

다시 돌이켜 생각하면 선과 선시 또한 아무리 말해도 모자랄 뿐이고 아무 말을 하지 않아도 선으로 가득 찰 뿐이니 이 쓸데가 없는 짓거리를 그만 두고 스스로 공부에 매진할 때 나를 채찍으로 편달하던 에피소드 몇 편과 자비심을 감추지 않으시던 법사 스승님들을 소개하여 지금까지 지은 구업을 대신하고자 한다.

2. 동암 스님에 대한 회상

어느덧 햇수로 6년이 넘게 월간 『현대시학』에 천삼라天森羅와 지만상地萬象을 종횡무진으로 넘나들며 사라져간 선장들의 선화와 그들의 선시를 풀어 연재하고 있다. 필자는 18살 청년기에 우리가 사는 세계가 안이비설신의眼耳鼻舌身意로 감지되는 색성향미촉법色聲香味觸法인 육식六識의 세계와 6식으로 감지되지 않는 무의식의 이면세계가 이 세상에 있음을 알게 되는데, 그건 그 흔한 종교나 철학서적을 통해서가 아니라 별것이 아닌 것 같은 우연한 체험에 의해서다.

내 고향의 경북 영주에는 천년고찰 부석사가 있다. 부석사의 큰 법당인 무량수전은 고색창연하고 그 자태가 우아하여 보는 사람마다 감탄을 쏟을 뿐 아니라, 우리나라에서 가장 오래된 목조건물로도 유명하다. 65년 여름 나는 대학입시 공부를 위해 어머니가 다니는 부석사 취현암 뒤켠 구석방을 하나 얻어 달포 정도 있게 된다.

산사에서 대학 입시생으로 몰두하기보다 세상의 대소사를 모두 고민하고 불안해하고 사색하고 몽상하며 그래도 고독하여 산사를 배회하던 때다. 밤엔 책상 앞에 붙어 앉아서 입시에 열중하려고 하였지만, 종일 끌려오던 생각들이 어느새 방으로 끌고 들어와서 점점 산사에 온 목적과는 멀어져 간다. 천진무구한 노선객, 절의 주지이신 동암東庵性洙, 1904~1969 선사는 늘 나를 불편하게 만드는 어릿광대였다. 하루는 내가 취현암 봉당에 앉아 공연히 스님들이 울력을 하다가 놓아둔 낫을 들고 아무런 생각 없이 톡톡 쫓고 있는데, 지네 한 마리가 내 앞을 지나가고 있었다. 시야에 드는 순간 어느 새 지네가 토막이 났고 나는 나도 모르게 한번 두 번 세 번 자꾸자꾸 쪼아 토막이 났고, 지네는 꼼지락거렸고, '정말 지네야 나는 너에게 무엇도 생각한 게 아니야' 혼자 이렇게 중얼중얼 생각하고 있는 이때, '이 놈아 지네가 너에게 너를 달라 하더냐? 그건 왜 그래' 하며 지나시는 큰스님의 영혼이 울리는 듯한 음성이 들렸다. 어찌 보면 애처로운 것 같은, 어찌 보면 안타까운 것 같은 촉촉한 자비의 말씀을 듣는다.

또 어느 하루 석양, 무렵 찌는 듯한 더위가 물러난 범종각. 넓은 누각은 스님의 와선臥禪 자리였다. 퇴침을 빈 채 우협으로 비스듬히 누운 노스님은 한 마리 학이었다. 나는 조심조심 다가가 스님을 한참 훔쳐보고 있었다. 갑자기 들려오는 소리, '무다, 무여!' 하늘 가슴에 울려 퍼지는 듯한 울림소리 '무다, 무여!' 나는 여기서 스님의 반찬투정, 나를 울리게 하는 장난기 섞인 놀림소리를 모두 빼앗기고 스님을 맑은 눈으로 보게 되었다. 선사들의 빼앗음의 가르침을 적기賊機라 하는데, 이것은 슬기를 고요에 들게 하여 오랜 관습으로 누더기로부터 본래의 '참나'로 돌이키게 하는 방편 법문이다. 이 날 이런 스님의 낙초자비심절에 힘입어 나의 길을 바꾸는 큰 사건이 일어난다.

> 어느 날 밤 자정 무렵, 취현암 골방. 절 행사에 쓰고 남는 흔한 촛불을 너덧 개 켜 놓고 영어 독해력을 기르기 위해 영자 문고판을 읽고 있을 때였다. 갑자기 엄습해오는 선연한 냉기와 낯선 느낌에 고개를 드니 촛불이 스스로의 몸을 태우며 밝은 빛을 뿜어내고 있었다. 찰나였다. 그 순간 나는 나를 이상한 기운에 의해 빼앗기고, 탈각된 나, 멍한 빈자리 빈 생각으로 어쩔 줄

몰라 하는 나를 보았다. 아, 초는 자기 몸을 태우며 세상을 정말 밝게 하는 구나! 단지 그것에 합일된 나를 보았다.

누구나 그 시기에 그랬듯이 인생과 우주에 대해 생각이 많을 때. 그 후 필자는 20년 넘는 오랫동안 부석사 골방에 있었던 새로운 세계를 체험하려고 많은 노력을 하였지만 그럴수록 점점 더 미궁으로 빠지게 되었고, 이런 방법과 생각들이 오히려 하루하루 가슴에 응어리진 고질 덩이로 변하였다. 어느 덧 필자는 이 병을 풀고 정신적인 걸림이 없는 자유인이 되는 것을 인생의 목적으로 삼게 되는데, 당시 나의 좌우명은 대사일번한철골大死一番寒徹骨이나 장부일대사인연丈夫一大事因緣의 통철通徹이었다.

이때의 느낀 체험은 일체의 '함이 있는 것들'이 탈각된 천진한 것이어서 그 후 많은 노력을 기울일수록 멀어져 갔다. 아무리 애써도 마음을 시원하게 해줄 그때의 찰나의 느낌은 없었다. 오랜 세월이 흐른 뒤에야, 밖을 향한 천변의 논지나 수많은 경전과 철학서, 종교의 주장도 모두 어린아이를 달래는 지폐나 군것질에 불과하다는 것을 깊이 느낀 후, 수선修禪에 침잠하게 되었다.

그 후 동암 선사는 경북 도리사 주석하시다가 홀연히 스님께서 불사하신 서울 도봉산 녹야원에 올라가신 바로 다음 날, 신도들이 가지고 온 사과를 드신 후, 앉은 채 입적하였다. 필자는 늘 돌아가신 은사이신 동암 큰스님 자취를 남기고 싶었다. 되는대로 느낀 대로 적고자 한다.[1]

1 동암 화상의 자취나 행장을 사실에 맞추지 않고 감상에 회억에 의해 더 잊기 전에 졸저『선시의 세계』에 더듬어 적었던 글이 너무 오류가 많아 다시 여러 문헌과 구술에 의거 다시 쓴

3. 동암 성수 선사의 행장

거북이 상호 노스님은 까르르 배꼽 웃음이 제일이라고 공양주 꼭지 보살님은 말하지만, 절 촌수로 조카 된다는 부전스님은 스님이 금강산 마하연 선방에서 용성 큰스님한테 주장자로 뭘 묻다가 직살나게 맞았다고 뒷구멍으로 흉보지만, 내가 본 조실 큰스님이 만들어 낸 몇 가지 얘기를 잊지 못한다.

> 1967년 부석사 큰법당인 무량수전을 뺑 돌아 배꽃 만발할 때, 긴
> 긴 삼동 벗어나, 초파일이 지나야 정미소 빌린 장리쌀 갚고 배불리
> 한 바루의 이밥을 먹을 수 있는 것이 그리울 때, 배고플수록
> 길이 코밑에 드러날 때, 별이 쏟아지면 그 자리마다 어둠의
> 눈알이 빠꼼빠꼼 내밀 듯 한 칠흑 오밤중만 이어질 때, 취현암
> 지댓방에서 곤한 잠을 밀고 해우소 가다가 범종각에 앉아 있는
> 조실 스님을 보았다. "아, 무다아, 무여!"
> 허공을 매달 듯한 빈소리 허방 벽면에 무가 주렁주렁 달렸다
> 사라진 자리. 스님도 산도 하늘도

나는 진정 스님을 본 게다. 물줄기가 어느 가을 돌들을 돌돌 감아 도는 듯한 바닥소리로 스님은 나에게 말씀하고 계셨다.

다. 조금이라도 선사의 행리에 가까이 다가가고 싶기 때문이다.

"난 한 달에 세 번 밖에 이놈이 서지 않는다 말이야." "시님, 그래 가지고서야 어디 성불하시겠습니까. 그 놈이 실해야 이놈도 실할 거 아닙니까?" "허 고놈 살림살이가 오전짜리 송편만큼 익어 가는군, 허 기특타. 그런데 한 번 서면 열흘은 장히 가안다. 너는?" "시님 저야 아직도 설 턱이 없지요." "거 안서는 놈은 너 몸 어디 있드냐?" "?" 어둠을 쓸어내는 그 빛의 광채를 나는 보았다. (아아 스님 우리 스님)

어느 초 봄 양지 바른 부석사 취현암 뜨락. 고향생각 집 생각 하루는 스님들이 울력 하다가 차 공양하려 간 빈자리에 앉아, 낫을 들고 맨 땅을 콩콩 찧곤 했다. 눈 안에 확 드는 큰 지네 한 마리. 난 무심코 내리찧었다. 자꾸자꾸 토막 나는 지네 육신들, "야 그건 왜 그래." 슬픔이 뚝 뚝 떨어져 내리는 말의 시체를 나는 보았다. (아아 스님 우리 스님)

한 여름 시주님들이 모두 떠난 어스름. 스님 뒤를 서너 발자국 떨어져 따라 다니는 나는 불콰해진 주정뱅이일 뿐, "석단을 봐라, 천 년 전이나 천년 후나 하루도 빈 날 없이 밝음과 어둠을 동무 삼고 있는, 큰 돌 작은 돌 어디 하나 가벼운 게 있더냐." (아아 스님 우리 스님)

스님께서는 경북 선산 도리사로 가시고 나는 스님이 없는 빈자리를, 반찬이 맞지 않다고 특히 여름엔 고소무침, 가을엔 도토리묵무침이 맘에 들지 않는다고 응얼거리시던 스님을 가슴 가득 담고 살고 있었다. 이때 내가 비로소 안 것은 '초가 자기 몸을 태우며 세상을 밝게 한다는 것'을 체득하고 울곤 할 때였다. (이것이 평생을 나를 먹여 살리긴 했지만) 몇 해 …….

봄날 모처럼 산사에서 보게 되는 신문에 동암 큰스님 열반, 사리 40과 수거. 안거 80하 등등의 몇 토막의 기사가 나의 모든 걸 박살내고 있었다. 그럴수록 공부에 대한 뿌리가 나의 가슴 깊은 곳간에 씨앗이 되어 발아하고 있었다. 그리움만 쌓이다가 동암 큰스님은 풍문과 전설에 묻혀갔다.

하루 낮 하루 밤 누워 있다가
배꽃 감춘 시월 어느 가을
한 석 달 장좌불와하고
한 삼 백리 산길 포행하다가
귀 없는 풍문에
동암 늙은 중
왕보살이 가져 온 능금
크게 한입 베어 먹다가
몸 벗고
우르륵 지는 배꽃송이 따라
한 삼십년 사라졌다든가
달빛 무게에 겨워
부석사 조실 창에 어린
시나브르 지는 꽃잎
또 본다든가 배추흰나비
허공울음 되어 만난다든가

인연 없는 중생 스승에게 '동암성수 선사 찬'이란 제로 글을 짓고, 무한 창공으로 긴 숨을 쏟았다. 그 후 스님의 자췰 살피니 1904년 7월 26일 평안북도 원흥리에서 부친 박봉오 선생과 모친 최씨의 차남으로 태어났다. 성은 밀양 박씨요, 당호는 동암東庵이고 법명은 성수性洙이며 속명은 박승수朴承洙. 강원도 희천인이며, 희천에서 일어난 독립운동에 가담했다가 묘향산 보현사 산내 암자인 상원암에서 은신한 것이 인연되어 경기도 봉선사로 피했고, 15세1921 들던 해에 남양주 봉선사에 인담 화상을 은사로 출가했다. 다음 해에 용성 선사에게 동암이란 당호를 받고 건당하였다. 고성 건봉사에서 불교전문강원 대교과를 졸업하였다. 1925년부터 10여 년간 중국 상해와 북간도 등에서 독립운동에 적극 참여하였다. 1934년 봉선사에 대덕품계를 받은 스님은 금강산 장안사에서 진허 율사에게 비구계를 수지 하였다. 법사인 용성 선사께서 불령선인으로 요시찰 인물이 됨으로 은밀히 용성 선사의 지시를 받아 상해나 만주로 가서 임시정부 비밀요원에게 독립자금을 전달하는 역할을 주로 맡았다.

해방 후 임시정부 봉영회奉迎會를 결성해 서울 대각사에서 환영회를 열었다. 이때 초대회장으로 소임을 다했다. 김구, 이범석, 조소앙 등 임정요원들이 대거 참여하였다. 이는 용성스님을 비롯한 용성문도들이 독립운동에 적극 참여했기 때문일 것이다. 그리고 특기할 것은 스님은 상좌인 초안超安, 1938~1998에 오봉산 석굴암은 아주 좋은 나한도량이니 소실된 절은 네가 복원하라고 당부 하였고, 은사의 뜻을 받든 초안은 45년간 중창불사를 원만히 회향했다. 현금 스님의 손상좌인 도일 화상이 주석하고 있다.

지금도 기억되는 것은 필자가 스님 회상에 있던 1968년의 일이다. 부석사의 나한전은 무량수전 뒤편 봉황산 중턱에 있었는데, 꼭 스님께서 나한전 예불을 참례하였다. 공양주 보살들이 뒷전에서 큰 스님 나한전에 비가 오나 눈이 오나 꼭 참석하시는 게, 나한님들에게 혼 난 모양이라고 궁시렁거리던 기억이 지금도 난다. 또 하나는 스님은 계율에 엄하였으며 반찬은 고춧가루와 양념이 들어가지 않게 하였고, 고기는 전혀 입에 대지 않았고, 삼복에도 행전을 꼭 착용하였다. 대중방 스님들은 큰스님께서는 율맥을 잇는 분이라서 그렇다고 수군거리던 기억이 재삼 났다. 스님은 조선불교 중흥율 제6조 용성 조사의 율맥과 선맥을 이은 분이었다.

이후 스님은 효봉, 동산, 청담 스님과 함께 정화불사에 적극 참여하였다. 어지럽고 어려운 시절에 총무원 재무부장과 초대 중앙종회위원을 역임했고, 전강, 동산, 고암 스님과는 각별한 사이었다. 고암 스님께서 상좌인 해안에게 '너의 스님은 당대의 여섯 선지식에게 인가를 받은 분이다' 하는 말씀을 하셨는데 당시 너무 어려서 여섯 분이 누구냐고 묻지 못했다고 전언하였다. 그런 스님은 정화불사 이전에는 선방에 방부를 들이고 수선에 매진하는 선객이었고 특히 전강 스님과는 교류가 많았다.

보은 법주사, 강화 보문사, 서울 대각사, 봉은사, 양양 낙산사, 영주 부석사의 주지를 역임하였다.[2] 선산 도리사 주지로 재임하던 중, 홀연히 스님께서 불사하신 서울 도봉산 녹야원에 올라가 하룻밤 자고 다음날 신도들이 깎아준 사과를 드신 후, 잠시 산책을 하고 돌아와, 제자 도안과 광철이 보는 가운데 임종게를 남기고 좌탈입망하였다. 1969년 11

2 필자의 졸저(『선시의 세계』, 푸른사상, 2006)에 「동암 선사의 행장」은 젊은 나이에 오직 그리움만으로 확실한 사실을 증빙하지 못하고 쓴 감상적인 글이어서, 당시에 발표되었던 동아일보나, 불교신문에 글을 발췌하여 다시 보완하여 쓰게 되었음을 참회한다.

월 2일(음력 9월 23일)세수 66세 법납 48년, 스님의 비는 서울 녹야원에 모서져 있다. 상좌로는 도안, 대인, 초안, 적조, 광철, 석운, 공철, 용택, 석천, 해안, 우철, 도천, 법안, 천관, 봉묵과 거사 취현이 있다.

스님의 임종게는 다음과 같다.

원숭이와 말같이 어지러운 마음자리	心猿意馬志牛繫
꿰뚫어 하나로 사바세계를 관철했노라	貫頭單成肯娑界
고덕을 계승해 법신을 성취했으니	繼承古德成法身
시종 변함없이 삼보에 귀의 하노라	如是始終歸依寶

스님 입적 다음 날 『동아일보』 1969년 11월 8일 「동암 스님 몸에서 사리 40」(이성주 기자)의 기사와 『불교신문』 2502호 2009년 2월 21일자 이성수 기자의 글을 참조 발췌하였고 필자가 보고 들었던 말씀들을 옮겼다.

용성문하구제龍城門下九弟는 동산, 동암, 동헌, 인곡, 운암, 혜암, 고암, 자운, 소천이 법자로 기록됨을 『불교신문』 2393호 2010년 2월 2일자 신문에서 읽을 수 있었다.

오라, 낙수는 멀수록 소리가 크고
사람의 그리움은 죽음에 가까울수록 또렷쿠나.
서른 해가 지난 2001년, 창틈에 비 스미는
늦봄 지는 복사꽃을 보며
삼가 제자 취현 적다.

제2장

만공 스님과 서옹 선사의 선시

1. 꿈속 만공 스님의 회상에서

내 나이 마흔이 들 때였다. 나는 강원도 정선 처가에서 설날을 맏게 되었다. 이때 역시 아직 아무것도 얻은 것이 없고 아무것도 이룬 것이 없는 나를 되돌아보며 18세의 부석사 취현암의 청년으로 있었고 머리가 터질 것 같다가 간혹 어떨 때는 뭔가 퍼뜩 스쳐가는 기쁨이 교차하며 이를 악물고 더욱 정진을 거듭하며 늘 아내에게 미안한 세월이었다. 그러나 밖으로 나갈 수 없는 닫힌 세계에서 정신의 촉각을 곤두세우곤 했다. 이때에 나를 지배하던 생각은 깨치든지 죽든지 하는 벼랑 끝에서 몰려있었다. 6층 아파트에서 뛰어 내려 두둥실 구름위로 떠오르면 내가 빼앗겨 나도 없는 자유인이 되는 실재상항이 펴지지 않을까?

나의 살림살이는 긴 터널을 내닫는 열차와 같이 외길로 치닫고 있었다. 향상일로向上一路는 진공과 같은 한 길이고 틈도 없는 무간지옥無間地獄을 돌고 돌다 천 길 낭떠러지 끄트머리에 발가벗고 서 있다가 한발을 내딛었다는 생각. 이 생각이 옳은 것이냐 그렇지 않은 것이냐, 이것이 그 당시 나에게는 가장 큰 일이었다. 18살에 초발심 후, 이 일은 장부일대사丈夫一大事였고, 가장 큰 문제였고, 생명을 건, 늘 내려가지 않는 체증으로 남는 내 가슴에 맴도는 문제였다. 이 일대사가 40 전후에 무너져 내리는 실제 체험을 얻고, 나는 이 일이 사실인가를 확증받기 위해 제방 선지식님네를 찾아 나섰다. 그때의 수도일지인 「자정일지子正日誌」 몇 도막을 옮긴다.

1985년 11월 14일
꿈이든 생시이든
말하고 싶지 않다.
이 기막힌 가슴이 탁 트이는 기쁨을
간 밤 무수한 "이 뭣꼬?"를 반복하였다.
너무 또렷한 오롯이 드러난 '이 한 물건'
어, '요놈봐라' 요놈봐라.
봐라는 놈 봐라.
새벽잠을 깨우는데도 이아침까지도 오롯이
반복되어지는 '이 뭣꼬'
또 다시 돌아오는 '요놈봐라'
긴 죽음과 삶에 걸쳐지는
그 어디에도 떨어지지 않는 '요놈봐라'

나는 말하고 싶지 않다.

아무것도 생각하고 싶지 않다.

1985년 11월 15일

선불장選佛場, 금강산 마하연 선방.

만공선사의 회상.

선객이 너 댓 명 벽을 등지고 좌선 중에 있고, 그중 나도 한 참학문도였다.

눈 푸른 납자들이 안광이 형형한 가운데

만공스님 만 더 이상도 아니고 더 이하도 아닌 표정과 모습,

무공용無功用의 행위.

나는 스님의 입실제자였다.

스님은 나를 주시하고 계시었다.

그 후 밤마다 찾아드는 공부

그 후 밤마다 오롯함을 더하면서 찾아드는 선기禪機.

1985년 12월 21일

꿈은 꿈이었다. 삶도 꿈이었다.

꿈 아래 홀연히 찾아드는 꿈.

허! 그건 의식의 반영 없이 그대로 보라는 꿈이었지.

결국 그 꿈은 의식을 절실히 간직한 후

도장과 같이 찍혀 남는 흔적.

무무인無拇印, 도장을 찍되, 도인을 남기지 마라는

꿈, 연발 일어나는 그 놈은,

그렇다. 도장을 찍더라도 도인은 남기지마는,

남길 수 없는 그 놈

고놈은?

1986년 2월 9일.

생일이었지

음 정월 정일

나는 졸업을 하고 쌓여도 싸여도 더 쌓일 것 없는

그런 생일이었지.

부모미생전父母未生前의 나

그런 건 개한테나 주어, 참학인參學人의 속이나 편하게 하라.

그러나 말마라, 먹어도 먹어도 먹지 않는 내 나이.

날마다 나는 생일, 나는 생일

이날 나는 무시이래無始以來 고향에서 생일을 맞다.

소쩍새 소쩍다

소쩍다 소쩍새

옛 하늘 속에 소쩍다는 소리

옛 물결에 물결 이어서 일고

옛 사람 오늘도

소쩍다 소쩍새

소쩍새 소쩍다

나는 위산선사潙山禪師가 그의 제자 향엄香嚴에게 '자네의 총명과 재주가 대단함을 나는 짐작하네. 그러나 우리에게 생사문제가 가장 근본적이라는 걸 자네는 인정할 걸세. 자, 그럼 나에게 자네가 부모에게서 태어나기 이전의 어떤 상태에 있었는지 이야기 해 주게'를 읽다가 문득 어디선가 병과 병이 마주치는 소리를 듣다가, 홀연히 심안心眼이 빛을 따라감을 보다가, 부모미생전父母未生前의 나가 '나'임을, 도저히 알 수 없음을 알았다. 나는 웃었다. 콸콸콸 물 빠지듯 꼭 하루하고도 하루 낮을 웃었다. 끝내는 우스워 웃었다. —고불古佛의 공부도 별로 기특할 것이 없었군. 1,700공안 모두 한데 묶어 화장실 벽에 꽂아두라. 다시 한 수 적다.

옛 사람 홀연히 안광이 길을 찾는단 그 말 / 우린 속지 말자 / 눈 감아도 감아도 안광의 길은 / 암흑만큼의 깊이에서 빠져나고 / 온 우주에 올연히 솟아 오른 병 부딪는 소리 / 이 사람아 조주趙州 그 영감 차 말고 / 내 한 잔주지 휘파람으로 / 달빛이 연못을 뚫어도 흔적 없다 누가 / 말 하던가 / 오직 연못을 뚫고 / 있을 뿐일세

이 「자정일지」는 나의 40세 무렵의 파편이다. 그리고 1985년 2월 9일은 마흔들던 1월 1일 설날元旦이었다. 지금도 생각하면 나와는 일면식도 없고 『만공어록』 제대로 한 번 읽지 않은 만공 월면滿空月面, 1871~1946 선사와 꿈속 조우였고 스님한테 받은 큰 은혜였다.

2. 선법사 서옹 상순 화상

서옹 상순西翁尚純, 1912~2004 선사를 만나게 된 것은 내 삶의 크나큰 광영이었다. 스님께서 80노구에도 불구하고 강원도 강릉에서 참문하려 간 나를 한 번도 마다하시지 않고 7년간 일곱 차례나 일천한 공부를 점검해 주시는 두터운 법은을 내리셨다. 참으로 지극한 낙초자비落草慈悲였고 간절노파심절懇切老婆心切이었다. 백골이 난망難忘되어도 잊을 수 없는 은혜다.

지금까지 감동덩어리로 뭉쳐져 날이 갈수록 더욱 짙어지고 있는 생생한 기억은 그를 처음 만났을 때다.

1980년 땡 여름, 8월 15일이었다. 당시 도반이었던 부운수자가 나의 참문을 미리 연통하였기 때에 이내 서옹 스님을 친견할 수 있었다.

8월 15일 부운수좌와 함께 임제선원 조실에 시봉스님의 안내를 받고 들어갔다. 아랫목에 앉아계시는 큰스님은 차라리 단아한 한 마리 청학이었다. 형형한 안광眼光, 입가에 깃든 미미소微微笑, 몸에 우러나오는 간단명료함, 심신에서 우러나오는 고적함, 바로 노고추老古錐[3]였다. 나는 그때 '바로 이분이구나' 하는 탄성이 마음에서 저절로 우러났다.

나는 스님에게 삼배의 예를 올리고 꿇어앉았다. 부운수좌가 미리 전화를 드려서 참문하려 가는 수선행자修禪行者임을 연통한 까닭에선지

---

3 노고추는 오랜 옛 송곳이니, 송곳은 빼족하여 아무리 감추어도 자연 드러난다. 이와 같이 덕 높고 법력이 높은 조사스님들도 아무리 감추려 해도 자연 드러나니 옛 송곳과 같다는 의미다.

스님은 전신에 온화한 기운을 보이신다.

"공부하는 학자라고" 하시는데 조실이 온기로 가득 차 넘실거린다.

나는 아무런 말도 하지 못한다. 시자가 따라주는 작설차를 입안에 머금으며 내 공부를 여기서 마감해야 하고, 내 공부를 마땅히 조사스님한테 인가를 받음으로 이 한계상항에서 자유롭게 훨훨 날아야 한다는 결심이 앞선다. 돌이켜 보면 처음 우리가 살고 있는 현실 세계 말고 또 다른 세계가 있다는 걸 알고 금생에 이 일을 마쳐야한다고 초발심初發心한 일(이때 나는 18세였다)이 엊그제께 같은데, 벌써 20년이 지나 돌아와 다시 18세 나이로 스승님 앞에 꿇어앉은 나를 본다.

"그래, 묻고 싶은 게 ……"

(이 멍충이 놈아 뭘 묻고 싶은 거냐?)

나는 부끄러운 새 악시 마냥 겨우겨우 말씀을 올린다.

"스님, 제가 알고 싶은 게, 8식 이전의 소식입니다. 이 소식을 한 말씀해 주십시오."

(8식 이전의 소식은 부모미생전父母未生前 본래면목本來面目을 나에게 내보여주시란 말입니다.)

스님께서는 어눌한 내 말을 제대로 듣지 못하셨는지, 6근과 6경의 12처, 6식을 합친 18계. 7식. 제8식인 아뢰야식에 이르는 유식철학과 프로이드 정신분석학에 배대하여 한 20여분에 달하도록 친절한 가르침이 계셨다. 스님의 잔잔한, 동서를 회통하는 말씀. 너무나 오랜 세월이 흐른 듯한 진공상태인 것 같은 스님의 말씀 끝에 나는 허기지고 지쳐 있었다.

"스님 저는 생사문제가 무너진 자리, 이 소식을 묻고 있습니다."

(전 그 말씀을 물은 것이 아닙니다. 전 생사문제가 허물어졌습니다.)

"수선납자인가?"

부운선화가 곁에서 열심히 참선하는 선객이라고 보충하는 말이 들렸다. 그리고 이즘 소식이 있어 점검 받고자하여 같이 오게 됨을 대략 말을 한다.

나의 살림살이는 긴 터널을 내닫는 열차와 같이 외길로 치닫고 있었다. 향상일로向上一路는 진공과 같은 한 길이고 틈도 없는 무간지옥無間地獄을 돌고 돌다 천 길 낭떠러지 끄트머리에 발가벗고 서 있다가 한발을 내딛었다는 생각. 이 생각이 옳은 것이냐 그렇지 않은 것이냐, 이것이 그 당시 나에게는 가장 큰 일이었다. 18살에 초발심 후, 이 일은 丈夫一大事였고, 가장 큰 문제였고, 생명을 건, 늘 내려가지 않는 체증으로 남는 내 가슴에 맴도는 문제였다. 이 일대사가 40 전후에 무너져 내리는 실제 체험을 얻고, 나는 이 일이 사실인가를 확증받기 위해 제방 선지식님네를 찾아 나섰다. 그때의 수도일지인 「자정일지子正日誌」 몇 도막을 옮긴다.

실눈을 뜨시고 미미소를 머금은 채, 어눌한 나의 말을 들으신 스님은 가느다란 솔바람 같은 소리로 나에게 물었다.

"거 참 좋은 거 알았군, 그럼 내 다시 묻겠네."

삼복이라서 더운지 하여튼 나는 꿇어 앉아 얼굴에 땀을 훔치고 있었다.

나는 심신을 다시 가다듬고 말씀을 기다렸다.

"움직일 때나 움직이지 않을 때나 너는 너를 잘 보고 있느냐?"

나는 망설이지 않고 언하에 "예, 그러합니다."

"그래 그렇군. 그럼 깊은 잠에서도 너는 너 자신을 잘 지키고 있느냐?

"예, 그렇습니다" 냉큼 대답을 올렸다.

"그래 그렇다. 너는 너를 참 잘 알고 있구나. 그러면 꿈 가운데도 너는 너를 마음대로 쓸 수 있느냐?"

"예, 그렇습니다. 그렇지 않고서야 어디 우리가 이 자리에 앉아 있을 수가 있겠습니까?"

나는 몹시 냉정을 잃고 흥분을 즐기고 있었다. 고요가 깨어지고 있었다.

"거 참 대단하군, 그래 꿈도 없고 잠도 없고 낮도 밤도 아니다. 그럴 때 너는 너를 잘 알 수 있느냐? 그러할 때 너는 어디에 있더냐?"

나의 의식은 아득해지고, 몽롱해지고, 바래지고 있었다. 황망하여 갈피를 잡지 못하고 있었다.

나는 나도 모르게 "꿈속에 있습니다" 모기소리를 내었을 뿐이었다.

"봐라, 그건 모르는 거여, 하나를 몰라도 다 모르는 거여."

말씀이 들렸다. 넌 가짜야 가짜. 나는 나 자신에 대한 자책감과 자괴감으로 온 몸이 무너져 내려앉았다. 깊은 수렁으로 빠져들고 있었다.

나는 긴 세월이 흐르는 착각의 침묵 속에 꼼짝 못하고 꿇어 앉아 있었다. 얼마가 지났는지 부운선화가 나의 겨드랑이를 부추이며 큰스님이 피곤하시니 물러가자고 하였다. 일어서는 순간 나는 나의 몸을 가눌 수 없이 지쳐 있음을 알았다. 무너져 내리고 있었다. 캄캄하였다.

스님이 일어나시어 문밖까지 나오셔서 '요즘 수좌치고 그 만큼 공부하는 사람도 없다. 기특하다. 내년 이때 다시 오라.' 대략 이런 말씀을 하시며 어깨를 두드려 주셨다.

나는 버스 차창에 얼굴을 기대고 영동고속도로를 버스가 되어 달리고 있었다. 차창엔 하염없이 눈물을 흘리는 사내의 얼굴이 비쳤다.

1985년 서옹스님과 첫 만남은 이렇게 끝났다.

그 후 나는 1년간 서옹스님을 가슴에 안고, 공부가 순일하지 않을 때는 스님의 미미소를, 형형한 안광을, 스님의 가늘고 긴 목소리를 떠올리며, 오직 이 문제를 끌어안고 1986년 8월을 맞이한다.

1년을 여삼추餘三秋와 같이 보낸 나는 백양사와 운문암, 서울 백운암으로 전화를 하면서 스님이 계시는 곳을 확인하였다. 다음 일요일에 무학재 넘어 수국사에서 대중법문을 한다는 것을 알게 된다. 한걸음에 강릉에서 달려간 나는 수국사에 들어서자마자 스님을 찾았다. 마치 스님께서 대웅전 옆 작은 방에서 법문할 준비를 하고 계셨다. 급히 스님께 삼배의 예를 올렸다.

"너 왔구나."

하시며 얼굴에 환한 표정을 지으셨다. 그때 시자가 와서 '스님 법문을 할 시간입니다' 하는 전갈을 받았는데도 아무런 내색 없이 나를 물끄러미 건너보시더니 말씀을 하셨다.

"그래, 그때 어디까지 했지?"

"예, 스님 오매중寤寐中 일여一如하냐? 그렇다면 이 일여할 때 너는 어디에 있더냐? 속히 일러보아라."

나는 기다렸다는 듯이 소프라노로 읊었다.

"응, 그렇군. 그럼 그럴 때 너는 어디에 있더냐?"

나는 일어섰다 앉으며 단숨에 여쭈었다.

"바로 여기입니다."

그러자 스님은 말이 떨어지자 말자 이르셨다.

"거긴 그 자리라 해도 맞지 않는 거여. 이럴 때는 무어라 대답할 것인고?"

하시며 대중법문이나 들어라하시는데 또 앞이 아득해졌다. 막 내 앞을 지나시는데, 장삼 깃을 당기며 나는 외쳤다.

"이 자리입니다."

하니 잡은 나의 손을 홱 뿌리치시며 법상으로 올라가셨다.

나는 비를 맞으며 영동고속도로를 달릴 수밖에 없었다. 속절없이 내 앞에도 내 위에도 내 뒤에도 비는, 비는 내리고.

다시 1년. 또 다시 1년 8월 어느 날.

나는 매년 신춘문예를 기다리는 문학도가 되듯 어김없이 8월은 다가오고 나는 바싹 바싹 여의어만 가고, 공부는 점점 비워져만 가고, 이젠 살림살이랄 것도 없어지고.

어느 8월 한 해. 다시 백운암 방장에서 스님과 마주 앉게 되었다.

다짜고짜로 스님은 인사도 여쭙기 전에 물었다.

"왜, 억울하냐? 억울한 건 너가 아니고 나다. 그럼 너라고 부르는 취현(나의 법명) 은 뭐냐?"

"스님, 이 자리입니다."

"그 곳은 이 자리라 해도 맞는 것이 아니다. 다시 일러봐라."

스님은 사정없이 정신을 차리지 못하게 나를 몰고 갔다. 나는 막다른 절벽에서 뛰어내리지도 못하고 돌아설 수도 없는 곳에서 1년 또 1년을 보내고 다시 1년 같은 하루를 진공 속에서 맞이하고 있었다.

"그래, 그래도 억울하냐? 그럼 다시 한 번 해보자. 나에게 보배로운 지팡이가 하나 있는데, 네가 가졌다면 나는 이것을 너에게 줄 것이고, 너에게 이 지팡이가 없다면 너의 지팡이를 빼앗아 가겠노라 하는 법문이 있는데, 너의 견해를 한 번 일러봐라."

일반적으로 이 법문을 이해코자 하면, 주장자가 없으면 주장자를 주고 주장자가 있을 때는 주장자를 빼앗는 것이 우리의 상식이다. 그런데 스님은 전혀 일상을 뛰어넘는 법문으로 나의 살림살이를 점검하신다. 잠시 후 나는 말씀을 올린다.

"스님, 스님과 저, 모두 같은 지팡이 안에 있는데, 무얼 주고받는단 말씀입니까?"

한참 침묵하시든 스님께서 나를 넌지시 건너보시다 하시는 말씀.

"아니야, 아니야. 탕기에 때가 묻어, 때가 묻어 나. 다시 참구해라. 왜, 국민학생이 100m 달리기를 하는데 얼마나 열심히 달리는지 옆에 누가 뛰는지 누가 뒤 따라 오는지 모르고 달리지, 그렇게 참구하라. 마치 철봉대에서 마지막 턱걸이 하듯 말이야."

이렇게 다시 1년의 세월을 지푸라기 같이 구겨지고 혹은 날 선 작두와 같이 시퍼런 상태에서 나를 추스르며 스님을 되삭이며, 스님을 따라 실참실수實參實修하길 어느덧 7년이 흘렀다. 돌이켜 볼 수 없는 시간 속에 나는 아무것도 남지 않았다. 당시 나는 강릉 포교당에서 『반야심경』을 강講하게 된다. 그리고 틈틈이 『반야심경』 주소를 나름대로 사기私記하고 이해한 부분을 새로운 체계로 적어 내려가 한 권 분량의 책이 되어서 출판을 하게 된다. 이 책을 쓰게 된 것 역시 스님을 처음 참문할 때부터 시작한 것이니, 한 7년 열심히 참구한 도리를 『반야심경』의 말씀과 같이 적은 것이니, 곧 나의 살림살이 전부이고, 또 스님에게 보여줄 나의 전부인 셈이다.

이렇게 쓰여진 육필원고를 들고 다시 백운암에 들렀다. 당시 스님께서 심장이 좋지 않아 건강에 문제가 있다 하시며 일본에 병원을 하는 신도가 있는데, 한 번 다녀와야겠다고 말씀하셨다. 마침 그 당시 도반인 성철 스님께서 입적한 때였다.

"거, 보따리에 든 것이 무어냐?"

"예, 저가 스님을 처음 찾아뵐 때부터 수선일지 삼아 쓴 『반야심경』 육필원고입니다. 스님께서 서문을 받고자 합니다."

"허허, 선승이 뭐 글이 있나."

하시며 한사코 사양하신다. 그러나 나도 물러설 수 없는 외길이라 계속 졸랐다.

"스님, 바로 그것이지요. 선승이 글이 없다고 한 자 적어주시면 서문으로 싣겠습니다."

"그럼 심경을 오래 탐구했으니, 물어보자. 어떤 이는 '반야바라밀'을 요체라 하고, 혹 어떤 이는 마음 심자心字를 요체라 하고, 또 '색즉시공 공즉시색'을 요체라 하는데, 너는 무엇을 반야의 요체라 할 거냐?"

"예, 저는 모든 이들이 보는 바를 부정하지는 않습니다. 그렇지만 스님께서 물으셔서 굳이 말씀을 드린다면, 마하는 반야요 반야는 바라밀이고 바라밀은 다이고 다는 심이며 심은 경입니다. 또 관은 자재이고 자재는 보살이며 보살은 행이요 행은 심이고 심은 반야이며 반야 역시 바라밀이며 다이고 시며 조견이고 오온이며 개공도입니다. 저는 이 도리가 이러하다고 생각합니다."

그리고 『반야심경』 270자를 이어 암송하려 하는데,

"그래 그래, 그만 됐어. 그럼 어디 무지역무득無智亦無得을 펼쳐보게. 그 곳을 읽어 봐."

나는 무지역무득의 장을 펼쳐 열심히 읽는다. 2쪽 가량 읽는데,

"그만 되었다. 그것 두고 가거라."

한 달포 후 스님한테서 기별이 와서 달려갔더니 다음과 같은 게송을 서문으로 주셨다.

> 반야의 칼이여 부처와
> 조사를 처죽이고
> 싶어런 칼을 쓰고는
> 급히 갈어라 나무 까치는 날러서
> 하늘 밖에 사모치니
> 바로 천 봉오리 만
> 산악을 통과해 가도다
> 般若劍兮殺佛祖 吹毛用了急須磨
> 木鵲飛翔徹天外 直透千峯萬嶽去
> 佛紀2535年 辛未年 4월 3일 西翁

이날 나는 카메라 필름 한통에 스님의 사진을 담았다. 어쩐 일인지 스님과 혹시 마지막일지도 모른다는 생각이 들었기 때문이다. 나는 내 내 마음으로 울곤 했다.

그리고 다시 1년의 세월이 흘렀다. 되돌아보면, 이 당시 심신이 지칠 대로 지쳐 74kg의 몸무게가 57kg 정도로 바싹 말라 갔고, 공부의 무

게는 모두 발산되어 1g도 안될 정도였을 터이니. 나는 죽음도 무방하다는 생각이 자연스럽게 들곤 하였다.

가을 백운암으로 스님을 뵈려가고 있었다. 봄에 찍었던 스님의 진영을 확대하여 가지고 조실을 찾았다.

"오, 너 왔구나. 가지고 온 것은 뭐냐?"

"예, 스님의 진영입니다. 제 마음에 썩 들어서 한 장 크게 뽑았습니다." 하며 20호 크기의 스님의 진영을 내 놓자 '거 참 천진하게 되었구나' 하시며 기뻐하셨다. 갑자기 스님께 나도 모르게 물었다.

"스님, 저가 만약 마지막 참문제자로 너의 스승 서옹의 진면목이 어떻더냐고 묻는 사람이 있다면 저는 어떻게 대답해야 되겠습니까?"

말이 떨어지자 말자 스님은 벌떡 일어서시며 나를 의미심장하게 보며 외쳤다.

"너, 반야 있잖냐? 반야 말이야. 나는 반야다 반야야."

움추린 스프링이 튀듯이 지금도 잔음殘音이 남도록 고유한 가늘고 긴 소리, 나를 꼼짝할 수 없도록 몰아갔다. 나는 이제는 속지 않는다 하는 마음으로 조용히 일어서서 스님을 부축하며 말씀을 드렸다.

"선지식이 중생들에게 그렇게 어렵게 법문을 하시며 누가 알아듣겠습니까? 스님 진중하십시오."

"그래, 그럼 너는 어떻게 말할 거냐?"

언하言下에 전광벽력電光霹靂과 같이 외쳤다.

"나도 반야다. 나도 반야야."

스님은 나를 한 참 보시더니 크게 웃으시며 말씀하셨다.

"넌, 역시 반야를 잘 숙지하고 있구나. 그러할 뿐이다."

대략 더듬어보니 스님께 참문한 지 7년이란 세월이 갔고, 조사 앞에 머리 숙여 서래밀지西來密旨를 물은 지 꼭 일곱 번이 될 때였다.

서옹당 상순 대종사님의 간절 노파심은 이와 같았다.

다시 한 해가 가고 여름 어느 날 새벽 4시경 혼곤한 잠 속에서 스님의 전화를 받는다.

"취현이여, 나 아마 5일 정도에는 일본에 가야할 것 같아. 가슴이 영 좋지 않아. 아마 수술을 할지도 모르지."

힘이 없는 목소리. 피곤하게 느끼는 목소리가 전화를 타고 들려왔다.

이날 나는 새벽 6시 버스를 강릉에서 타고 곧바로 스님에게로 달려갔다. 한 여름이 막바지인 8월 말일인 듯싶다.

10시 쯤 백운암 조실에 드니 제주도에서 올라온 법화원에 계시는 시몽 스님이 앉아 있고, 당시 스님의 시자가 있은 듯하다. 스님은 반가워하시며 나에게 몇 가지 물건을 주시며 징표로 삼으라고 하셨다.

고방선사의 『벽암록』과 스님 직접 친필로 현토하신 『신심명』과 수처작주隨處作主라고 쓴 스님의 대필 글씨, 스님이 직접 수결 낙관한 스님의 저서 서옹연의 『임제록』 그리고 백양사 법맥을 인쇄한 계보첩. 그리고 「시示 송월조거사宋越祖居士」라고 쓴 진리의 노래를 주셨다. 그 게송은 아래와 같다.

송월조거사에게	示
마음을 열어 보이다	宋越祖居士
부처와 조사를 초월하니	超佛越祖是眞人
이 사람이 진인이다	

면밀한데서 일보 이동하니	密移一步見飛龍
날으는 용을 보도다	
진리의 향주머니를 따서 깨드리니	摘破香囊熏大國
온 나라가 훈훈하고	
하늘 틈을 버선목 뒤집듯 열으니	撥開天竅吼淸風
맑은 바람이 울부짖도다	
임신년 8월 15일 서옹	壬申八月十五日 西翁

게송을 주시며 말씀하셨다.

"내가 네 이름을 하나 지었지. 월조야, 월조."

옆에 잠자코 있던 인사차 조실방에 들린 시몽스님이 '월조는 달월 비칠 조자입니까, 하고 물으니 스님께서 '아니야 뛰어 넘을 월자에 할아비 조자야' 하시었다.

아! 돌이켜보면 조사께서 나투신 간절 노파심이 이토록 지극하셨는데, 스님의 뜻을 전혀 받들지 못한 나는 오늘도 이렇게 허무맹랑虛無孟浪하게 살고 있지 않는가.

스님이 이르신 경절徑截의 말씀, 끝내 가르쳐주지 안한 그 적절의 말씀. 부처와 조사, 천하의 선지식도 말씀하지 안한 그 말씀을, 오늘 전 매스컴을 통해 세간에 또 한 번 열반의 소식을 전하니 눈 있는 자 듣고 귀 있는 자 볼 뿐입니다.

『금강경』에 이르기를,

만약 모습으로 나를 보려 하거나

음성으로 나를 구하려 하면

이 사람은 삿된 도를 행함이니

여래를 보지 못하리라.

하신 것과 같이 스님의 가르침은 무릇 이와 같았습니다.

극락에서 무간지옥으로 들었다 해도,

무간지옥에서 극락으로 가셨다 해도,

무간지옥에서 무간지옥으로 옮기지 안했다 해도,

부족합니다.

실눈을 잘게 뜨신 참사람이

걸음도 당당하게 무간지옥에 들고

가없는 광명의 하늘 틈이 펼쳐집니다.

무간지옥이 된 눈먼 당나귀

몰록, 일할을 바칩니다.

2004년 2월 8일

문인門人 취현醉玄행자 월조越祖 송준영 근지謹識.

제3장

선종의 선맥보와 선맥도

1. 선종의 선맥보[1]

1) 초기 선맥보

(1) 선의 시원

선은 멀리는 석가세존으로부터 연원되어 마하가섭을 1대로 하여 28대 보리 달마로 비롯된다. 선의 근원을 이야기할 때 선문에서 흔히 삼처전심三處傳心을 말한다. 삼처전심이라 함은 세존께서 가섭에게 세 곳

1 이 선맥보는 조선 영조 40년(1764) 사암채영(獅巖采永)이 편찬한 『西域中華海東佛祖源流』를 참조하였고, 그리고 1983년에 경운형준(畊雲炯埈)이 불서보급사에서 간행한 『해동불조원류』를 살펴보았다. 그 이후에 고승들의 사자상승은 여러 어록과 발품을 팔은 결과다. 선을 참하는 선객들에겐 뼈대를 분명히 하는 일이라 느껴 감히 도표를 그렸다.

에서 마음을 전함을 이른다. 세존께서 기사굴산에서 대중들에게 법을 베풀었다. 한참 무아경으로 말씀을 이으시다 말문을 닫았다. 잠시 후 연꽃을 집어 들고 대중에게 보이셨다. 그러나 대중들은 세존께서 무엇을 의미하는지 아무도 몰랐고 어리둥절할 뿐이었다. 그때에 가섭만이 엷은 미소를 띠었다.

> 나는 정법안장正法眼藏과 열반의 미묘한 통찰력을 가지고 있습니다. 이 열반은 무형의 모양과 실제의 모양을 다 같이 갖춘 것이며, 문자로써 알 수 있는 건 더욱 아니며, 모든 경전 밖에 따로 전달되는 것입니다. 이제 나는 이 비전을 마하가섭에게 부촉합니다[2]
>
> 吾有正法眼藏 涅槃妙心 實相無相 微妙法門 不立文字 教外別傳 付囑摩訶迦葉

이와 같이 선의 기원은 모호한 전설 속에 가려져 있다. 따라서 선의 근원을 말할 때 자연 석가모니로 올라간다. 인류의 정신 유산 중 가장 미묘한 선은 한 송이의 연꽃과 한 번의 미소에서 탄생되었다. 삼처전심 중 오직 염화시중 미소만이 출처가 분명하지 못하나, 얼마나 낭만이 있고 멋스럽고 아름다운가는 이야기를 접해 본 사람이면 바로 직감

---

2 이지관, 「선요」, 『사집사기』, 해인총림, 1986, 232~234쪽; 정성본, 「보림전의 성립과 정법안장」, 『중국선종의 성립사 연구』, 민족사, 1991, 756~779쪽 참조.
『보림전』, 『持月錄』, 『무문관』, 『오등회원』, 『연등회요』 등에 기록되었음. 역시 문헌상 최초의 기록은 『보림전』 권1 「도중부법장열반품」 제3에 있는 기록(801년작)이다.
여기서 좀 더 고찰하여야 할 문제는 다자납선 분반좌는 『아함경』, 「중본기경」과 쌍림수하곽시쌍부는에 출전되었음이 밝혀지나 염화시중 미소는 경전 출처가 분명하지 않다. 흔히들 『대법천왕문불결의경』 권3 「염화품」 제2에 기록되어 있다 하나, 근자에 와서 학자들의 연구결과 이 경이 위경으로 밝혀졌다. 그러나 이런 내용은 『법화경』에 '靈山說法 天雨四花'나 『열반경』에 '吾有正法眼藏 付囑迦葉'과 같은 경문이 있는 것으로 보아 염화시중과 같은 구체적인 이야기로 발전된 것으로 보인다.

하게 된다. 선의 멋은 선화가 정말이냐 거짓이냐에 있는 것이 아니다. 염화시중의 미소가, 선 이야기가 우리에게 전수되어지면서 만들어졌다 해도 이것은 아주 정확하게 선의 정곡을 찌른 이야기다. 어쨌든 선은 미소 짓는 한 송이 꽃이 피어나는 미소를 자아낸다고 보는 이 이야기야말로 선의 핵심이 아닌가.

곧 삼처전심은 염화시중 미소, 다자탑전 분좌, 곽시쌍부를 일컫는다. 다자탑전 분좌는 '세존이 다자탑 앞에서 설법을 하는데 가섭이 늦게 도착했다. 그와 자리를 나누어 앉히자 대중이 모두 어리둥절하였다는 내용이고, 곽시쌍부는 세존이 사리쌍수 사이에서 열반에 들자 가섭이 7일이나 늦게 도착하여 관을 세 바퀴 돌면서 "생사의 무상을 초월하셨다 말씀하시더니 어찌하여 이렇게 빨리 돌아 가셨습니까?" 하니 세존께서 관 밖으로 두발을 내어 보였다는 선화다. 염화시중의 미소와 함께 세존이 3곳에서 마음을 전했다' 하여 선가에서는 선의 근원으로 삼는다. 따라서 선의 원조遠祖는 석가세존이고 종조宗祖는 보리 달마이다. 1대 가섭으로부터 면면이 곧게 전하여 28대 보리 달마에 이르러 인도로부터 중국 남북조 시대에 양무제 때 광동으로 달마가 들어와서 양무제와 선문답은 『벽암록』 제1칙 「확연무성」 으로 나타난다.

(2) 선맥의 정립기

선은 본래 불교 이전 인도 고대 각종의 고행자인 구도자들에 의해 명상을 내용으로 하던 것이 중국으로 전파되면서 선수련자들에 의하여 본체에 대한 돈오나 자성에 대한 직관적 자각 즉 증득을 본질로 한다. 선사들은 하나같이 제자들에게 명상과 사유로 선의 본질에 들 수 없음을 강조해 왔다.

석가모니의 선의 등불을 이은 마하가섭摩訶迦葉을 1대로 하여 28대에 이르러 달마達摩가 중국으로 건너와 중국 선종의 씨앗을 뿌린다. 육조 혜능이란, 달마를 초조로 하여 2조 혜가二祖慧可, 3조 승찬三祖僧粲, 4조 도신四祖道信, 5조 홍인五祖弘忍을 잇는 선의 여섯 번째 조사 혜능이란 뜻이다.

육조 이전에 분파된 선종은 4조 도신의 제자인 우두법융牛頭法融에 의해서 우두종이 성립된다. 이 우두종은 다음 초기선맥도에서 보듯이 법융으로부터 6대 경산도흠徑山道欽, 7대 작소도림鵲巢道林에 이르러 선종사에서 사라진다. 우리나라 최초의 선을 전한 법랑法郞도 4조 도신의 전법제자다.

오조 홍인 대에 이르러 자주지선資州智詵, 숭산법여崇山法如, 옥천신수玉泉神修, 육조혜능六祖慧能 등이 있으며, 옥천신수와 육조혜능에 의해 점오사상인 신수는 북종으로 돈오사상인 혜능은 남종으로 종파가 분파된다. 북종 신수는 그의 제자 대조보적大照普寂이 있고 정주석장定州石藏에 이르러 선종사에서 자취가 사라지고 남종 혜능에게는 많은 용상들이 배출되니 남악회양南嶽懷讓, 청원행사靑原行思, 남양혜충南陽慧忠, 영가현각永嘉玄覺, 하택신회荷澤神會 등이다.

5조 홍인의 제자인 지선智詵은 사천불교의 지주로 처적處寂을 낳고 처적은 정중무상淨衆無相을 무상은 보당무주保塘無住, 정중신회淨衆神會를 낳는다. 이어 성수남인聖修南忍 대를 거쳐 의만義恍에 이르러 선종사에 자취를 감추니 이를 정중종이라 한다. 특히 정중무상은 신라 경덕왕의 3자이며 티베트에 선을 전파한 조사이다. 그의 인성염불引聲念佛

과 삼구법문은 오늘날 까지 이어져 많은 영향을 주고 있다.

육조 혜능의 많은 제자 중, 남악회양과 청원행사의 후손들이 선의 황금시대를 펼치니 이를 일컬어 선문의 오가칠종五家七宗이라 일컫는다. 남악은 마조도일馬祖道一709~788를 낳고 청원은 석두희천石頭希遷을 두니 천하는 강서의 마조와 호남의 석두의 천하가 되니 이것이 강호라는 말의 어원이 된다. 특히 마조의 일문이 번창하니 선의 각 종파가 난립될 때, 이를 홍주종洪州宗이라 불렀다. 마조는 원래 정중무상의 제자라는 설이 있다.

다음 하택신회가 이룬 종파를 하택종이라 한다. 하택-자주법여磁州法如-형남유충荊南惟忠-대덕도원大德道圓-규봉종밀圭蜂宗密과 하택을 잇는 오대무명五臺無明과 그의 제자 화엄징관華嚴澄觀은 모두 하택종의 선장들이다. 그리고 마조의 홍주종은 초기불교에 한 지파였지만, 후대에 오가칠종이 형성됨에 따라 선문의 주파로 떠오른다.

초기의 여러 종파 곧 우두종, 하택종, 정중종, 보당종, 북종, 남종, 홍주종이란 여러 선문들의 이름은 정립기에 들어서면서 차츰 사라지고 육조 혜능의 남종 계열만이 홍성하였고, 오늘날까지 임제종과 조동종이 면면이 선맥을 잇고 있다.

2) 5가 7종 선맥보

5가 7종 중 가장 먼저 종파를 이룬 것은 위앙종이다. 남악은 마조를 낳고 마조는 『전등록』에 의하면 135명의 용상을 배출한다. 서당지장西

堂智藏, 백장회해百丈懷海, 남전보원南泉普願, 석공혜장石鞏慧藏, 대주혜해大珠慧海, 염관제안鹽官齊安, 창주신감滄州神鑑, 마곡보철麻谷普徹, 불광여만佛光如滿, 장경회휘章敬懷暉, 대매법상大梅法常, 방온거사龐蘊居士 등이 그들이다.

마조는 위산영우潙山靈祐와 황벽희운黃檗希運을 낳고 위산은 앙산혜적仰山慧寂과 향엄지한香嚴智閑, 영운지근靈雲志勤 같은 용상을 두었다 위산과 앙산에 의해 이루어진 **위앙종**이 탄생하니 오가 중 가장 먼저 성립된 종파이다. 그리고 황벽의 상족 백장회해百丈懷海에게 선문의 영웅이 출생하니 이가 임제의현臨濟義玄이다. 의현이 **임제종**의 개창조이며, 임제 하에는 삼성혜연三聖慧然, 위부대각魏府大覺, 흥화존장興化存奬이 있고 흥화에겐 남원혜옹南院慧顒이 있고 남원 하엔 수산성념首山省念이 있고 수산 하에는 분양선소汾陽善昭가 출현하고 분양은 석상초원石霜楚圓을 낳는다. 석상의 양 고족 황룡혜남黃龍慧南과 양기방회楊岐方會가 탄생(북송시대)하니 이가 바로 **황룡파**와 **양기파**의 시조가 된다. 황룡 아래엔 동림상총東林常總, 융경경한隆慶慶閑, 회당조심晦堂祖心이 있고 그 아래에는 원통가선圜通家僊이 있고 원통에겐 부산법진浮山法眞이 있다. 양기의 상족에는 백운수단白雲守端이 있고 백운은 오조법연五祖法演을 낳고 오조는 장수원정長隨遠靜과 원오극근圜悟克勤을 두었다. 장수는 확암지원廓庵志遠, 원오는 호구소륭虎丘紹隆을 낳는다. 호구는 응암담화應庵曇華를 낳고 응암은 밀암함걸密庵咸傑을 낳고 밀암은 파암종신破庵祖先을 낳고 파암은 무준사범無準師範을 낳고 무준은 운암조흠雲庵祖欽을 낳고 운암은 급암종신及庵宗信을 낳았다. 급암의 두 상족이 있으니 석옥청공石屋淸珙과 평산처림平山處林이다. 석옥에게 고려의 태고보우太古普

愚와 백운경한白雲景閑을 두고 평산은 나옹혜근懶翁慧勤에게 전법을 하였다. 태고보우는 구산선문의 가지산문 후손이며 동시에 임제종 양기파의 법손이 된다. 때문에 우리나라 조계종은 양기파와 구산선문을 법계를 잇고 있다.

그리고 청원에겐 석두를 거쳐 상족들이 출생하니 천황도오天皇道吾, 약산유엄藥山惟嚴, 단하천연丹霞天然, 대전보통大顚寶通 등이 있다. 약산에게 도오종지道吾宗知, 선자덕성船子德誠, 운암담성雲巖曇晟이 있고, 운암에게 동산양개洞山良价를 낳으니 이분이 **조동종**의 종조이다. 동산은 운거도응雲居道膺, 용아거둔龍牙居遁, 조산본적曹山本寂, 흠산문료欽山文邃 등의 상족이 있다. 일반적으로 조동종의 이름이 동산과 그의 제자 조산의 이름을 합쳐진 이름이라 한다. 하지만 제자의 이름 첫자가 스승의 이름위에 있을 수 없으니 조계혜능의 曹라하기도 한다. 조산의 문중은 선종사에는 금봉종지金峰從志 이외는 뚜렷한 이름이 보이지 않고, 운거 하에 동안도비同安道丕 동안상찰同安常察 등의 이름이 나타난다. 동안을 잇는 양산연관梁山緣觀, 그 아래 대양경현大陽警玄은 투자의청投子義靑을 낳고 투자는 부용도해芙蓉道楷를 낳고 부용은 단하자순丹霞子淳을 두니, 단하 아래에 천동정각天童正覺의 출현하여 조동종이 크게 용틀임한다. 이무렵 천동사 천동여정天童如淨, 1163~1228에게 법을 얻은 일본 승 도원道元, 1200~1229에 의해 일본으로 전파되니(1227년) 지금도 일본의 조동종이 제1종파로 성황을 하고 있다. 천동정각과 여정은 거의 동시대에 묵조선을 대표하는 거장이다.

석두의 법자 천황은 용담숭신龍潭崇信을 낳고 용담은 덕산선감德山宣鑑을 낳으니 덕산에겐 설봉의존雪峰義存 암두전활巖頭全豁 등의 용상이 출현한다. 이어 설봉에겐 운문문언雲門文偃 현사사비玄沙師備 등 고족들을 두니 바로 운문은 **운문종**의 개조다. 그 아래에 향림징원香林澄遠을 거쳐 지문광조智門光祚가 출현하고 지문 하에 설두중현雪竇重顯이 나타나 선문을 크게 중흥시킨다. 현사는 나한계침羅漢桂琛을 거쳐 법안문익法眼文益이 출현하니 이 분이 **법안종**의 시조가 되며 2대 천태덕소天台德韶와 3대 영명연수永明延壽 이후에 법계가 희미해진다.

3) 우리나라 선맥보

앞 초기 선맥보에서 보듯이 우리나라에 선종을 처음 가지고 들어 온 선사는 4조 도신에게 법을 받은 법랑法郞이나 멀리 이어지지 못하고 곧 사라진다.

(1) 9산선문의 선맥보

우리나라에 오늘날까지 지속되는 남종선은 서당지장과 백장회해에게 인가를 받은 도의원적道義元寂이 귀국하니 우리나라 남종선의 초조가 된다. 제자 염거廉居를 거쳐 법손 체징普照體澄 때에 **가지산문**을 열게 된다. 서당에게 인가를 받은 홍척洪陟은 우리나라 최초의 산문인 **실상산문**을 개산하고, 또한 서당에게서 전법한 혜철惠徹에 의해 **동리산문**이 형성된다. 염관제안에게서 **사굴산문** 범일梵日이 출생하고, 남전보원에서 **사자산문** 도윤道允, 마곡보철과 불광여만으로부터 **성주산문** 무염無染

이 출생하고, 장경회운에게 **봉림산문**의 현욱玄昱, 창주신감의 진감으로부터 **희양산문** 도헌道憲이 탄생되니 우리나라 구산선문 중 여덟 산문이 출생한다. 그리고 청원과 석두를 조상으로 하는 동산양개洞山良价(조동종)의 제자 운거도응雲居道膺으로 전법한 이엄利嚴이 수미산문을 개산하니 구산선문 중 가장 늦다. 다른 산문은 신라 때 개산되고 **수미산문**만이 조동종 개열이며 고려태조 때가 된다.

다음 3)-(1) 9산선문 법계도에서 보듯이 신라 8산산문과 고려의 수미산문을 통합하여 9산선문이 형성된다. 모두 남종선의 법맥을 이었는데 회양산문은 4조 도신의 법을 이은 법랑이 귀국하여 신행에게 법을 전하고, 또 신행은 입당하여 보지공에게 인가를 받기도 한다. 신행은 준범에게 준범은 혜은에게 혜은은 지선도헌에게 법을 전하니 이분이 회양산문(879년, 헌강왕 5)을 개창한다. 그리고 마조의 법자 창주신감으로부터 인가를 받은 쌍계혜소에게 거듭 전법을 받으니 지선이 개창한 경북 문경에 주찰인 봉암사 회양산문은 법랑의 법손인 동시에 마조계의 법을 동시에 잇게 된다.

때문에 9산선문 모두가 크게 보아 혜능의 남종선의 법손들로 가득 찬다. 또 세분화하여 보면 가장 나중인 고려 태조 15년(932)에 개창한 수미산문은 청원계인 석두의 법맥을 잇는 조동종의 종조 동산양개의 전법제자인 운거도응으로부터 법을 이은 이엄에 의해서 개산되니 남종선인 동시에 조동종의 법맥이 흐른다.

이 두 산문을 제외한 7산산문은 모두 남악계인 마조의 직전제자들에게 법을 잇게 된다. 우리나라 초조 도의는 서당지장과 백장회해에게 제일 먼저 법을 받고 821년, 헌덕왕 13년 귀국하였으나 법손인 보조체증에 의해 가지산문이 개창된다(839년, 문성왕 1년). 가지산문은 고려 중엽 보각일연普覺一然을 배출하였고 고려 말 태고보우太古普愚를 낳았다. 그의 법계는 오늘날까지 전승되고 있다.

같은 서당에게 법을 받은 홍척은 9산산문 중 남원 실상사를 주찰로 하여 제일 먼저 개산(828년, 홍덕왕 3년)하니 실상산문이다. 이어 서당에게 법을 받고 귀국한 혜철에 의해 전남 곡성의 태안사에서 동리산문(839년, 문성왕 1년)이 개산되며, 문손으로는 풍수지리의 원조인 도선을 배출하였다.

다음은 마조의 법자 염관제안에게 사법한 범일이 강릉 굴산사를 주찰로 개산한 사굴산문(850년)을 개창하였다. 개청과 행적 등의 제자를 두었으며, 고려 중엽 보조지눌普照知訥을 잇는 15국사와 나옹혜근懶翁惠勤과 무학, 함허는 사굴산문의 문손들이다.

다섯 번째로 개산한 성주산문은 무염이 입당하여 불광여만과 마곡보철에게 인가를 받고 문선왕 7년(845)에 귀국하여 공주 성주사에서 개산을 한다.

여섯 번째로 개산을 한 사자산문은 현강왕(825년)때 입당하여 마조의 제자 남전보원에게 인가를 받고 847년에 귀국한 도윤은 오랫동안 전남 무순 쌍봉사에서 선풍을 진작하다가 입적함에 상족 증효절증이 영월 사자산 흥녕사를 확장하여 스승 도윤의 선풍을 천양한다. 사자산문의 뿌리는 도윤에게 있고 실제로 사자산문을 개창한 분은 절중이다.

일곱 번째로 산문을 개창한 회양산문에 대해 위에서 기록하였고, 여덟 번째로 개창한 산문은 봉림산문이다. 개산조 현욱이 헌덕왕 16년에 입당하여 마조의 고족인 장경회휘에게 사법하고 837년에 귀국하여 여주 혜목산 고달사를 창건하고 선법을 폈으며, 그의 제자 심희가 현 경남 창원읍 봉림리에 봉림사를 창건하여 혜목현욱을 개산조로 하였다.

아홉 번째로 진성여왕 10년(870년)에 입당하여 조동종 운거도응에게 사법한 후, 효공왕 15년에 귀국하였다. 왕건과 인연이 있어 설법하였으며, 고려 태조가 된 후 932년 교칙을 내려 황해도 해주 수미산에 광조사를 개창하니 수미산파이다.

흔히 우리나라는 신라 때 구산선문이 통칭하여 선종 혹은 조계종으로 불리어 왔다. 상고하여 보면 신라시대 교종인 5교와 대칭하여 구산선문을 선종이라 범칭 하여 불리어 지다가 고려 숙종 시 대각의천에 의해 천태종이 성립되매, 조계 보림사 혜능을 종조로 하는 구산선문을 총칭하여 조계종으로 부르게 된다. 그리고 조선 세종 때에 화엄, 자은, 중신, 시홍 등 4종을 합해 교종으로 삼고, 조계, 천태, 총남 등 3종을 합해 선종으로 불렀지만 고려 이후 300여 년 불리어오던 조계종이란 말로 상전되고 있었다. 선조 때 교종인 오교와 선종인 천태종 총남종이 사라지자 오직 우리나라는 조계종만이 일체 종을 통합하는 조계선종을 우선하는 통불교가 된다.

(2) 태고 · 나옹의 선맥보

구산선문 중 가지산문은 우리나라 남종선의 초조 도의원적은 입당하여 마조의 상수제자 서당지장과 백장회해에게 사법하고 귀국해 염거에게 전법한다. 염거의 제자 보조체징은 도의를 종조로 삼아 실상사에서 가지산문을 개창한다. 고려 중엽에 『삼국유사』를 저술한 보각일연普覺一然이 있다. 일반적으로 구산선문 이래 고려 말엽에 이르러 여태 득도사得度師를 정사승正師僧으로 하던 것을 태고보우에 대에 이르러는 차츰 수법사受法師를 정사승으로 보게 된다. 예건데 환암혼수는 사굴산문에서 출신하여 태고에게 사법하였으며, 전 예로 보아 사굴산문 아래 혼수로 두어야 하던 것이 태고 문손들에 의해 태고의 정맥을 이은 이로 간주되어진다.

구산선문의 사굴산문은 통효범일通曉梵日이 중국에 들어가 마조의 법자 염관제안에게 사법하고 귀국하여 강릉 학산에 굴산사를 주찰로 산문을 개산한다. 범일 역시 양기파 11대 평산처림에게 사법하니 범일 역시 사굴산문과 양기파의 법통을 같이 잇고 있다. 범일은 상족인 개청과 행적을 두었으며, 예종 때는 혜소국사가 굴산문중을 번성케 하였으며, 그의 제자로는 광지, 탄연, 영보, 이자현 등이 있다. 곧 이어 범일의 후손인 종휘宗暉에게 고족인 보조지눌普照知訥이 출생하니 수선사(순천 송광사)에서 정혜결사를 하여 혼란한 불교를 바로 잡은 이분이 불일보조 선사이다. 12세기는 고려는 무신의 정변을 맞아 100여 년간 타락하고 피폐하였다. 보조는 동학 10여 인이 정혜결사로 청정한 선문의 가풍을 진작하였으며 보조 이후 구산선문을 조계종이라 통칭하게 되는데, 이것은 대각의천大覺義天이 부르짖은 천태종에 반하여 구산선문을 조계종이라 통칭하게 된다. 보조의 상족 진각혜심眞覺慧諶은 바로 『선문염송』과 『무의자시집』에 선시 400여 수를 남긴다. 이분이 우리나라 선시의 초조가 된다. 송광사의 16국사와 나옹懶翁慧勤과 무학無學自超과 그의 제자 함허涵虛가 출현하여 오늘날 조계종의 한 뿌리가 된다.

(3) 조선시대와 근대의 선맥보

신라시대의 오교양종은 조선조에 들어와서 모든 법맥이 단절되고 그 종풍을 후세에 전하지 못하나 신라 헌강왕 이래 현금까지 이어져 조선 천하가 조계종 일색이 된다. 큰 흐름으로 보았을 때, 신라불교를 통칭하는 오교구산 중 교종인 오교에 상대하여 선종의 구산선문이라 호칭하고 다시 이것을 합하여 오늘날 조계종의 뿌리가 되는 것이다. 고려말엽 태고와 백운이 양기파의 석옥의 법맥을 받아왔고 나옹은 석옥의 사형제 되는 평산에게 양기파의 법맥을 아우르므로 지금까지 사자상승 된다. 환암혼수幻庵混脩, 1320~1392와 무학자초無學自超, 1327~1403는 굴산선문의 나옹의 제자이다. 그러나 나옹과 태고의 제자로 비문에 나오며, 구곡각운龜谷覺雲은 역시 보조지눌의 제6세 법손으로 한암혼수幻庵混脩에게 법을 전한다.

그리고 구곡에게 멀리 원사한 벽계정심碧溪正心이 벽송지엄碧松智嚴, 1454~1534에게 전법한다. 벽계정심은 성종 때 사태沙汰로 황악산에 숨어서 머리를 기르고 처자를 거느리며 일생을 마친 거사이다(金映遂, 「조계선종에 대하여」, 불교사학회 편, 『한국조계선종의 성립사연구』 1981, 141~149쪽 참조).[3] 고려 말이나 초선 초에 법계가 학자들의 이론이 분분하나

---

3 조선선교사 259항에 동문선 51, 131항의 구곡각운의 기사에 의혐 각운은 호남 용성인이다. 공민왕과 각운이 전등록을 법담하기에 공민왕이 그 그릇을 알고 숭상하여 〈달마절노도강도〉, 〈보현육아백상도〉에 구곡각운 4자를 친필로 써주어 각운에게 하사하고, 대조계종사선교도총섭숭신진승근수지도도대선사란 법호를 내렸다는 기록을 보아 고려 말과 조선 초 스님으로 추론된다. 또 각운의 법계는 보우. 환암, 구곡각운(송광사 개창비) 이어지는 비문이 있고, 또 평남 평원군 법홍산 법홍사 전등법맥엔 제1조 태고보우 제2조 환암혼수 제3조 구곡각운 제4조 벽계정심 제5조 벽송지엄 제6조 부용영관 제7조 청허휴정이란 기록이 있다(장원규, 「조계종의 성립과 발전에 대한 고찰」, 불교사학회 편, 『한국조계선종의 성립사연

필자는 여기서 이미 청허휴정清虛休靜, 1520~1604 사후에 그의 법자들에 의해 정립되어 오늘날 까지 이어지는 법계를 존중하여 그대로 기재한다. 곧 비문에 의하면 나옹이나 태고의 상수제자이며 사법제자인 환암혼수에 의해 구곡각운에게 사법되고 구곡을 원사遠嗣한 벽계정심은 성종 시 불교 사태를 맞아 황악산에 들어가 고자동 물한리에 은거하여 처자를 두며 환속한 거사 정심에 의해 조계종맥이 이어지게 된다. 구곡원사龜谷遠嗣라는 청허의 전언을 그대로 존숭하여 벽송지엄, 부용영관芙蓉靈觀, 1485~1571, 청허휴정으로 잇게 됨을 살필 수가 있다. 나옹의 법계는 무학자초와 환암혼수에게 전법하였고, 무학은 함허득통涵虛得通, 1376~1433 영납을 두었으나 조선 태종과 세종의 척불정책과 성종의 불교 사태를 맞아 법맥이 희미해져 버린다.

부용은 청허휴정과 부휴선수浮休善修, 1543~1615를 얻으니 우리나라 모든 조계종 문도는 이 두 분의 제자들이 된다. 특히 청허에겐 많은 제자가 있지만 4대문파가 뚜렷하다. 우리나라 계맥은 대부분 이 분의 계맥을 계승한다.

청허의 사대문파라 함은 송운유정파松雲惟政派 편양언기파鞭羊彦機派 정관일선파靜觀一禪派 소요태능파逍遙太能派를 가리킨다.

먼저 송운은 송월응상을 낳고 송월은 허백명조 춘파의언 금봉천오를 둔다. 또 허백은 송파의흠 청맥학흠 취월송헌 등이 있고, 금봉은 백화망수 등이 있다.

다음 편양언기의 법은 풍담의심 청엄석민 등에 부촉하여 문파가 7

구』, 1981, 214~215쪽 참조).

파로 나누어진다. 그중 풍담파가 가장 융성하였다. 풍담의 고족에 월저도안 월담설제 등으로 14파로 나누어진다. 풍담의 14파 중 가장 융성한 파는 월저도안이니 그의 입실제자로 설암추붕과 추곡처호 등 10인이 있고, 월담파에는 환성지안喚惺志安, 1664~1729이 출생하여 호암체정虎岩體淨 설송연초雪松蓮初 함월해원涵月海源과 용성진종龍城震鐘이 원사하니 그의 선맥이 오늘날까지 이어지고 있다.

호암虎岩體淨, 1697~1748에게 청봉거안靑奉居岸 설파상언雪坡尙彦 연담유일蓮潭有一 풍악보인楓嶽普印 등이 있고 청봉에서 5대에 이르러 만화보선이 경허성우鏡虛惺牛, 1849~1912를 낳으니 이분이 우리나라 달마라 불리어 진다. 경허는 수월음관水月音觀 혜월혜명慧月慧明 한암중원漢岩重遠 만공월면滿空月面 등의 당대 거선을 출현시킨다. 혜월慧月慧明, 1862~1937은 운봉성수를 운봉은 향곡을 향곡은 전제를 두니 이분이 현 조계종 종정이다. 그리고 한암漢岩重遠, 1876~1951은 탄허呑虛宅成, 1913~1983와 보문普門玄路, 1906~1960을 두었고, 만공滿空月面, 1871~1946에게 많은 영납이 출현되니, 혜암현문, 보월성인, 고봉경욱, 전강영신이 있고, 다시 혜암은 대의를 보월은 금오태전을 금오는 월산을 출생시킨다. 그리고 고봉은 숭산행원을 두니 이분은 조계종을 국제화시키는 데 공헌이 많은 분이다. 전강영신은 송담을 출현시킨다. 다음 설파에게는 설봉회정을 설봉은 백파긍선울 낳고 백파로부터 6대에 이르러 설유처명이 출현하고 그의 제자에 당대의 대강백인 영호정호映湖鼎鎬, 1870~1948가 있고 그의 법자인 청담순호靑潭淳浩, 1902~1971가 있다. 그뢰고 호암의 고족인 연담유일이 출현하니 연담으로부터 6대에 이르러 만암종헌 조계종 초대 종정이 탄생되고 그의 법자로 조계종

5대 종정 서옹상순西翁尙純, 1912~2003과 벽산금타가 있다. 호암의 법자로 풍악보인이 있으니 풍악으로부터 9대에 이르러 불세출의 독립투사며 한글선시의 초조라 할 수 있는 용운봉완龍雲奉琓, 1879~1944이 출생하니 이분이 만해다.

환성의 한파인 설송에서 8대를 내려가 성해남거가 경봉정석과 구하천보를 두니 근래의 선지식들이다. 다음 환성의 법자인 함월해원으로부터 9대에 이르러 석두보택이 출생하니 석두는 조계종정을 지닌 효봉학눌曉峰學訥, 1888~1966을 낳고, 그의 제자로 구산수련이 있다.

그리고 근래의 대선지식인 용성진종龍城震鐘, 1864~1940이 있으니, 그는 200여 년을 뛰어넘어 환성지안에게 원사했다. 많은 경전을 한글역 했으며 3·1독립운동에 불교 대표로 참가하였다. 그의 문하에 기라성 같은 선지식이 출현하니 동산혜일東山慧日, 1890~1965(조계 비구종단 2대 종정), 동헌완규東軒完奎, 동암성수東庵性洙, 인곡창수麟谷暢洙, 고암상언古庵祥彦, 1899~1988(3·4·6대 조계종정) 자운성우 등 많은 영납을 배출하였다. 특히 동산은 퇴옹성철退翁性徹, 1912~1993(조계종 7·8대 종정)을 낳고 퇴옹은 법자 도림법전道琳法田(11·12대 종정)이 있다. 인곡은 10대 종정을 지닌 해암慧菴性觀, 1885~1985을 두고, 자운은 대강백인 가산지관伽山智冠, 1932~2011 등이 있으며, 고암은 성준성각을 성준은 설악무산을 낳으니, 이분이 한글 선시의 맥을 잇고 만해축전과 만해대상을 출현시킨 오현이다. 용성문중은 많은 용상을 배출한다.

그리고 청허당 휴정의 동문 사제인 부휴선수는 벽암각성과 환적인문 고한희언에게 사법하고 벽암은 취미수초와 백곡처능, 그 아래 백암성총이 출현되며 우리나라 한 선맥을 이루고 있다.

2. 선종의 선맥도

1) 초기 선맥도

菩提達磨 — 二祖慧可 — 三祖僧瓚 — 四祖道信	┌ 五祖弘忍	┌ 六祖慧能	┌ 青原行思
	├ **牛頭法融**	├ **大通神秀**	├ 南嶽懷讓
	└ **新羅法郎**	├ **資州智詵**	├ 南陽慧忠
		└ 崇山法如	├ 永嘉玄覺
			└ 何澤神會

· **牛頭法融**(우두종) — 知嚴 — 慧方 — 法持 — 智威 — 玄素慧忠 — 徑山道欽 — 鵠窠道林

大通神修 ↴
寶誌公 — 大照普寂
↘
· **新羅法郎** — 信行 — 遵範 — 惠隱 — 智詵道憲 — 伯岩楊孚 — 靜眞
↗(회양산문)
南嶽 — 馬祖 — 滄州神鑑 — 雙溪慧昭(眞鑑)

· **資州智詵** — 處寂 — 靜衆無相 ┌ 淨衆神會 — 聖壽南印 — 義俛
(정중종) └ 保塘無住

· **大通神秀**(북종) — 大照普寂 — 定州石藏

2) 5가 7종 선맥도

- 六祖慧能
  - 青原行思 — 石頭希遷
    - 天皇道吾 — 龍潭崇信 — 德山宣鑑
      - **雪峰義存**
      - 巖頭全豁
    - 丹霞天然 — 翠微無學 — 投子大同
    - 大顚寶通
    - 藥山惟嚴
      - 道吾宗知 — 石霜慶諸
        - 九峰道虔 — 禾山無殷
        - 雲蓋志元
        - 覆船洪存
      - 船子德誠 — 夾山善會 — 洛浦元安
      - 雲巖曇晟 — **洞山良价**
  - 南陽慧忠
    - 耽源眞應
    - 肅宗帝
  - 永嘉玄覺
  - **荷澤神會** (화택종)
    - 磁州法如 — 荊南惟忠 — 大德道圓 — 圭峰宗密
    - 五臺無明 — 華嚴澄觀
  - 南嶽懷讓 — **馬祖道一** (홍주종)
    - 西堂智藏 — 道義元寂
    - 百丈懷海
      - 黃檗希運
        - **臨濟義玄**
        - 裵休
        - 睦州道明 — 陳操尙書
      - **潙山靈祐**(위앙종)
        - 仰山慧寂
          - 南塔光湧 — 芭蕉慧情
          - 無着文喜
          - 西塔光穆 — 資福如寶
        - 香嚴智閑
        - 靈雲志勤
        - 劉鐵磨
      - 五峯常觀
      - 百丈涅槃
      - 長慶大安 — 大隋法眞
    - 南泉普願
      - 趙州從諗
      - 長沙景岑
      - 陸亘大夫
    - 石鞏慧藏
    - 佛光如滿
      - 新羅無染
      - 白居易
    - 歸宗智常
    - 鹽官齊安
      - 通曉梵日
      - 宣宗帝
    - 大珠慧海
    - 滄珠神鑑 — 新羅眞鑑
    - 麻谷寶徹
    - 大梅法常 — 天龍 — 俱胝
    - 盤山寶積
    - 金牛和尙
    - 龐蘊居士
    - 烏臼和尙

- 雪峰義存
  - **雲門文偃**(운문종)
    - 香林澄遠 — 智門光祚 — 雪竇重顯 — 天衣義懷
    - 圓明緣密
  - 長慶慧稜 — 報慈慧朗
  - 玄沙師備 — 羅漢桂琛
    - **法眼文益**(법안종)
      - 天台德韶 — 永明延壽
      - 歸宗策眞
    - 淸溪洪進
  - 鼓山神晏 — 鼓山智嚴
  - 鏡淸道怤 — 保福從展
  - 翠巖令參

- **洞山良价** (조동종)
  - 雲居道膺
    - 同安道丕
    - 同安常察 — 梁山緣觀 — 大陽警玄 — 投子義靑
      - 芙蓉道楷 —
        - 丹霞子淳
          - 天童正覺
          - 長蘆淸了
        - 枯木法成
      - 大洪報恩
  - 龍兒居遁
  - 曹山本寂 — 金蜂從志
  - 欽山文邃

· **臨濟義玄** (임제종)
- 三聖慧然
- 興化存奬 — 南院慧顒 — 風穴延沼 — 首山省念
  - 汾陽善昭 — 石霜楚院
    - **翠巖**
    - **楊岐**
    - **黃龍**
  - 葉縣歸省 — 浮山法遠
  - 興教守芝 — 雲峰文悅
- 寶壽 沼 — 二世寶壽
- 灌溪志閑

· **楊岐方會**(양기파) — 白雲守端 — 五祖法演
- 圜悟克勤
  - **大慧宗杲** —
  - 虎邱紹隆 — 應庵曇華 — **密庵**
- 佛鑑慧懃
  - 長隨元靜 — 廓庵志遠
  - 佛眼清遠
    - 雪堂道行
    - 竹庵士珪
- 開福道寧 — 月庵善果 — 老衲祖燈 — 月林師觀 — 無門慧開

▶ 大慧宗杲
- 佛照德光 — 北磵居簡 — 物初大觀 — 晦機元熙 — 笑隱大訢 — 季潭宗泐
- 無用淨全 — 笑翁妙堪 — 無文道燦
- 懶庵鼎需 — 木庵安永 — 晦翁悟明 — 苦口良益 — 筏渡普慈 — 相國道顯

▶ 密庵咸傑
- 松源崇嶽 — 運庵普巖 — 虛堂智愚 — 寶葉妙源
- 破庵祖先 — 無準師範 — 雪庵祖欽 — 及庵宗信
  - 石屋清珙
    - **太古普愚**
    - 白雲景閑
  - 平山處林 — **懶翁惠勤**

· **黃龍慧南**(황룡파)
- 東林常總
  - 蘇東坡
  - 圓通可僊 — 浮山法眞
- 隆慶慶閑
- 晦堂祖心
  - 黃山谷
  - 靈源惟清 — 長靈守卓 — 無示介諶 — 心聞曇賁
- 眞淨克文
  - 死心悟新
  - 兜率宗悅 — 張商英
  - 覺範慧洪

· 翠巖可眞 — 眞如慕喆 — 普融道平 — 淨因繼成 — 治父道川

3) 우리나라 선맥도

(1) 9산선문 선맥도

· 菩提達磨 ─ 二祖慧可 ─ 三祖僧璨 ─ 四祖道信 ┌ 五祖弘忍 ─ 六祖慧能 ┌ 青原行思
└ 新羅法郎 └ 南嶽懷讓

· 青原行思 ─ 石頭希遷 ─ 藥山惟嚴 ─ 雲巖曇晟 ─ 洞山良价 ─ 雲居道膺 ─ **利嚴**(수미산) ⑨

· 南嶽懷讓 ─ 馬祖道一 ┌ 西堂智藏 ─ **惠徹**(동리산) ③
(서당지장) ┌ **洪陟**(실상산) ①
├ 百丈懷海 ─ 道義 ─ 廉居 ─ **普祖體澄**(가지산) ②
├ 滄州神鑑 ─ 眞鑑 ─ **道憲**(회양산) ⑦
├ 鹽官齊安 ─ **梵日**(사굴산) ④
├ 南天普願 ─ 道允 ─ **折中**(사자산) ⑥
├ 麻谷普徹 ┐
│ 〉 **無染**(성주산) ⑤
├ 佛光如滿 ┘
└ 章敬懷暉 ─ **玄昱**(봉림산) ⑧

(* 번호는 개산 차례)

· 회양산문의 법계 흐름

寶誌公 ─ 大照普寂
↘
新羅法郎 ─ 信行 ─ 遵範 ─ 惠隱 ─ **智詵道憲**(회양산) ─ 伯岩楊孚 ─ 靜眞
↗
南嶽 ─ 馬祖 ─ 滄州神鑑 ─ 雙溪慧昭(眞鑑)

(2) 임제종 양기파와 황룡파, 태고와 나옹의 선맥도

- 菩提達磨 …… 六祖慧能 — 南嶽懷讓 — 馬祖道一 — 百丈懷海
  - **潙山靈祐**(위앙종)
  - 黃檗希運 — **臨濟義玄**(임제종)

— 興化存奬 — 南院慧顒 — 風穴延沼 — 首山省念 — 石霜楚圓
  - **陽岐方會**
  - **黃龍慧南**

- **陽岐方會**(양기파)
  - 白雲守端 — 五祖法演
    - 圜悟克勤 — 虎丘紹隆 — 應庵曇華 — 密庵咸傑 —
    - 佛鑑惠勤
    - 佛眼淸遠
    - 長隨元靜 — 廓庵志遠
  - 保寧仁勇

— 破庵祖先 — 無準師範 — 雪庵祖欽 — 及庵宗信
  - 石屋淸珙
    - **太古普愚**
    - 白雲景閑
  - 平山處林 — **懶翁慧勤**

- **黃龍慧南**(황룡파)
  - 晦堂祖心
  - 黃檗惟勝
  - 大潙懷秀
  - 東林常總 — 圓通可僊 — 浮山法眞
  - 開元子琦
  - 眞淨克文

(3) 조선시대와 근대의 선맥도

· 及庵宗信(55) ┬ 石屋淸珙 — **太古普愚**(57) — 幻庵混修 — 龜谷覺雲 — 碧溪淨心 — 碧松智嚴
└ 平山處林 — 懶翁慧勤(57) — 無學自超 — 涵虛己化

— 芙蓉靈觀 ┬ **清虛休靜**(63) ┬ 逍遙太能
├ 靜觀一禪
├ 四溟惟政 — 松月應祥
└ 鞭羊彦機 — 楓潭義諶 — 月潭雪霽 — **喚惺志安**(67)
└ **浮休善修**(63) ┬ 碧岩覺性 ┬ 翠微守初 — 栢庵性聰
└ 白谷處能
├ 幻寂印文
└ 孤閑希彦

· **喚惺志安**(67) ┬ **雪松蓮初**
├ **涵月海源**
├ **龍城震鐘**
└ **虎岩體淨**

· **雪松蓮初**(68) — 凝庵希裕 — 慶破敬審 — 東溟萬羽 — 鶴松理性 — 雙湖會璀 — 普雨敏希 —
— 鷲峰泰逸 — 聖海南巨 ┬ 鏡峰靖錫(77)
└ 九河天輔 — 月下喜重

· **涵月海源**(68) — 翫月海弘 — 鶴峰益綻 — 白坡妙華 — 永惺錦潛 — 凌波耳順 — 永潭藏學 —
— 龍嶽慧堅 — 白荷晴昊 — 石頭普澤 — 曉峰學訥 — 九山秀蓮(79)

· **龍城震鐘**(68)
- 東山慧日 – 退翁性徹 – 道林法傳
- 麟谷暢洙 – 慧菴性觀
- 古庵祥彥 – 性準成覺 – 雪嶽霧山
- 東庵性洙
- 東軒完奎
  - 利山導光 – 慧光宗山
  - 佛心道文
- 慈雲盛祐 – 伽山智冠

· **虎岩體淨**(68)
- **青奉巨岸**
- **雪坡尙彥**
- **蓮潭有一**
- **楓嶽普印**

· **青奉巨岸**(69) – 栗奉青杲 – 錦虛法沾 – 龍岩慧彥 – 永月奉律 – 萬化普善 – 鏡虛惺牛(75)
- 慧月慧明 – 雲峰性粹 – 香谷蕙林 – 眞際法遠(79)
- 漢岩重遠
  - 呑虛宅成(76)
  - 普門玄路
- 滿空月面
  - 惠庵玄門 – 大義東元
  - 寶月性印 – 金烏太田 – 聖林月山(78)
  - 高峰景昱 – 崇山行願
  - 田岡永信 – 松潭正隱
- 水月音觀 – 摩訶默言 – 太古道川

· **雪坡尙彥**(69) – 雪峰懷淨 – 白波亘璇 – 道峰國粲 – 正觀快逸 – 白岩道圓 – 雪竇有炯 – 茶輪翼振
- 雪乳處明 – 映湖鼎鎬 – 青潭淳浩(79)
- 錦華雖性 – 鶴鳴啓宗

· **蓮潭有一**(69) ┌ 白蓮禱演 － 玩虎倫佑 － 草衣意恂
└ 羊嶽啓璇 － 枕松聖詗 － 德雲天君 － 漢陽龍珠 － 翠雲道珍 － 曼庵宗憲 －
┌ 西翁尙純(76)
└ 碧山金陀 － 無住淸華

· **楓嶽普印**(69) － 雲溪敬一 － 大雲宇平 － 松源處堋 － 夢月泳泓 － 眞覺呂玉 － 麟峰道澄 －
－ 晩性錦玹 － 萬化寬俊 － 龍雲奉琓(78)

(4) 9산선문 자료

① 實相山門 法系

馬祖導一 – 西堂智藏 – **證覺洪陟**

홍척은 도의와 동시대인으로 서당에게 사법은 도의보다 늦었으나 산문을 개창한 것은 구산선문 중 가장 빠르다. 홍덕왕 3년(828) 편운 수철 등 문도가 천 여인이었다. (참조: 조당집 17권)

② 迦智山門 法系

馬組道一 – 西堂智藏 / 百丈懷海 – 道義元寂 – 廉居 – **普照體證** …… **太古普愚**
楊岐方會 …… 及庵宗信 – 石屋清珙 – **太古普愚**

체징에 의해 헌안왕 4년(860) 전남 장흥 보리사에서 개산함. 문하에 영혜, 청환 등 8백 여인의 문도가 따랐다. (참조: 보조비문, 조당집 17권) 고려말 태고보우가 양기파 석옥청홍에게 전법 받아 가지산문과 양기파의 법계를 아우른다.

③ 桐裡山門 法系

馬組道一 – 西堂智藏 – 寂忍惠哲

신라 문성왕 1년(839) 귀국하여, 전남 곡성 태안사에서 혜철이 개산함. 문하에는 道詵 등 수백 인의 제자가 있음.

④ 闍崛山門 法系

馬組道一 – 鹽官齊安 – 通曉梵日 – 朗圓開淸 …… 宗暉 – 普照知訥

– 수선사 15국사 – **懶翁惠勤** – 無學自超 – 涵虛得通

楊岐方會(양기파) …… 及菴宗信 – 平山處林 – **懶翁惠勤**

굴산파는 당시 구산선문에서 가장 번창하였다. 강원도 강릉시 학산에 위치하고 있으며 굴산사를 창건(850년경)하고 경문왕, 헌강왕, 정강왕의 귀의를 받아 삼대국사로 청하였으나 나가지 않았다. 문하에는 낭원개청 낭공행적 등 십성을 배출하였고, 후손인 나옹혜근에 이르러 평산처림에게 법을 이으므로 사굴산문과 양기파의 법계를 아우른다. 가지산파와 같이 우리나라 선종의 뿌리가 된다. (참조 : 조당집 17권, 낭원국사비)

⑤ 聖住山門

馬祖道一 – 佛光如滿 / 麻谷普徹 – **無住無染**

입당하여 불광여만과 마곡에게 인가를 받고, 문성왕(845) 7년에 귀국하여 공주 성주사에 법서을 여니 문하에 순차, 원장, 영원, 현영 등 무료 이천 여인이 배출하였다. (참조 : 최치원이 선한 비석과 진정국사 저인 『선문보장록』 상권)

⑥ 獅子山門

馬祖道一 – 南泉普願 – **雙峯道允** – **澄曉折中**

현 영월군 수주면 홍녕사 유지에 도윤이 헌강왕 때 개창한 도량이다. 쌍봉사에 오래 머물러서 호를 쌍봉이라 했다. 헌강왕 17년(825)에 입당하여 남전보원에게 인가 받고 847년에 귀국하여 오랫동안 전남무순 쌍봉사에서 선풍을 진작하다가 입적하자 고족 징효절중이 사자산

홍녕사를 확장하여 도윤의 선풍을 천양, 문하에 종홍, 단지 등 수백 인의 영납을 배출하다. (참조: 조당집 17권)

⑦ 曦陽山門

玉泉神秀 – 大照寶寂

四祖道信 – 法郎 – **信行** – 遵範 – 惠隱 – **智詵道憲**

馬組道一 – 滄州神鑑 – 雙溪眞鑑

지선도헌에 의해 개창(헌강왕 5년, 879년)된다. 뿌리는 신라법랑으로부터 시작된다. 법랑은 사조도신의 법제자이며 랑은 신행에게 전법하였고 또 행은 입당하여 보지공에게 심인을 받았다. 그리고 보지공은 신수의 제자인 보적에게도 전법한다. 그 후 신행의 3대손인 도헌은 회양산문을 개창하였으며, 헌은 마조의 법자인 창주신감에게 법을 받은 쌍계혜소(진감)에게도 전법을 받으므로 육조 혜능의 문손이 된다. 따라서 우리나라 9산선문은 청원행사계인 수미산파를 제하고는 모두 마조도일 계통이 된다. 9산선문은 조계혜능의 문손이 된다. (참조: 봉암사 지증국사 도헌 비. 봉암사 정진국사비)

⑧ 鳳林山門

馬組道一 – 章敬懷暉 – 慧目玄昱 – **眞鏡審希**

봉림산의 현 경남 창원읍 상남 봉림리에 있는 봉림사다. 헌덕왕 16년에 입당하여 마조의 제자인 장경회휘에게 사법하고 837년에 귀국하여 여주 혜목산 고달사를 창건하니 별호를 혜목화상이라 부른다. 그의 제자 심희가 봉림사를 창건하고 현욱을 개산조로 하니, 오백여 명의 문도를 이끌었다. (참조: 조당집 17권, 봉암사 지증국사비)

⑨ 須彌山門

六祖慧能 — 青原行思 — 石頭希遷 — 雲巖曇晟 — 洞山良价 — 雲居道膺 — **利嚴**

수미산파는 구산선문 중 가장 늦게 성립된다. 진성여왕 10년(870)에 입당하여 운거도웅에게 수법건당한 후 효공왕 15년에 귀국하였다. 915년 왕건이 대사를 서울로 맞아 법을 들었으며 그 후 고려 태조(918)가 된 후 태조 15년(932)에 태조가 교칙으로 황해도 해주 수미산에 광조사를 개창하다. 이엄이 문도를 이끌고 개산하여 종풍이 진작하였다. (참조: 조당집 17권)

찾아보기

인명

용어

/ ㅇ /

/ ㅈ /

문헌

/ ㅇ /

/ ㅈ /

/ ㅊ /

/ ㅌ /

/ ㅍ /

/ ㅎ /